概説
レトリック
表現効果の言語科学

小松原哲太

はじめに

　言葉は相手の心を動かす。相手の心を動かす言葉には、レトリックへの思慮が十分に行き届いている。よく練られたレトリックは、相手の感じ方や考え方、その後の相手の行動すらも変えることがある。そのためレトリックは、本心ではないことを本心かのように取り繕い、意のままに人を操作するものと捉えられることも少なくない。しかしレトリックは、本心をより分かりやすく明確に伝え、他者との葛藤や対立をとりさるために使うこともできる。正の方向、負の方向のいずれであるにしても、レトリックは言語の作用を強める技術である。そのような技術なしには、言語コミュニケーションは現実を変化させる影響力をもたない。

　他者との言語コミュニケーションがうまくいくと、人は満ち足りた気持ちになる。反対に他者との言語コミュニケーションがうまくいかないと、人は不満を募らせる。本書では言語コミュニケーションの満足度を高めるための、言葉の使い方を考える。言語の作用を制御することは、社会で生きる上で避けがたい課題である。話し方が人生を変える、文章術で成功すると謳い、言語化の技法を解説する一般書は近年注目を集めているが、本書では、「よい」表現法を場面ごとに経験則にもとづいて推薦する、ということはしない。その代わりに、修辞学（レトリック）の理論にもとづいて、「よい」言葉とは何なのかを考える。言語を使って生きていくための技術について考察する。

　本書の読者として主に想定しているのは、言語コミュニケーションに関心をもつ談話分析、会話分析、社会言語学、認知言語学、機能言語学、意味論、語用論、文体論、コミュニケーション学、第二言語習得論、言語教育、異文化コミュニケーション論などを専攻する学部生、大学院生、研究者であるが、文学、心理学、哲学、社会学、政治学、経営学、法学、カルチュラ

ル・スタディーズなどの分野でレトリックに関心をもつ方にとっても興味を引く内容ではないかと思う。巧い広告コピーを作りたい、心に響く詩や小説を書きたい、聴衆を盛り上げるスピーチやプレゼンテーションをしたいなど、洗練された表現法を必要としている方にも実益があると考えている。また、本書をコミュニケーション能力（コミュ力）の一般的概説書として読めるようにしたいということも筆者の念頭にはある。理論や歴史を論じたところは専門性が高いかもしれないが、そこを省いても大意は伝わるようにすることを目指した。

　本書では、修辞学の絡みあった長い伝統をいったんときほぐして精査し、言語科学の視点から有用な側面を選択して整理した。ただし概説書であることを踏まえて、既刊の修辞学のテキストを複数参照して、なるべく標準的な内容となるように心がけた。古典的な研究だけでなく、最近の修辞学の知見もできるだけ取り入れた。修辞学と関連分野との接点についても触れるようにした。

　そのなかでも、修辞学と言語学の接点に関しては多くの箇所で考察した。言語学は、言語表現そのものの構造を解明することに主眼を置くのに対して、修辞学は、言語表現の効果、つまり言語の使用者たちに結果として起きることに関心を寄せてきた。筆者のこれまでの研究と関連づけるなら、前著『レトリックと意味の創造性―言葉の逸脱と認知言語学』でも修辞学と言語学を横断する研究を試みたのだが、そこでは言語学から「入って」修辞学へ「出る」ことを試みた。言い換えると、まず言語学の諸領域（意味論・文法論・語用論）に入り、そのなかで言語が生み出す修辞的効果を探求する方向へ進んだ。これに対して本書では、修辞学から「入って」言語学へ「出る」ことを試みる。修辞学の諸領域（発想論・配列論・文体論）に入り、そのなかで修辞的効果を支える言語の基盤を追求する方向へと進む。このアプローチについては、第14章で筆者なりの新しい見解を示したつもりである。

　レトリックの効果の考察には十分なコンテクストが必要なので、本書では、必要な作例をのぞいて、実例を用いた。英語で出版される修辞学のテキストで挙げられるのは英語をはじめとした印欧語の例が多いが、本書では、日本語圏の文化社会に慣れ親しんでいる読者を想定し、日本語の例も生かし

た。また、修辞学のテキストでは、政治や文学の例が多いが、本書では、現代の言語生活に広がる多彩なジャンルとメディアからの例を取りあげた。例えば、政治演説、議会答弁、記者会見、受賞スピーチ、インタビュー、会話、お笑い、バラエティ番組、アニメ、映画、ドラマ、広告、企業ウェブサイト、ブログ、SNS、クチコミ、電子掲示板、手紙、学術論文、童話、絵本、漫画、小説、エッセイ、詩、歌詞、格言などである。幅広い例を出すことによって、修辞学の手法がどれほど柔軟で、広い適用範囲をもつのかを示そうと試みた。

　言語は変化し、コミュニケーションの仕方も変化する。コミュニケーションのあり方は多様化している。したがって、現在私たちが直面しているコミュニケーションの課題を克服するためには、古代の修辞学者が取り組んだ課題には存在しなかった場面の研究に、新たに取り組むことが不可欠である。このことは、今、修辞学を再考すべき大きな学術的動機である。古代ローマでレトリック教育を受けた人々にとっては身近であった、不特定多数の聴衆を相手にして、マイクもスライドも無しに演説するという状況は、多くの人にとって今は身近ではない。現代の言語生活の実情に即した例を挙げることが重要だと考え、本書ではウェブをはじめとした新しいコミュニケーション様式の事例も考察した。掲載したすべての実例は、現実世界・虚構世界の具体的な場面を背景としている。何を目的にしたコミュニケーションがいつ、どこで、誰によって行われたのか。発信者は誰で、受信者は誰なのか。どのようなメディア、言語文化を背景として、どんな語彙と文法を用いたのか。これらの要因を考慮した「よい」言葉の条件とは何か。本書では実例の分析を通して、レトリック研究の現在の課題を論じる。

　レトリックの理論的な研究は、実証的な研究の支えなくしてはあり得ない。実証研究とは、理論から予測されることが本当にそうであるかをデータにもとづいて検証することである。レトリックの均質的なデータを大量に得ることは非常に難しい。そのためレトリックの実証研究では、個別事例（レトリックの実践例）をデータとした深い考察が不可欠である。そこで、日々の生活のなかでの言語コミュニケーションがレトリックの実証研究の舞台になる。本書では、レトリックの原理や法則と言えるようなものも提示するの

で、生活のなかでそれを試していただきたい。レトリックの実践はレトリックの実験であり、レトリックを修める意義でもある。言語コミュニケーションに苦しむ時にも、言語コミュニケーションを楽しむ時にも、本書が何かの役に立つことを願っている。

　筆者がふだん触れる言葉の範囲をはるかに越える多様な実例を挙げることができたのは、神戸大学大学院国際文化学研究科と神戸大学国際人間科学部で 2020 年度から 2024 年度に開講した、筆者の授業を受講してくれた皆さんのおかげである。掲載用例の一部を提供してくれた、以下の学生諸氏に感謝したい。秋下空都さん、石原光さん、李ナウンさん、稲垣実咲さん、トドル・ヴァシレブさん、魚井千優さん、江草安珠さん、王書嘯さん、大森涼葉さん、小川真奈さん、金沢優希さん、亀山琴美さん、川井明歩さん、川合洸平さん、岸原弘さん、桐野葵さん、九鬼雅史さん、日下陽介さん、斎藤愛有さん、佐川寛知さん、ギレルメ・サントスさん、清水謙治さん、下迫珠々佳さん、庄妍さん、鄒嘉琪さん、関野可菜美さん、高砂千聡さん、高橋陸斗さん、多田郁花さん、谷口紗也さん、千々和実紅さん、陳玉さん、敦賀いつきさん、寺田拓海さん、戸田美咲さん、中貝志帆さん、中川あかりさん、中川弘子さん、中島裕実子さん、中村紗和さん、中村円香さん、西川のぞみさん、西原三貴さん、任芳静さん、豊川大貴さん、板東千夏さん、福井星那さん、船津一記さん、古川もも子さん、正田健太さん、馬詩怡さん、森口夏海さん、山内陽生さん、山口雄也さん、吉田陸人さん、李佳祺さん、廖顕如さん（五十音順）。また、本書の刊行にあたり、ひつじ書房の松本功氏と森脇尊志氏からは、本書の企画の力強い後押しと、本書をより読みやすくし、学術的な価値を高めるためのさまざまな助言をいただいた。深く御礼申し上げる。私が一番心を通じ合わせたい相手である家族には、いつも研究を前へ進める力をもらっている。心から感謝したい。

2025 年 2 月

小松原　哲太

目次

はじめに　iii

第 1 章　修辞学の研究プログラム ——— 1

1.1　修辞学のアプローチ ——— 1
　1.1.1　「修辞的」の意味 ——— 1
　1.1.2　レトリックの定義 ——— 3
　1.1.3　修辞学の意義 ——— 6
1.2　修辞学の伝統と刷新 ——— 8
　1.2.1　修辞学の伝統 ——— 9
　1.2.2　修辞学の刷新 ——— 11
　1.2.3　言語科学としての修辞学 ——— 12
1.3　修辞学の 5 部門 ——— 14
　1.3.1　発想論：コミュニケーションの要素 ——— 14
　1.3.2　配列論：コミュニケーションの構造 ——— 15
　1.3.3　文体論：コミュニケーションの表現法 ——— 15
　1.3.4　記憶論：コミュニケーションの知識 ——— 15
　1.3.5　発表論：コミュニケーションの実践 ——— 16

第 2 章　発想論：コミュニケーションの要素 ——— 17

2.1　発想論とは ——— 17
2.2　レトリックの発想 ——— 18
　2.2.1　課題の分析 ——— 20
　2.2.2　対象の分析 ——— 21
　2.2.3　方法の分析 ——— 22

2.3 発想の類型 ———————————————————— 23
   2.3.1 エトス 28
   2.3.2 パトス 28
   2.3.3 ロゴス 29
2.4 本章のまとめ 29

第3章 エトス：信頼のコミュニケーション ———— 33

3.1 信頼のコミュニケーション 33
   3.1.1 エトスの定義 33
   3.1.2 前提エトス 35
   3.1.3 談話エトス 37
3.2 異質性によるエトス 39
   3.2.1 知性と有能さ 39
   3.2.2 感性と善意 40
   3.2.3 道徳性と品格 41
3.3 同質性によるエトス 42
   3.3.1 属性の共通性 43
   3.3.2 経験の共通性 44
   3.3.3 価値観の共通性 46
3.4 本章のまとめ 46

第4章 パトス：情意のコミュニケーション ———— 49

4.1 情意のコミュニケーション 49
   4.1.1 パトスの定義 49
   4.1.2 感情を抱く対象 51
   4.1.3 感情の種類 51
   4.1.4 感情を引き起こす状況 51
4.2 現前化によるパトス 52

4.2.1 視覚的な現前化	54
4.2.2 写実的な現前化	55
4.2.3 比喩的な現前化	56

4.3 共感によるパトス 57
    4.3.1 問い：これから何が起きるのか 58
    4.3.2 答え：こんなことが起きるだろう 59
    4.3.3 感情的反応 61
4.4 本章のまとめ 63

第5章 ロゴス：理性のコミュニケーション — 65

5.1 理性のコミュニケーション 65
    5.1.1 ロゴスの定義 65
    5.1.2 争点 67
    5.1.3 論証 69
5.2 共有基盤によるロゴス 71
    5.2.1 説得推論 71
    5.2.2 権威による論拠 72
    5.2.3 動機による論拠 74
    5.2.4 実体による論拠 74
5.3 事例によるロゴス 75
    5.3.1 例証 75
    5.3.2 観察によるデータ 77
    5.3.3 予測によるデータ 78
    5.3.4 想像によるデータ 78
5.4 本章のまとめ 79

第6章 配列論：コミュニケーションの構造 — 81

6.1 配列論とは 81

- 6.2 レトリックの構造 … 82
  - 6.2.1 選択 … 84
  - 6.2.2 配分 … 86
  - 6.2.3 構造 … 86
- 6.3 構造のトポス … 89
  - 6.3.1 連鎖型のパターン … 90
  - 6.3.2 平行型のパターン … 92
- 6.4 本章のまとめ … 96

第7章　ジャンルとレトリックの構造 —— 99

- 7.1 レトリックのジャンル … 99
  - 7.1.1 審議のレトリック … 100
  - 7.1.2 法廷のレトリック … 101
  - 7.1.3 演示のレトリック … 102
- 7.2 ナラティブのレトリック：事例分析 … 104
  - 7.2.1 データ … 104
  - 7.2.2 レトリックの条件 … 109
  - 7.2.3 局所的な配列 … 109
  - 7.2.4 全体的な配列 … 112
- 7.3 本章のまとめ … 114

第8章　文体論：コミュニケーションの表現法 —— 115

- 8.1 文体論とは … 116
- 8.2 レトリックの表現法 … 116
  - 8.2.1 文体価値の表現 … 117
  - 8.2.2 文体のパターン … 119
  - 8.2.3 文体の成分 … 121
- 8.3 文体の言語分析 … 121

  8.3.1 語彙レベル ... 122
  8.3.2 文法レベル ... 125
  8.3.3 相互行為レベル ... 128
 8.4 本章のまとめ ... 129

第 9 章 　文彩 ... 131

 9.1 逸脱の技術 ... 131
 9.2 トロープ ... 134
  9.2.1 類似性のトロープ ... 135
  9.2.2 近接性のトロープ ... 135
  9.2.3 対照性のトロープ ... 136
  9.2.4 程度性のトロープ ... 137
 9.3 スキーム ... 138
  9.3.1 反復のスキーム ... 139
  9.3.2 均衡のスキーム ... 143
  9.3.3 語順変更のスキーム ... 144
  9.3.4 欠落のスキーム ... 145
 9.4 本章のまとめ ... 147

第 10 章 　類似性の文彩：統合のレトリック ... 149

 10.1 隠喩・直喩・諷喩 ... 149
  10.1.1 未知性 ... 152
  10.1.2 既知性 ... 153
  10.1.3 類似性 ... 154
 10.2 フレーミング ... 155
  10.2.1 定義 ... 157
  10.2.2 類推 ... 158
 10.3 イメジャリー ... 161

10.3.1　実体化 ―――――――――――――――― 162
　　10.3.2　現前化 ―――――――――――――――― 163
　10.4　本章のまとめ ――――――――――――――――― 164

第 11 章　対照性の文彩：分離のレトリック ――― 167

　11.1　対照法・平行法・交差配列法 ――――――――――― 167
　　11.1.1　漠然性 ―――――――――――――――― 169
　　11.1.2　共通構造 ――――――――――――――― 171
　　11.1.3　対照性 ―――――――――――――――― 173
　11.2　意味関係の画定 ―――――――――――――――― 175
　　11.2.1　堆積法 ―――――――――――――――― 175
　　11.2.2　類義区別 ――――――――――――――― 177
　11.3　意味変化の整理 ―――――――――――――――― 178
　　11.3.1　隠喩と直喩 ―――――――――――――― 179
　　11.3.2　逆説 ――――――――――――――――― 181
　11.4　本章のまとめ ――――――――――――――――― 182

第 12 章　近接性の文彩：凝縮のレトリック ――― 185

　12.1　換喩・転喩・提喩 ――――――――――――――― 185
　　12.1.1　近接性 ―――――――――――――――― 188
　　12.1.2　不必要 ―――――――――――――――― 189
　　12.1.3　際立ち ―――――――――――――――― 190
　12.2　背景化とポライトネス ―――――――――――――― 192
　　12.2.1　濫喩 ――――――――――――――――― 192
　　12.2.2　婉曲語法 ――――――――――――――― 194
　12.3　前景化とインポライトネス ――――――――――――― 196
　　12.3.1　ステレオタイプ ――――――――――――― 196
　　12.3.2　偽悪語法 ――――――――――――――― 198

12.4　本章のまとめ　　200

第 13 章　同形性の文彩：希釈のレトリック　203

13.1　異義反復・類音法・兼用法　203
　13.1.1　同形性　206
　13.1.2　退屈　207
　13.1.3　意味　208
13.2　詩的ロゴス　209
　13.2.1　地口答　209
　13.2.2　語源論法　211
　13.2.3　懸延法　212
13.3　言葉遊び　213
　13.3.1　駄洒落　214
　13.3.2　もじり　215
　13.3.3　むだ口　216
13.4　本章のまとめ　217

第 14 章　レトリックの言語科学　219

14.1　文彩の図式　219
14.2　修辞的効果　221
　14.2.1　エトスへの効果　222
　14.2.2　パトスへの効果　225
　14.2.3　ロゴスへの効果　227
14.3　文彩の語用論　229
　14.3.1　修辞学　229
　14.3.2　語用論　230
　14.3.3　文彩再考　232
14.4　本章のまとめ　234

修辞技法のリスト　235
トランスクリプト記号・コーパス　241
参考文献　243
索引　255

第 1 章

修辞学の研究プログラム

　レトリック（rhetoric）とよばれる言葉の技法が、私たちが日々行う言語コミュニケーションのあらゆる場面で用いられている。レトリックとは、簡単に言うならば、コミュニケーションによって相手の気分や考え方を変え、その後の行動を変え得るような効果をもつ言葉である。

　レトリックを研究する学問分野を**修辞学**（rhetoric）という[1]。修辞学は、身の回りの言語コミュニケーションのあり様を分析できる枠組みである。本書では、コミュニケーションのなかで用いた言葉が相手の思考、感情、行動に与える影響（あるいは悪影響）を制御するためにはどうすればよいのかという、社会生活上の切実な問題に対する、修辞学のアプローチを概観する。

　この章の目的は、修辞学の研究プログラムの全体像を描くことである。まず 1.1 節では、レトリックとは何か、修辞学とは何を研究するのかを述べる。修辞学には思想と実践の長い歴史があるが、1.2 節では、修辞学の伝統を言語科学の 1 分野として位置づける。1.3 節では、修辞学の研究領域の 5 つの下位部門を概観しながら、本書の構成を述べる。

1.1　修辞学のアプローチ

1.1.1　「修辞的」の意味

　「修辞的（rhetorical）」という言葉がある。例えば、見かけは質問だが、尋ねていることについての情報を得ること以外を目的としている疑問文を「修辞的疑問文」という (Ilie 2023: 168)。次の会話では、モナ（Mona）の歌う歌（Bob Dylan の *Blowin' In The Wind*）に修辞的疑問文が使われているとリ

サ（Lisa）が言う。

(1) Mona: [*sings*] 'How many roads must a man walk down before you can call him a man?'［（歌う）おとなの男になれるまで、いくつの道を歩かねばならない？］
Homer: Seven.［7つ。］
Lisa: No, dad, it's a rhetorical question.［ちがうよ、パパ、あれは修辞的疑問文だもん。］
Homer: Rhetorically, ...eight.［修辞的には……じゃ8つ。］
Lisa: Dad, do you even know what 'rhetorical' means?［パパ、「修辞的」の意味、分かってんの？］
Homer: Do I know what 'rhetorical' means?［オレに「修辞的」の意味が分かると思うか？］

(The Simpsons, Season 7, Episode 8, 'Mother Simpson,' November 19, 1995, Fox; Leith 2011: 1)

(1) は、Leith（2011）がレトリックの導入として挙げた、アニメ『ザ・シンプソンズ（*The Simpsons*）』の1シーンである（以下、英文の日本語訳は特に断らないかぎり筆者による）。ホーマー（Homer）は「修辞的」の意味を分かっているだろうか。(2) の質問は、(1) の文脈では (3) の断定を意味する。つまり、ホーマーは「修辞的」なんていう言葉の意味は分からないのである。しかし、ホーマーが (3) の意味で (2) を使って開きなおっているところをみると、「修辞的」な表現の使い方は分かっていると考えるべきだろう。(2) は見かけは質問だが相手から情報を聞き出すことを目的としない、修辞的疑問文の典型例だからである。

(2) オレに「修辞的」の意味が分かると思うか？
(3) オレには「修辞的」なんて言葉は分からない。

この例は、たとえ「修辞的」という言葉の定義をうまく言えなくても、私

たちは修辞的な言葉の使い方が分かっていることを示している。修辞学が対象とする「レトリック」とは、この私たちがよく理解している言葉の使い方である。

　ここで論じたいのは「レトリック」の専門用語としての意味であるが、日常語としての使われ方も思い浮かぶかもしれない。例えば「レトリックに過ぎない」「レトリックに引っ掛かる」などの、たいてい良い意味ではない使い方である[2]。ある言い方が「文法的」に正しい、あるいは「論理的」に整合性がある、というのが言葉への賛辞になり得るのに対して、ある言い方が「修辞的」だ、というのは言葉が上手であることの褒め言葉には普通はならない（Foss, Foss, and Trapp 2002: 1, Michell et al. 2016: 237）。修辞的な言葉は真実を覆いかくすために悪用されることがある、ということは残念ながら事実である。レトリックに対する懐疑は、プラトンが『ゴルギアス』のなかでレトリックを弾劾して以来、現在に至るまで消えることはなかった（Cockcroft and Cockcroft 2014: 3）。

　レトリックは、話者が相手を説得するための武器になる。剣を突きつけるようにしてレトリックで相手を無理に従わせるのは、問題ではないのか。このような懸念が出てくるのはよく分かる。しかし言葉による戦いは、コミュニケーションの1つのあり方にすぎない。剣ではなくペンのようにレトリックが使われることもある。ペンの力が発揮されるのは、著者が書いたものに読者が関心をもつ時だけである。本は決して押しかけては来ない。本はひたすら読者に開かれるのを待っていて、本は開かれると、著者が作りあげた言葉の世界への入り口になる。同じように、レトリックは、話者の見ている世界に入るための「招待状」（Foss and Griffin 2016 [1995]）にもなる。

1.1.2　レトリックの定義

　良い意味でも、悪い意味でも、レトリックは、人が他者に言葉で影響を与えようとするときの言葉である。Bitzer（1968: 4）にもとづいて、レトリックは次のように定義できる。

> 定義 1.1 ⇨　レトリックとは、思考、感情、行動への影響を介して、現実を変化させる言葉である。

この定義によれば、(1) のホーマーの使う修辞的疑問文はレトリックの1

つである。ホーマーは疑問文を用いることで、「修辞的」という言葉の意味を知らないことを強調し、リサを「もう聞いても仕方がない」という気持ちにさせて、これ以上論争が続くことを阻止した。疑問文が単純な質問としては使われていないという点で、修辞的疑問文は、規範的な文法や論理にはしたがっていない表現法である。文法的に正しく、論理的に一貫した表現であれば、いつも相手に響く表現になるかといえば、そうとは限らない。修辞学では、文法や論理を越えたレベルで、言葉の効果を探求する。

　言語使用の主な目的は情報伝達である。言葉は、何かを指し示したり、世界の出来事を記したり、人間の心を表したりするために使う。しかし言語は、単に情報を伝えるだけではなく、相手の気分や受ける印象を変えたり、何かの行動を促したりもする。言語は受信者の認識、思考、感情、行動に影響を与える力をもつのである。

(4)　他のお客様の邪魔になる座り方をしないでください。
(5)　「その座り方じゃまじゃなイカ」「すっきり座るとよいのではなイカ」
　　　　　　　　（「ちょっとちょっと！なマナーいきものペディア」『JR西日本』
　　　　　　　　公式ウェブサイト；2024年4月6日閲覧）

　言語が受信者の行動に影響を与える分かりやすい例として、(5)のようなマナー広告が挙げられる（図1.1参照）。この表現が(4)のような率直な注意喚起と比べて、乗客にはたらきかける力がより強いことは想像できる[3]。しかし、レトリックの知識なしに、その「力」とは何であるかを具体的に理解することは容易ではない。

　確かに(5)のような広告はレトリックの目立った例ではあるが、これはレトリックのほんの一部にすぎない。(1)が示しているとおり、私たちは修辞学の専門用語を知らなくても、修辞的な表現を使いこなしている。人は生まれたときから、両親のレトリックを聞いて過ごす。言葉を身につけたあとは、子どももレトリックで両親に応戦する。友達との会話、SNSのやりとり、レビューサイトのクチコミでも、人はレトリックを使っている。アナウンサー、芸人、インフルエンサーもレトリックを使っている。誰でも、少

図 1.1 「ちょっとちょっと！なマナーいきものペディア」（JR 西日本）

なくとも「修辞的疑問文」は使ったことがあるはずである。

(6) え、そうでもなくない？ （CEJC: K003_003）
(7) 旨い肉を求め、ひたすら都内を狙っていたが、まさかの大宮にこんなハイレベルな肉を食べられる店があるとは、誰が想像できるだろうか？
（クチコミ「喰心 meat Dining」『食べログ』, 2018 年 7 月；2024 年 4 月 6 日閲覧）
(8) 「帰ってきてすぐ座らない」「すぐ横にならない」「一息ついてスマホを弄らない」を徹底するようにしたら、誇張なしに生産性と作業効率 5 倍くらいになってすごすぎる。逆に今までどんだけ座ってどんだけ寝てたんだよ （X@finto__, 2024 年 4 月 1 日；2024 年 4 月 6 日閲覧）
(9) のぼるにつれて、眼下にブリエンツ湖がひろがりました。その向こうはアルプスの峰々が白く輝いてつらなっています。おねえちゃんは、「すてき、すてき」の連発です。もうちょっとちがったいいかたはできませんか。 （宮脇俊三（文）黒岩安美（絵）「スイス鉄道ものがたり」『たくさんのふしぎ』88, p.21, 福音館書店, 1992 年）

このような誰ともなく問いかける質問は、日常の言葉のなかにすっかり埋め込まれていて、ほとんど気づきもしない。レトリックは、意識して言葉を選ぶときだけではなく、日常生活のなかで無意識的に使う言葉のうちにも入っている。リース（2014: 18）は「どんなに飾らずに話しているつもりでも、実はわたしたちはセンテンス一つひとつにレトリックの技法を加えている」のだと述べている。

言葉で他者に影響を与えようとするというのは特別なことではなく、言語コミュニケーションの基本特性である。佐藤（1981）は「人々が技術体系としてのレトリックを忘れても、実際の人間の言葉はつねにレトリカルに作用しつづけている」(ibid., pp.9-10) と述べている。レトリックは言語コミュニケーションの基礎と言えるもので、レトリックを適切に制御することができれば、コミュニケーションの結末は、そうできなかった場合とはまったく異なるものになる。

1.1.3　修辞学の意義

このレトリックの技術を身につけることには、長きにわたって関心が向けられてきた。修辞学は、中世を通じて教育の根幹をなした自由七科（liberal arts）のうち、文法学、論理学、修辞学からなる三科（Trivium）において極めて大きな位置を占めた（Barthes 1970、波多野 1973、ルブール 2000 [1990]）。修辞学は、教養教育の基礎となる、実践的な技術として位置づけられてきた（Foss, Foss, and Trapp 2002: 9）。思考は論理によって管理しつくされるものではなく、言語は文法によってきわめられるものではない。私たちの認識とその表現は、けっして論理と文法によって十分に制御できるものではない（佐藤 1981）。そして、この論理と文法の手にあまる言葉の影響力を制御するのが、レトリックである。

処世に必要な言葉の使い方として、レトリックは現在に至るまで有効である（Michell et al. 2016: 237）。社会生活の中では、絶対にそうであるという固い確証（certainty）を得ることよりも、おそらくそうであろうという高い確率（probability）にしたがって物事をすすめていくことが大事な場面がある（Cockcroft and Cockcroft 2014: 19-20）。確証はなくとも、納得できるだけの確からしさがあれば、具体的な行動に結びつく。古代ギリシアの修辞学

者アリストテレス（Aristotle）は、レトリックを実務的な目的を達成するための手段として位置づけた（Aristotle 1926: 1.2[4]）。ある言葉が、どのような場面でどのような影響を与えるかを熟知し、結果として何が起こるかを予測できることは役に立つ。修辞学を学ぶとは、究極的には、コミュニケーションの成り行きを制御する言語の使い方を理解し、コミュニケーションを制御する実践的技術を身につけることであると言える。

　レトリックを実践する技術を身につけるための第一歩は、言葉のなかにあるレトリックをまず認識することである。自分でレトリックを使いこなすためには、他者のレトリックを分析できなければならない（Cockcroft and Cockcroft 2014: 1）。コミュニケーションにおける言葉の作用に気づくためには、修辞学の専門用語が役に立つ。私たちは日頃からレトリックを使っているので、レトリック用語の一部は日常語化している。「アナロジー」で説明する、「アイロニー」が利いている、「比喩」的に言う、「誇張」する、「クライマックス」にさしかかるといった言い方を聞くことがある。これらはすべて、修辞学由来の用語である。

　修辞学の枠組みを使えば、言葉の作用が多彩な技法で制御されていることが分かる。修辞学の研究対象は、私たちが言語を使うところ、どこにでもあるのだが、レトリックの知識がなければそこにあることには気がつかない。「レトリックはそこらじゅうに存在するのに、目に見えない。いや、そこらじゅうに存在するからこそ、目に見えないのだ。人間に向かってレトリックを説明するのは、魚に向かって水を説明するようなものだ」とリース（2014: 19）は述べている。修辞学を学ぶことで、レトリックが見えるようになる。例えば1.1.1節の最後の段落は、私には（10）のように見える。括弧のなかに示した用語は、修辞学の膨大な専門用語のごく一部である（これらの修辞技法の用語については巻末の「修辞技法のリスト」を参照）。

(10)　レトリックは、話者が相手を説得するための武器[隠喩]になる。剣を突きつけるように[直喩]してレトリックで相手を無理に従わせるのは、問題ではないのか[修辞的疑問文]。このような懸念が出てくるのはよく分かる。しかし言葉による戦い[隠喩]は、コミュニケーションの1つの

あり方にすぎない。剣ではなくペンのように[暗示引用・対照法]レトリックが使われることもある。ペン[換喩]の力が発揮されるのは、著者が書いたものに読者が関心をもつ時だけである。本は決して押しかけては来ない[擬人法・暗示引用]。本はひたすら読者に開かれるのを待っていて[擬人法]、本は開かれると、著者が作りあげた言葉の世界への入り口[隠喩]になる。同じように、レトリックは、話者の見ている[提喩]世界に入る[隠喩]ための「招待状[擬物法]」（Foss and Griffin 2016 [1995]）にもなる。

1.2 修辞学の伝統と刷新

　1.1 節で示した、すべての言葉にはレトリックが浸透しているのだ、というレトリック観は、いつの時代でも定説だったというわけではない。修辞学の歴史は長く、その源流は古代まで遡るが、源流が徐々に川幅を広げて現代に大河川となる、というような歴史ではない。ジェラール・ジュネットによる批評「限定された修辞学」（ジュネット 1987）によれば、むしろ逆に、修辞学は文彩論に、文彩論は隠喩論に、「何世紀にもわたって絶えず狭められてきた」（ibid.）。しかし、現在のレトリック研究の広がりをみると、枯れそうにみえた修辞学の流れは、伏流水のように地下に流れていて、今になって各地で湧き出しているようにみえる。以下では、その古代の源流（1.2.1 節）と、現代の湧水池（1.2.2 節）をみてみよう。そして、その「水」を言語科学の目でみるという提案をしたい（1.2.3 節）。

　西洋の修辞学の歴史を論じる上での慣例は、ギリシア期（イソクラテス・アリストテレス）、ローマ期（キケロ・クインティリアヌス）、中世（アウグスティヌス）、ルネサンス（ラムス）、近代（キャンベル・ウェイトリー・ブレア）、現代（リチャーズ・バーク・ペレルマン）といったように、時代区分とその代表的論者を挙げるやり方（Foss, Foss, and Trapp 2002: Ch. 1, McCroskey 2006: Ch. 1）で、修辞学史の重厚な記述としては Kennedy (1994) などがある。ここでは学史の詳細には入らず、本書のレトリック観に関係する修辞学の展開だけを取りあげる。なお、西洋におけるレトリックの歴史的

展開をまとめた略年表としては菅野（2003: 355–359）がある。

1.2.1　修辞学の伝統

　ギリシアから近代に至る修辞学の伝統のなかでは、大きく分けると、他者を説得するための実利的言語と、表現の審美的価値を高めるための芸術的言語という、言語の2つの側面（佐藤 1978: 14）が研究されてきた。

　第1に、実利的言語を対象とする修辞学では、説得力のある（persuasive）言葉のあり方が論じられてきた。この方面で理論面、実践面の両方に大きく貢献したのはギリシア期、ローマ期の古代の修辞学者である。修辞学のなかで最も影響力のある理論（McCroskey 2006: 7）であるアリストテレス（Aristotle）の『修辞学（Rhetoric）』は、レトリックを「どんな問題でもそのそれぞれについて可能な説得の方法を見つけ出す能力」と定義している（Aristotle 1926: 1.2.1355b）。この定義は説得を目的とするあらゆる言説に適用できる汎用性を備えている（Cockcroft and Cockcroft 2014: 5）が、アリストテレスがレトリックの3つの種類として挙げたのは、審議、法廷、演説（Aristotle 1926: 1.3）で、アリストテレスは修辞学の対象を一定の範囲に絞り込んでいることが分かる。この3区分は用語から想像されるフォーマルなイメージよりも一般性がある（第7章を参照）ものだが、挙げられている例は例えば、公共のことで議会弁論を試みる人々などで、基本的には、実利的な結果をともなう言語使用の場面を想定していたことが分かる。

　キケロ（Marcus Tullius Cicero）は政治や法廷といった公的場面に加え、手紙や哲学に関する議論などのより私的な場面での説得も取りあげた。キケロは『弁論家について（On the Orator）』（Cicero 1942）で、理想的な弁論家になるには、生まれ持った能力、あらゆる学問分野の知識、徹底した作文の訓練の統合が必要であると述べている（Foss, Foss, and Trapp 2002: 8）。またクインティリアヌス（Marcus Fabius Quintilianus）は『弁論家の教育（Institutes of Oratory）』（Quintilian 2001）で、弁論家を「巧みに話す正しい人間（the good man speaking well）」と定義した（Foss, Foss, and Trapp 2002: 8）。このようなローマ期の弁論家教育の理念は、教養教育の思想に通じるところがあり、中世からルネサンスの修辞学教育に大きな影響を与えた（Foss, Foss, and Trapp 2002: 8, McCroskey 2006: 10）。この流れでは、修辞学

の目的は、実利的な場面における言語技術を解明し、教育することであったと言える。

　第 2 に、芸術的言語、例えば、詩や小説などの言語の芸術性を生かす言語使用の修辞学では、魅力的（aesthetic）な言葉づかいが主眼となってきた。これに深く関連するのは、ベル・レトル（belles lettres）運動として知られる近代の修辞学である。フランス語のベル・レトルは字義通りには上質な美しい文字を意味し、転じて、情報的価値よりも審美的価値を重視する文芸を指す（Foss, Foss, and Trapp 2002: 11）。レトリックは、詩、演劇、音楽、造園、建築とともに審美的評価の対象となり、修辞学は批評（critics）という要素と関係づけられた（ibid.）。

　ブレア（Hugh Blair）は『レトリックおよびベル・レトルに関する講義（Lectures on Rhetoric and Belles Lettres）』（Blair 1854 [1783]）のなかで、実用的な（active）説得という枠組みを超えて、文学的な（literary）説得を論じた（Cockcroft and Cockcroft 2014: 32）。修辞学と、文学および批評との関係を論じるなかで、ブレアはレトリックと文章法が知性と分かちがたく結びついていることを強調して、「言葉にすることによって、感情はより明確に認識できるようになる」（Blair 1854 [1783]: 12）とし、作家は内なる感情だけでなく、言葉によるレトリックの価値を考慮しなければ読者に無視されるだろうと述べている（ibid.）。Foss, Foss, and Trapp（2002: 11）によれば、このブレアのレトリック観は、現在のレトリック批評の基礎となっている。芸術的言語を重視する流れでは、修辞学の目的は、審美的な価値を生み出す言語技術の探求と、芸術的言語の批評にあったと言える。

　修辞学の伝統のなかには、言語によるレトリックの本質を解き明かす理論的洞察が含まれている一方で、考察対象が特定の場面に絞り込まれているという限界がある。議会弁論、法廷弁論、政治演説、宗教的説教、文学作品などは確かにレトリックの力が最大限発揮される重要な場面だが、定義 1.1 によれば、修辞学は、ジャンルごとの特性だけではなく、すべてのジャンルに共通するレトリックの特性とは何かという問いを視野に入れている。20 世紀の修辞学には、この問いを探求するアプローチがある。

1.2.2 修辞学の刷新

佐藤（1978: 15–17）は、古代ギリシアからヨーロッパまで続くレトリックの伝統は「徐々に消滅への道をあゆんでいった」（ibid., p.16）と述べている。佐藤によれば、近代以降、西洋の修辞学は一般教養必修科目の座をすべり落ちてゆき、やがて消えた。書店でかなりの地位を占めていたレトリックの入門書、啓蒙書のたぐいも、ちょうど20世紀にはいったころに姿を消したと言う。佐藤はこの流れに抗うように、「発見的認識の造詣」（ibid., p.15）というレトリック研究の新しい試みを提示するのだが、そのような新しい修辞学（new rhetorics）が、20世紀に各地で湧き上がるように出現した。

新修辞学の創始の1人として知られるバーク（Kenneth Duva Burke）は『動機の修辞学（A Rhetoric of Motives）』（Burke 1969［1950］）で、レトリックを「他の人間の態度を形成したり、行動を喚起したりする人間による言葉の使用」（Burke 1969: 41）と定義している。修辞学のルーツは「記号に応答する本性をもつ人間どうしの協同」（ibid., p.43）にある。バークにとって、レトリックは記号による行為というより大きなカテゴリーに含まれる（Foss, Foss, and Trapp 2002: 191）。バークは、伝統的な修辞学と同様にレトリックの目的は説得であるとしているが、その説得は相手との「一体感（identification）」の結果であると言う（ibid., p.192）。受信者が発信者との共通点を見出して「同じだ」と分かると説得力が生じる。例えば、同じものに関心がある、共通の敵がいる、などである。レトリックが必要になるのは、話者と相手の対立と分断があるからであり、それがないならレトリックは不要である。バークのレトリックはこの点で、対立を調停する技術であったと言える。

『意味の意味（The Meaning of Meaning）』（Ogden and Richards 1923）でも知られるリチャーズ（Ivor Armstrong Richards）は、『レトリックの哲学（The Philosophy of Rhetoric）』（Richards 1936）のなかで、修辞学は「言葉による理解と誤解の研究」であると言っている（Richards 1936: 23）。リチャーズにとって説得は、修辞学の数ある狙いの1つにすぎず、「談話のなかでいかにして語が働くか」（ibid., p.8）という言語学的な関心が、その理論を貫いている。例えば、英語の being, have, cause, same などの語は色々に

意味が変わるため、さまざまな誤解を生むことがある。このような意味の変化には、リチャーズが同書で注目した隠喩（第10章参照）も含まれる。語の作用という視点から、コミュニケーション上で失われたものがどのように補われるか、良いコミュニケーションは悪いコミュニケーションとどう異なるのか、といった問い（ibid., pp.3–4）に答えることが、リチャーズの修辞学の狙いである。

ペレルマン（Chaïm Perelman）とオルブレヒト・ティテカ（Lucie Olbrechts-Tyteca）の『新しい修辞学：論証の研究（*The New Rhetoric: A Treatise on Argumentation*）』（Perelman and Olbrechts-Tyteca 1969；1958年のフランス語版の英語翻訳版）は、インフォーマルな推論の研究領域を新しい修辞学と位置づけた。哲学者であったペレルマンは、伝統的な論理学では扱えない「価値（value）」についての推論を扱う枠組みを修辞学に求めた（Foss, Foss, and Trapp 2002: 82）。古代の修辞学から大きな進展のなかったレトリックにおける推論の問題を「論証（argumentation）」の理論として定式化し、コミュニケーションの研究領域として確立した。聴衆が納得できるかどうか、という観点から論理を扱うことが、ペレルマンらの修辞学の独自性である。

以上の研究はいずれも、法廷弁論における説得、のような具体的な場面を超越している。態度、行動、理解、誤解、推論、価値といったコミュニケーションの普遍的な課題が、修辞学の対象として捉え直されている。これらの研究は、その独創的なアプローチを打ち出す上で、旧来の修辞学の概念的枠組みは残しつつも、その形式的枠組みをほぼ捨て去った、いわば新修辞学と言えるものである。しかし、新修辞学は、旧修辞学を捨てなければならないのだろうか。

1.2.3　言語科学としての修辞学

本書では、「旧修辞学」の枠組みを「新修辞学」の観点から概観する。「旧修辞学」の枠組みとは、1.3節で示すような、伝統的な修辞学の研究テーマの枠組みである。「新修辞学」の観点とは、通ジャンル的なレトリックの特性を視野に入れた、言語コミュニケーションの一般理論としての修辞学の観点である。

レトリックの一般特性を研究する1つのアプローチは、言語そのものへの注目である。トピックが何であれ、発信者と受信者が誰であれ、レトリックに言語が使われることは変わらない。本書で注目するのは、レトリックの「言語的次元（linguistic dimension）」（Cockcroft and Cockcroft 2014: 10–14）である。対立が調停できるか、誤解を防ぐことができるか、相手を納得させることができるかは、どのような言葉を使うかにかかっている。言語技術としてのレトリックは、人と人とがやりとりをするための一般的な技術としてすべての人にひらかれている（cf. 西村 1998: 185–188）。

　言語技術の解明という点からみると、修辞学は言語学に関係がある。特に、認知言語学（cognitive linguistics）のアプローチは修辞学者の興味を引いている（野内 2002: 23, Cockcroft and Cockcroft 2014: 47–48, Harris and Fahnestock 2023: 8–9）。認知言語学によれば、修辞学で論じてきた現象は、言語と思考に関わる人間の認知能力の根幹であると言う。これは言語学者にとっても、修辞学者にとっても、レトリックの転換点となった。修辞学の概念が、言語学の理論に取り込まれたのである。

　レイコフ（George Lakoff）は、ジョンソン（Mark Johnson）との共著『レトリックと人生（Metaphors We Live by）』（Lakoff and Johnson 1980）で、日常言語のなかで私たちが、説得力や芸術性などまったく意識せずに比喩を使っていることを明らかにした。レイコフによれば、比喩は、人間の認識と思考の基盤である。レイコフをはじめとして、認知言語学の主要な研究では、比喩を言語分析の基本概念として取り入れることが標準的になっている（Lakoff 1987a, Sweetser 1990, Turner 1996, Fauconnier and Tunner 2002, Hopper and Traugott 2003, Taylor 2003, 山梨 2015, Panther 2022）ので、認知言語学のアプローチは、修辞学由来の概念を用いた言語分析の枠組みだと言える[5]。

　ただし、認知言語学では隠喩（第10章）や換喩（第12章）といった一部の比喩は研究されているが、修辞学全体が見直されているわけではない。本書では、比喩論にとどまらず、修辞学の全貌を描くことを通して、修辞学による言語科学のアプローチを探求する。

1.3 修辞学の5部門

　レトリックは水のように、言葉の渇きをうるおしてくれる。言語科学としての修辞学の湧水池がたたえているのは神秘の水ではなく、その組成や機能は科学的に分析できる。本書では、この修辞学の分析手法を概説する。

　本書では、修辞学の分野ごとに、専門用語を導入しながら、理論を事例によって具体化していく。修辞学の部門を整理するための一助として、クインティリアヌスが『弁論家の教育』（第3巻第3章）で示した5つの技術部門（canon）の区分、**発想**（invention）、**配列**（disposition）、**文体**（style）、**記憶**（memory）、**発表**（delivery）が参考になる（Corbett and Connors 1999, Hauser 2002, Leith 2011, Cockcroft and Cockcroft 2014）。

　この区分は、アイデアを出してから実際に言語で表現するにいたるまでの話の制作過程だと考えることができる（Hauser 2002: 108）。どのような話をするにも、まずその話の内容の発想を得なければならない。発話が1文で終わるようなものではなくて、もっと長い話になるなら、何をどの箇所で語るかも重要になるので、配列も必要になる。内容を伝えるためには、適切な文体の言葉を工夫しなければならない。また、それぞれの内容をふさわしい箇所で語るのは、記憶の助けなしには不可能である。声やジェスチャーがふさわしくなければ、言葉とその内容は台無しになってしまうので、発表の仕方を吟味することも必要である。

　レトリックの効果の型は、選ばれた発想の型、話のなかでのそれらの配列、話者が用いる文体によって決まることが多い（Charteris-Black 2018: 8）。このため本書では、5つの部門のうち最初の3つの部門に焦点を置き、発想論と配列論を前半で、文体論を後半で取りあげる。

1.3.1　発想論：コミュニケーションの要素

　話をするときには、何について話をしてもよいのだが、相手に影響を与えたいのであれば、内容の方向性を慎重に検討しなくてはならない。発想論（第2章）の重要な知見は、言葉の影響力を増すための方法に、3つの種類があることを明らかにしたことである。すなわち、第1に信頼に訴える方法（エトス）（第3章）、第2に感情に訴える方法（パトス）（第4章）、第3

に理性に訴える方法（ロゴス）（第5章）である。修辞学の発想論は、コミュニケーションにおける言葉の影響力を左右する要素を明らかにし、状況に応じた適切な言葉の内容とは何かを論じる。

1.3.2　配列論：コミュニケーションの構造

何を話すかが決まっても、それを話す順番で結果は変わってくる。配列論では、言葉の順番やタイミングの影響を考察する（第6章）。コミュニケーションには構造があり、1つの完結したコミュニケーションは、異なる役割を果たす言葉と言葉が結合することによって成立する（第7章）。修辞学の配列論は、コミュニケーションの構成する言葉の配列パターンを明らかにし、コミュニケーションを適切に構造化していく方法を論じる。

1.3.3　文体論：コミュニケーションの表現法

何を言うべきかが分かっていても、どう言うべきかが分からなければ実際にはレトリックは使えない（Aristotle 1926: 3.1.1403b）。目的に沿った効果をもたらす具体的な言語表現の選択を扱うのが文体論である。いかに発想がすぐれていて、配列が作り込まれていても、具体的な語彙と文法なしにはレトリックは実現しない。言語の体系と構造のすべてが、このレトリックの言語化の資源になる（第8章）。慣用語法をそのままなぞるのではなく、語法から逸脱し、語法を拡張していく表現法である文彩は、強力なレトリックの表現法である（第9章）。第10章、第11章、第12章、第13章では4つの文彩の型とその効果を論じ、第14章では文彩の理論的意義を考察する。

1.3.4　記憶論：コミュニケーションの知識

作り込まれたレトリックを口頭で発表する場合には、それを完全に記憶することによって説得力が増す。修辞学の記憶論は、この点では、主に話し言葉のレトリックに関係する部門である。スピーチ原稿を一字一句記憶して発表することは、政治家でもない限りあまり頻繁にあるわけではないが、より広い意味では、記憶論は、コミュニケーションの能力全般に関係している。私たちは、言語の非常に多くの語彙、定型表現、構文を記憶している。それだけでなく、話の展開方法や、場面や相手に応じたコミュニケーションのパターンを記憶している。記憶していない言葉は、コミュニケーションに使用できる言葉の選択肢に入らない。言語表現と相互行為のパターンの記憶は、

すべてのレトリック実践を支えている。

1.3.5 発表論：コミュニケーションの実践

　レトリックの発表論は、レトリックの実践を扱う。ギリシアの弁論家デモステネスは、レトリックの重要な部門はどれかという質問に対して「第1に発表、第2に発表、第3に発表である（Delivery, delivery, delivery）」と答えている（Corbett and Connors 1999: 22）。発表論は、レトリックの実践的訓練として発展した。古代のレトリックでは、声とジェスチャーに関する身体の技術が発表論の主なテーマであったが、現代のレトリックでは、これに加えて、コミュニケーションに使用できる電子機器を中心とした情報伝達技術が重要な研究テーマであると考えられる。

---

1 ── 効果的な言葉の表現法も、それを研究する学問領域の名前も rhetoric である。ここでは表現法を「レトリック」、学問領域を「修辞学」としておく。

2 ── コーパス分析ツール Sketch Engine に収録されている現代日本語ウェブコーパス jpTenTen11 では、「レトリックに V」に生起する動詞 V のうち高頻度上位3位は順に、「過ぎる」（例えば「単なるレトリックに過ぎない」）、「騙す」（例えば「レトリックに騙されるな」）、「引っ掛かる」（例えば「レトリックに引っ掛かりやすい」）である。

3 ── 図 1.1 には言語的な表現法の工夫に加えて、イカが入り口で道をふさぐイラストの工夫にも工夫がみられる。「言葉」すなわち言語記号だけでなく、記号一般にレトリックの定義 1.1 を拡張すれば、このイラストは**視覚のレトリック**（visual rhetoric）（Hill and Helmers 2004）の例であると言える。

4 ── アリストテレスの修辞学については、岩波書店の岩波文庫に収録された戸塚七郎訳『弁論術』（アリストテレス 1992）、および Harvard University Press の Loeb Classical Library に収録された John Henry Freese 訳 *The Art of Rhetoric*（Aristotle 1926）を参照した。引用の際は、「2.1」のような巻、章番号と「1357a」のようなベッカー校訂版のページ数のどちらかまたは両方を示す。

5 ── 認知言語学の理論を用いたコミュニケーション研究には、会話の比喩分析によって共感と和解のプロセスを探求した Cameron（2011）、レトリックに注目した政治演説の批判談話分析を行う Charteris-Black（2018）、広告のレトリックの創造性を考察した Pérez Sobrino et al.（2021）などがあり、これらは本書が描くレトリック研究のアプローチに近い。レトリックと比喩の関係については 14.3 節も参照。

第 2 章

発想論
コミュニケーションの要素

　発想（invention）論は、何を言葉にすれば相手に影響が与えられるのかという、レトリックの素材となる内容を論じる分野である（Hauser 2002: 108）。修辞学の用語を理解し、具体例を覚えれば、知識としてはレトリックが身についたと言える。しかし、教科書の例を切って貼ったようなレトリックは、現実のコミュニケーションではほとんど役に立たない。現実のなかで言葉に力を持たせるためには、状況に即した内容を選びとらなければならない。

　この章では、まず発想論の基本的な問題設定を論じる（2.1 節）。状況に適した内容を選択するためには、状況を分析しなければならない。2.2 節では、レトリックの成立条件の分析枠組みを概観する。2.3 節で論じるのは、レトリックの発想の型となる、レトリックの方法の類型である。ここで論じた型は、さらに第 3 章、第 4 章、第 5 章で個別に取りあげる。

2.1　発想論とは

　レトリックは、何が伝わる言葉であり、どのような話が相手に影響力をもつかを見抜く能力に支えられている。相手に何か影響を与え、現状を変化させたい、ということは、現状に対しては不満足であることを意味する。レトリックによって解決を図りたいということは、現状が何かしらの「不完全さ（imperfection）」（Hauser 2002: 108）を伴っているのだと言える。そうでなければ、はじめから全てのことは暗黙の内に伝わる（Meyer 2017: 8）はずである。

目新しいことで知らない、争いがあって対立している、あいまいでよく分からない、といった不可解、不満、不確かさをともなう現状があるからこそ、それを改善するためにレトリックが必要になる。現状の抱えている課題について言えることのなかから、最善の内容を見つける技術が、修辞学でいうところの「発想」が意味することである（McCroskey 2006: 190–191）。Hauser（2002: 109）にもとづいて、レトリックの発想は次のように定義できる。

> 定義 2.1 ⇨　発想とは、現状を変えられるような言葉の内容を見つける方法である。

　言うべきことは、もちろん状況によっていろいろ変わる。しかし、同じような課題を解決することが求められる状況は繰り返し起こり、そこでは類似したレトリックが必要になる。そこで、パターン化された「レトリックの形式（rhetorical form）」（Bitzer 1968: 13）が生まれる。話すべき事柄の大まかな型は存在するし、事前に形式を整理しておくことができる。発想論では、このような話の発想のパターンを分類し、整理する。

2.2　レトリックの発想

　それでは、レトリックが使われる状況とはどのようなものだろうか。答えの良し悪しが、問われていることによって変わるのと同じように、レトリックの良し悪しは、それが求められている状況によって変わる。事態を好転させるためにレトリックを用いた言葉の影響力が求められるような状況を「レトリックの条件（rhetorical situation）」（Bitzer 1968）という。situation は字義通りには「状況」であるが、レトリックをめぐる状況の性質は、そのレトリックが効果的であるかどうかを決めるという意味で、適したレトリックを選ぶ上での必要条件であると言える。

　私たちは生活のなかで、現状を変えて満足のいく状況を作り出すためにレトリックを使おうと試みている。次の例では、おつかいに行きたくない娘が母を説得しようと苦心しているが、効果がないようである。

(1)　母「おつかい　いってきてちょうだい」
　　　娘「いやあよ、あめが　ふってるんだもの」
　　　母「かさ　さして　いけば　いいでしょ」
　　　娘「でも、あしが　ぬれちゃうんだもの」
　　　母「じゃあ、ながぐつ　はいたら」
　　　娘「でも、ふくが　ぬれちゃうよ」
　　　母「レイン・コートを　きれば　いいでしょ」
　　　娘「かみのけが　かぜで　くしゃくしゃになったら　いやだもん」
　　　母「ぼうしを　かぶって　いきなさい！」
　　　娘「でも、でも……」
　　　母「はやく　いきなさい！！」
　　　　　　　　　（さとうわきこ『おつかい』pp. 4–24，福音館書店，1974年）

　娘の狙いは、何とかしておつかいに行かずにすませるということだが、場当たり的な論証は、母にはむしろ言い訳のように聞こえている。どのようなレトリックを使うかをあまりに早急に決めてしまうと、実は言えたかもしれない、説得力のある内容を見逃してしまうことがある（McCroskey 2006: 195）。レトリックの実践には、状況に伴う条件に即した実践の計画が欠かせない。レトリックの条件を十分に分析しているかどうかによって、レトリックの効果は左右される。

　「レトリックの条件」という分析枠組みを提示したBitzerによれば、レトリックは科学に似ていると言う。

　　知られるべき対象、解決されるべき謎、理解されるべき複雑さを、世界は提示している——これが、現実における科学の探究と言説の必要性である。同じように、言葉という手段によって変化させるべき不完全さを、世界は提示している——これが、現実における修辞学の研究と言説の必要性である。学問分野として、それが現実を知るための原理、概念、手続きを含むかぎり、科学の方法の妥当性は哲学的に担保される。同じように、学問分野としての修辞学は、現実における価値ある変化を

> 引き起こすための原理、概念、手続きを含むかぎり、哲学的にその妥当性が担保される。　　　　　　　　　　　　　　　　（Bitzer 1968: 13–14）

　ここで Bitzer が論じているのは学問分野としての修辞学の妥当性である。しかし、これはレトリックを実践する上での心構えとして読むこともできる。人は、世界を知りたいと思うかぎり、少しだけ科学者である。同じように、人は、言葉で世界を変えたいと思うかぎり、少しだけ修辞学者である。現実の変化を引き起こすための原理、概念、手続きを整理することは、「レトリックの条件」を明らかにすることにつながる。

　ところで科学の研究は、研究の課題、研究であつかう対象、研究の方法にもとづいて計画される。研究を実践する際には、研究計画を練ることが不可欠である。同じように、レトリックを実践する際は、レトリックの課題、レトリックではたらきかける対象、レトリックの方法からなる、「レトリックの計画」を立てることが重要である。

2.2.1　課題の分析

　レトリックで取り組むべき「課題」とは、レトリックを持ち込むことによって全面的に、あるいは部分的に解決できる要件（exigency）（Bitzer 1968: 6–7）のことである。ここでいう要件とは、欠けている事、妨げとなる事、なされるべき事、あるべき状態にない事など、現状からの変化が必要な事柄をいう。世の中には色々な要件があるが、すべてがレトリックの要件だというわけではない。例えば、乾燥で萎れた草木は、水をかけることで回復するが、言葉をかけることでは回復しないので、レトリックの要件ではない。これに対して、気分が落ち込んだ人は、言葉をかけることで回復する余地があるので、レトリックの要件である。レトリックによって解決できるのは、言葉を用いて引き起こす変化が、その解決につながる要件である（ibid., p.7）。

　(1) で娘が取り組むレトリックの課題は、自分が行きたくないおつかいを母から頼まれているという現状を変えることである。おつかいを頼まれているという状態は、娘にとって望ましくない状態で、レトリックを必要とする要件である。この課題を解決するためには、レトリックを働きかける対象

（すなわち、母）と、レトリックの方法について考えなければならない。

2.2.2 対象の分析

レトリックの効果は、誰かに言葉をかけることによって生まれるので、レトリックの「対象」は、言葉の受信者（audience）である[1]。受信者は変化の媒介者であり、言葉の影響を受けた受信者の決意や行動が、現実の変化を生み出す（Bitzer 1968: 7）。

受信者分析（audience analysis）をすれば、話の聴衆にあった話をすることができる（McCroskey 2006: 196–197）。例えば、性別、年齢、趣味、経済的な状況、社会的な立場、などである。

アリストテレスは、年齢による性格の差に注目して、青年と老年の一般的な人柄のちがいを次のように述べている（Aristotle 1926: 2.12–2.13）。

- 青年の人柄は、だいたい次のようなものである。欲望に対して気移りしやすく、飽きやすい。激しやすく、短気である。誇りを重んじて、勝つことにこだわる。お人好しで、人を信じやすい。希望に燃えている。騙されやすい。勇敢である。恥じらいを感じやすい。気持ちがおおらかである。利益になることよりも立派な行為に進むほうを選ぶ。友を愛し、仲間を愛する。どんなことでも知っていると思い込み、それを言い張る。誰をも優れた人物であるとか、実際より立派な人だと見てしまう。笑うことが好きで、巧みに洒落を操る。
- 老人の人柄は、だいたい次のようなものである。何ひとつ確たる言い方をしない。ひがみ根性である。人を激しく愛することも、激しく憎むこともない。心がせまく、けちである。臆病で、先々に不安をいだく。生への執着が強い。自己中心的であり、他人にどう思われるかは気に掛けない。簡単に希望をいだかない。過去にあったことをいつまでも語り続ける。欲望よりも利得によって行動する。よく愚痴をこぼす。

このように、青年と老人は、異なった（むしろ、だいたい反対の）性格をもつので、同じ話をして、同じ効果があるとは考えられない。例えば、希望は未来に、思い出は過去に関わるものである。青年にとって未来は洋々とし

ており、これに対し過ぎ去った時はごくわずかであるから、青年は希望についての話が好きである。逆に老人にとって、人生は残るところわずかで、過ぎ去った部分が多いから、老人は思い出話が好きである。このような性格のパターンから、例えば「若者には未来を、老人には過去を」という社交のレトリックの型ができてくる。

　(1) では、娘は母を対象としたレトリックを展開し、これから起こるかもしれない未来の不安を中心に述べることで、母を説得しようとした。母を"老人"の枠に入れるのは無理かもしれないが、しかし、ここでは過去の事件について述べたほうがよかったかもしれない。例えば、小さな子どもが雨の日におつかいに出て、側溝に落ちた事故について話す、などである。

2.2.3　方法の分析

　取ることができるレトリックの「方法」には、状況に含まれる人々や物事の関係からなる様々な制約（constraint）（Bitzer 1968: 8）がある。修辞学の教科書に載っているような古代の弁論家のレトリックはたしかに偉大なものだが、コンテクストの条件が整っていなければわざとらしくなり、効果的な表現法としては成立しない。古代の絵画は後世の人を楽しませるかもしれないが、レトリックについては、同様のことが成り立つことはほとんどない（Hart, Daughton, and LaVally 2018: 51）。Hart, Daughton, and LaVally（2018: Ch. 3）は、発信者、受信者、話題、場面に加え、メディアや慣習も、レトリックの効果を左右する要因であると述べている。

　アリストテレスによれば、現実を変化させるレトリックの方法は、大きく分けて 2 つある。1 つは、発信者のレトリックの技術にもとづく技術的（artistic）方法、もう 1 つは発信者の技術には関係しない非技術的（non-artistic）方法である（Aristotle 1926: 1.2.1355b）。

　「非技術的方法」は、客観的データ（例えば、観察、証言、記録、統計、法規など）を活用する方法である。これらの要素は、コミュニケーションのなかでその存在が認められているかぎり（Corbett and Connors 1999: 18）、そのまま利用して、異論の余地なく受信者に影響を与えることができる（野内 2002: 137）。

　これに対して、レトリックの条件を分析した上で可能な方法を見つけ出す

「技術的方法」がある。それが 2.3 節でみる、品性に訴える**エトス**（ethos）、感性に訴える**パトス**（pathos）、理性に訴える**ロゴス**（logos）にもとづく発想である。

2.3 発想の類型

　（1）のレトリックは、主におつかいに行った際に娘が受ける損害を前に出す論証を中心にしている。問題は、そのような損害は、母の感情に訴えるものではないということである。例えば、買ってきたパンがびしょびしょになってしまうよ、と言えば、それは母にとっても損害であるので、共感を呼ぶことができるかもしれない。あるいは、「子ども」という自分の特性を生かして、目に涙をためてじっと見つめるのが、親の心には堪えるかもしれない。相手に影響を与えるレトリックには、どのような方法があるのだろうか。

　アリストテレス（1992: 1.2.1356a）によれば、言葉による説得の方法には、次の 3 種類がある。第 1 に、話し手の人柄にかかっている説得の方法があり、これをエトスという。第 2 に、聞き手の心の状態にかかっている説得はパトスとよばれる。第 3 に、言葉そのものにかかっている説得、すなわち言葉それ自体が証明を与えているようにみえることから生じる説得は、ロゴスとよばれる。エトス、パトス、ロゴスの定義は第 3 章、第 4 章、第 5 章で再び検討するが、このアリストテレスの理論は、現在の修辞学でもよく参照されている。

　重要なのは、言葉の説得力は、言葉の性質だけから生じるのではない、ということである。言葉が受信者に影響力をもつかどうかは、その言葉を使う発信者が受信者にどのように理解され、受信者がその言葉を使われるときにどのような感情を抱くかにも関係する。レトリックの影響力を高めるには、エトス、パトス、ロゴスを多角的に検討し、レトリックの条件を満たすように調整しなければならない[2]。

　課題となっている要件について、発信者にとって有益な変化を受信者にもたらすような言葉を選び出すためには、どのような発想にもとづいて内容を

決めればよいか。この問題を検討する際に、エトス、パトス、ロゴスに注目するのが、修辞学の発想の技術である。Leith（2011）は、この3種類の発想の特徴を、中古車販売の面白い例で簡潔に示している。（ちなみに、（2）のジェレミー・クラークソンというのは、BBCの自動車番組『トップ・ギア』で人気がある、イギリスのテレビ・パーソナリティである。）

(2) Ethos: 'Buy my old car because I'm Jeremy Clarkson.'［エトス：「おれの中古車を買え。なんたっておれはジェレミー・クラークソンだからな」］

(3) Logos: 'Buy my old car because yours is broken and mine is the only one on sale.'［ロゴス：「わたしの中古車を買いなさい。なぜならあなたの車は故障し、売りに出ているのはわたしの車だけだから」］

(4) Pathos: 'Buy my old car or this cute little kitten, what is afflicted with a rare degenerative disease, will expire in agony, for my car is the last asset I have in the world and I am selling it to pay for kitty's medical treatment.'［パトス：「わたしの中古車を買ってください。さもないと、難病に冒されたこのかわいい子猫は苦しみながら死にます。この車はわたしが持っている最後の財産で、子猫の治療費に充てるため、これを売ろうとしているのです」］　　　　（Leith 2011: 47; 訳はリース 2014［2011］: 63-64）

　この3つの例では、レトリックの課題は同一で、車を売って利益を得る必要がある、ということであるが、レトリックの方法は異なっている。(2)は、話し手のジェレミー・クラークソンが、自動車と言えば俺だという、ある種の権威を示すことで中古車を売ろうとしており、話者の信頼性を生かした論証となっている。(3)では、相手が車を必要であることを確認し、購入可能である唯一の車は自分のものであると主張することで、論理詰めで車を買うよう説得しようとしている。ここでは事実を整理し、論理的な必然性を見出すことで論証を作っている。(4)は、かわいそうな子猫に相手の注意を向け、猫を助けたいという相手の良心に働きかけることで車を売ろうとしている。ここでは相手の感情に訴える論証を用いている。

日本語の例を見てみよう。(5) は、2014 年、T.M.Revolution のボーカル西川貴教が世界最大のアニメソングのライブイベントである『Animelo Summer Live 2014 –ONENESS–』の初日公演でトリ（最後に出演する人）を務めた際の MC の抜粋である。

(5)　この 10 年という長い歴史が作ってきた、計り知れないみんなとの絆、(...) そのなかで西川がこのトリを務めるということに少なからず疑問を抱く方も、いらっしゃるかと思います。
　　　［応援の歓声］
　　　あらそう。
　　　［応援の歓声］
　　　だと、すげー嬉しい。僕は、かねてから、音楽に、ジャンルとか、垣根とかは無いって言い続けてきてました。だからこそ、J-POP 畑で生まれたこの T.M.Revolution が、このアニサマ［＝イベントの略称］のトリを飾ってんだよなぁ！
　　　［ドラムの音・歓声］
　　　アニメ見ている数と経歴じゃあ、そんじょそこらのオタクより、よっぽど見てんだよ！
　　　［ドラムの音・歓声］
　　　(...) 正直、海外に行くと、K-POP や、他から出てくる海外のアーティストの勢いはものすごいことになってます。だからこそ、今ここで、アニメソングだとか、J-POP だとか、J-ROCK だとか、関係ねえんだよ！
　　　［ドラムの音・歓声］
　　　(...) こうやって、アニメやゲームの主題歌をやらせていただくたび、始めた当初は、J-POP のアーティストがアニメオタクカルチャーに媚びてるって言われました。うるせえよ！こっちは好きでやってんだよ！どこのどいつに四の五の言われる筋合いはねえんだよ、だよなぁ！
　　　［歓声］

だからその、俺の中での始まりの曲を最後に贈るぜ！
［歓声］
どこでもねえ！お前らに捧げばいい、お前らに！！
　　　（MC, T.M.Revolution「HEART OF SWORD 〜夜明け前〜」『Animelo Summer Live 2014 –ONENESS–』, 2014 年 8 月 29 日）

　ここでの西川にとってのレトリックの課題は 2 つある。第 1 に、西川がトリを務めることに「疑問を抱く」人を納得させる必要があること、第 2 に、観客が昂揚した状態で自身の歌唱パフォーマンスに入る必要があるということである。第 1 の課題が解決しなければ、第 2 の課題を解決することはできないので、西川はまず第 1 の課題に明示的に言及する。歓声は観客がそのような疑問を抱いてはいないことを示しているのではあるが、西川は、トリを務めることの妥当性を自身の経歴や主義にもとづいて論証していく。

(6)　ロゴス：僕は、かねてから、音楽に、ジャンルとか、垣根とかは無いって言い続けてきてました。だからこそ、J-POP 畑で生まれたこの T.M.Revolution が、このアニサマ［＝イベントの略称］のトリを飾ってんだよなぁ！
(7)　エトス：アニメ見ている数と経歴じゃあ、そんじょそこらのオタクより、よっぽど見てんだよ！

　後半に進むにつれて、論証は感情的な色合いを強めていく。(8) は独我的な前提で、（仮想的な）敵対者に強引な反駁をしているようにみえる。しかし最後の「だよなあ！」という呼びかけと、それに対する観客のレスポンスから、そのような敵対者はライブ会場にはおらず、一見すると独我的にみえる感情の発露は、西川と観客に共有されていることが確認されている。

(8)　パトス：こうやって、アニメやゲームの主題歌をやらせていただくたび、始めた当初は、J-POP のアーティストがアニメオタクカルチャー

に媚びてるって言われました。うるせえよ！こっちは好きでやってんだよ！どこのどいつに四の五の言われる筋合いはねえんだよ、だよなあ！

　このように、この MC は全体を通して第 1 の課題に関するレトリックから構成されているようにみえるが、それと同時に、第 2 の課題に関する、観客の高揚感をあおるレトリックが随所に用いられている。「見てんだよ！」「関係ねえんだよ！」「うるせえよ！」「好きでやってんだよ！」「四の五の言われる筋合いはねえんだよ！」という仮想的な敵対者に語りかける頓呼法（apostrophe）の表現は、すべて観客の共感を得るために用いられている。(8) の最後の「だよなあ！」では、それまでの言葉が向けられていた仮想的な敵対者から、会場の観客へと言葉の受信者を変更している。敵対者である仮想の「彼ら」（they）に対して、西川と観客は「我々」（we）であり、(9) は続く西川の歌が「我々」のための、プライベートなものだと述べることで、観客の共感を呼び込んでいる。

(9)　　パトス：だからその、俺の中での始まりの曲を最後に贈るぜ！どこでもねえ！お前らに捧げばいい、お前らに！！

　(5) はパトスに比重を置いたレトリックであるようにみえるが、実際には、エトス、パトス、ロゴスが巧みな組み合わせで用いられている。レトリックの技術とは、3 つの方法を総合的に用いる技能である。アリストテレスは、レトリックを駆使することができる人の理想像を、次のように描写している。レトリックを駆使する人とは「論理的に推論することのできる者、また人柄や徳について考察することのできる者、そして第三に、感情について、感情のそれぞれはそもそも何であり、いかなる性質のものであるか、また何が因（もと）でどのようにして聴衆の心の中に生じてくるのか、を考察できる者」（アリストテレス 1992: 1.2.1356a）である。
　エトス、ロゴス、パトスの 3 つ組みは、アリストテレス以来長きにわたって用いられてきた修辞学の基本概念である。これを分析の枠組みとする事例

分析としては、例えば、政治家の談話を分析する Charteris-Black（2018）や Mshvenieradze（2013）、社会環境報告の説得方略を分析する Higgins and Walker（2012）、大学生のインフォーマルな依頼（Ting 2018）や不平（Al-Momani 2014）を分析する研究、新約聖書の修辞学的解釈を行う原口（2005）、日本語の笑い話を分析する小松原（2023a）、Komatsubara（2023a）などがある。レトリックの主要な教科書である Corbett and Connors（1999）、Hauser（2002）、McCroskey（2006）、Cockcroft and Cockcroft（2014）などにおける位置づけからも分かるように、エトス、パトス、ロゴスは現在までレトリック分析の主要な枠組みとして用いられている。

2.3.1　エトス

　エトスは、話者が信頼できる人物であることを示し、聴衆との関係を確立する方法である。誰が話すのかということが、言葉の影響力を左右する。例えば、何が話題であっても、私たちは良い人の話は信じるが、悪い人の話は信じない傾向がある。自分が一体どのような性格で、何を知っており、何を得意とする人物であるかを、まず把握しなければならない。

　あなたが思慮深く（good sense）、道徳的（good character）で、好意的（good will）であれば、あなたの言葉は強い影響力をもつことになるだろう（Watson 2001: 394）というのが、アリストテレス修辞学におけるエトスによるレトリックの基本的な考え方である[3]（Aristotle 1926: 2.1.1378a）。実用的には、相手に示すべき「私」とはどのような人物であるかを分析し、話の内容に合わせて自分がもっている長所のどこを示すかを選択し、自分が理想的な話者であるように見えるようにする。エトスのレトリックは、話者の信用や親近感を示すさまざまな言葉を使う。エトスについては、第3章で論じる。

2.3.2　パトス

　パトスは話者が聴衆にはたらきかけて、憤怒、憐憫、恐怖、歓喜などの感情を高める方法である。相手に合わせるということのなかでも、相手の感情を理解し、それに働きかけることは特に重要である。なぜならば「愛している時と憎んでいる時とでは、また、腹を立てている時と穏やかな時とでは、同じ一つのものが同じには見えず、全く別物に見えるか、或いは大きく異

なったものに見えるかするものである」（アリストテレス 1992: 2.1.1377b–1378a）からである。聞き手を特定の感情におくことによる言葉の影響力がパトスである。

パトスにもとづくレトリックは、相手の気分を変化させるような、感情と結びついた言葉やイメージや、共感を引き起こすような場面描写を用いる。パトスについては、第 4 章で論じる。

2.3.3　ロゴス

ロゴスは、話者が理性と論理によって聴衆に影響を与える方法である。ロゴスのレトリックを使い、理性によって納得してもらいたい場合には、証拠や推論を示していくことになる。話す内容の客観性や、推論の厳密さは、話の説得力に大きく関わるが、重要になるのは、相手の納得するストーリーを描き出すことである。

ロゴスによるレトリックは、本当であると「伝える」表現法であり、個々の問題に関して、相手に納得のゆく理解を与える技術である。問題は話の説得力であり、話に説得力をもたせるためにはどのような方法があるか、ということがロゴスによるレトリックの研究の論点になる。第 5 章では、ロゴスを取りあげる。

2.4　本章のまとめ

修辞学の発想論は、レトリックの条件を分析することから始まる。レトリックの課題となる、言葉によって変化させたい要件とは何かを明らかにし、レトリックを働きかける対象と、具体的なレトリックの方法を分析することは、効果的なレトリックをその内容面から見つけ出すことの助けになる。レトリックの技術は、エトス、パトス、ロゴスという、コミュニケーションの異なる要素に着目する 3 つの方法からなる。信頼性にもとづくコミュニケーション（エトス）、感情にもとづくコミュニケーション（パトス）、理性にもとづくコミュニケーション（ロゴス）は、修辞学の技術の類型であり、レトリックを条件づけるコミュニケーションの 3 つの異なる要素に焦点を当てて、言葉の影響力を高める手法である。

この発想の類型は、アリストテレスの修辞学を基盤としている。数千年ものあいだ、この類型が変更されずに有効であったというのは、驚くべき事実である。発想論の枠組みは、長い時間の考証に耐えてきた。このことは、修辞学の枠組みが、いつの時代の、どの言語であったとしても、コミュニケーションを分析するために適用できることを示している。ある言葉がどれほど影響力をもつのかを評価する上では、エトスへの影響力、パトスへの影響力、ロゴスへの影響力という3つの観点から分析することができる。そして、それぞれの影響力を総合したものが、ある言葉がもつレトリックの効果の総体になるものと考えることができる。次の3つの章では、このレトリックの力を引き出す3つの方法を詳しくみていく。

....

1 ─ Connors（1979）は、話し言葉と書き言葉を比較し、話し言葉では話しかけている相手が目の前にいるのに対して、書き言葉ではそのような相手はいないことがその違いであると述べている。しかし、話し言葉と書き言葉を受信者の有無によって厳密に二分することはできない。ペレルマン（1980 [1977]）は、議論のレトリックにおける受信者を「話し手がその議論によって影響を与えようとする人びとの集合」（ibid., p.37）と定義し、複雑な関係性をもつ発信者の例として、新聞記者のインタビューに答えている政治家を挙げて、少なくともその受信者に「新聞記者」、「新聞の読者」、「彼の談話が届き得る国内国外の世論」が含まれうると述べている（ibid.）。このように、レトリックが影響を与える受信者が誰であるかを考える際には、注意深い分析が必要である。

2 ─ アリストテレスは審議、法廷、演説といった説得的弁論の場面だけを考察対象としていることに注意が必要である（1.2.1節）。このような条件では、レトリックの課題や、受信者と発信者の関係は比較的はっきりしている。これに対して、例えば、第7章で扱う、説得を目的としないナラティブ（narrative）では、話者はさまざまな登場人物の声を語る。話者は一人であるにもかかわらず、それぞれの登場人物は異なるエトスをもち、パトスが向けられる相手も複数存在する。エトス、パトスを分析する上では、どのような要件を課題とした、どのような発信者、受信者を論じているかを明確にする必要がある。

3 ─ 思慮、道徳性、好意を欠くようにみえる人物が人気を博することはある。特に、体制派、多数派に対して反感を抱く人々が、一見すると理想的であるような人物に反発を抱き、多くの人が理想からはほど遠いと思うような人物に信頼を寄せることはよくある。例えば、以下のアニメ作品の例では、主人公の教師「鬼塚」は、教頭をはじめとした他の教師から教師としての良識をもたない問題人物として糾弾されるが、問題行動を起こしてきた生徒からは絶大な人気を集める。この例から示されるように、どの

ような人物像が理想的であるかは、受信者と発信者の人間関係によって異なることには注意する必要がある。

> 教頭：うるさい！クズどもが！鬼塚くん、こいつら何をしたと思う？恐喝にシンナー、暴力事件まで起こして、我が聖林学園の名に泥を塗ったんだよ！
> 不良生徒：俺たちだって、好きでグレたんじゃねえ。人の顔みりゃ、クズだ、落ちこぼれだって、ネチネチいたぶりやがって。
> 教頭：クズをクズと言って何が悪い！
> (…)
> ［鬼塚が教頭にプロレス技をかけて失神させる］
> 教師A：君、何てことするんだ、それでも教育者志望ですか。分かってるんですか、自分のやったことを！
> 教師B：君、暴力ですよ、これは問題です！
> 鬼塚：見下してんじゃねえぞ、コラ……人のこと物みてえにクズ、クズ、ってよ。そういう言葉の暴力は許されんのか？ああん？てめえらみてえな先公がいるから、こいつらみたいなガキが居場所なくしちまうんだよ。こんなもんが教育だってなら、教師なんかこっちから願い下げだ、馬鹿野郎！
>
> （藤沢とおる（原作）アニメ『GTO』Lesson2「天敵・内山田教頭登場!! 大逆転⁉の最終面接」1999年7月7日，フジテレビ）

第3章

エトス

信頼のコミュニケーション

　第2章でみたレトリックの3つの方法の1つ、**エトス**（ethos）は、人の信頼にもとづく言葉の影響力である。この章ではまず、エトスとは何か、レトリックのなかでどのように働くのかを論じる（3.1節）。

　エトスを左右する主な要因は2つある。第1の要因は発信者の**信用**（trust）である（3.2節）。発信者が話題についてよく知っていて、信用できる人だと納得しなければ、相手は話し手の話を真面目に聞こうとはしない。第2の要因は、受信者との**一体感**（identification）である（3.3節）。発信者が自分のことを理解して、同じ価値観に立って話していると感じなければ、相手は話を受け入れてはくれない。受信者のもっていない知識や判断を発信者が持っていることを示して信用を築きつつ、同時に、受信者のもっている性質や価値観を発信者もやはり持っていることを示して一体感を高めることが、エトスをレトリックの影響力につなげる効果的な方法である。

3.1　信頼のコミュニケーション

3.1.1　エトスの定義

　聴衆は、話を聞くなかで話者の能力、人柄、態度をつねに評価している。Connors（1979）の規定にもとづいて、エトスは次のように定義できる。

> **定義3.1** ⇨　エトスとは、**受信者がコミュニケーションの発信者を理解する仕方**である。

　言葉の意味合いは、それが誰の言葉であるかによって変わる。例えば、(1) のエトスは不明瞭であるが、(2) の SNS 投稿のエトスは発信者の年齢

と性別（すなわち「いい歳のオッサン」）の観点から解釈される。(1) と比べた場合、(2) は自分が「いい歳のオッサン」であると前置きすることで、「栗パフェ」を食べたことの意外性を強調している。

(1)　栗パフェ食べました！　ごちそうさまでした。
(2)　いい歳のオッサンですが　栗パフェ行っちゃりました！　ごちそうさまでした。　　(X@HaloJunjun, 2022 年 10 月 26 日；2024 年 8 月 11 日閲覧)

　エトスの解釈は、文化のなかに蓄積された信念、価値観、習慣にもとづいている。例えば、(2) が意外であると感じられるのは、中年男性はパフェを食べないという一般的な見方に反しているからである。このようなエトスの解釈の基準となる人柄のモデルを**エトスのプロトタイプ**（ethos prototype）と言う (St.Amant 2019)。コミュニティで共有されたエトスのプロトタイプにどの程度適合するかによって、発信者のエトスが評価される。

　聴衆は、話者の人柄を判断する上で、ある種の人柄の理論、ないしは人間についての「イデオロギー（ideology）」(Baumlin 2001: 263) をもっている。例えば、ノーベル物理学賞受賞者は知的で誠実だ、とか、死刑囚は残忍で不誠実だ、といったような見方は、必ずしもそうであるかどうかは分からないが、一般的には受け入れられている。このような人間の心理や社会行動に関する想定の集合が、エトスのプロトタイプを形成する。

　エトスは受信者側からみた発信者についての解釈である (Hauser 2002: Ch. 8, McCroskey 2006: Ch. 5)。あらかじめ持っている話者に対する理解（ないしは偏見）は、その人とコミュニケーションする中で動的に変化していく。このエトスの動性について、Amossy (2000: 178) は次のように**前提エトス**（preliminary ethos）と**談話エトス**（discourse ethos）を区別している[1]。

> **定義 3.2** ⇨　前提エトスとは、受診者が発信者についてあらかじめ知っていることである。談話エトスとは、談話の具体的な状況のなかで即時的に創り出されるエトスである。

　レトリックの方法としてエトスをうまく利用するには、自分の前提エトスがどのようなものであるかを把握し、談話エトスを適切に調整する方法を

知っておかなければならない。前提エトスが否定的なものである場合は、発信者はその印象をくつがえすことができるように最善を尽くす必要がある。

3.1.2 前提エトス

話の説得力を高める前提エトスのプロトタイプを構成する要因としては人気、名誉、威厳、権威などがある（Žmavc 2018b: 355–356）が、このような性質を備えた人としては、例えば、著名な芸能人、実業家、学者などが挙げられる。

前提エトスが発信者の信頼性（source credibility）に影響することは、多くの実験調査によって確かめられている（McCroskey 2006: 87–89）。例えば Hovland and Weiss（1951）は、情報源の信頼性が受け手の態度変容を誘引することを示す実験を行った。実験では、原子力潜水艦についての同一のメッセージを、一方では、第二次大戦中ロスアラモスの原子爆弾研究所長を務めたアメリカの著名な物理学者であるオッペンハイマーによるものとして、他方では、ソビエトの新聞プラウダによるものとして示し、両者の信頼性を比較した。その結果、オッペンハイマーの言葉だとして提示されたメッセージの方が説得力をもつことが分かった。この結果を解釈する際に注意しなければならないのは、実験が行われたのは、冷戦下のアメリカ合衆国であったということである。この結果は、オッペンハイマーの権威や名声に関するエトスと同時に、ソビエトの新聞のエトスに対する疑いや敵対心が含まれていることが信頼性に影響したものだと考えられる。

前提エトスを利用したレトリックは日常生活にあふれている。例えば（3）のような芸能人を起用した CM は、商品の信用を高めるのに貢献している。

(3) 橋本環奈「環奈も使ってます。」

(CM「電子書籍ストア BookLive!」BookLive，2020 年)

(4) 橋本環奈さんといえば、上白石萌音さんと W 主演で千と千尋の神隠しの舞台出演されていて話題沸騰中ですね！現場に立てばほぼ一発 OK という橋本環奈さんですが、楽屋では携帯片手にずっと漫画を読んでいるそうです。

(ブログ「橋本環奈のセリフの暗記方法とは？」『WHAT NEWS』

2022年3月12日；2024年4月20日閲覧）

　（3）は「橋本環奈」のファンには強い力をもつことが想像できるが、電子書籍のCMに起用することには一見したところ必然性が無いように思われるかもしれない。しかし、もし（4）のような記事を読んだ後であれば、橋本環奈が漫画好きであるということが前提エトスに組み込まれることになる。この更新された前提エトスは、（3）の広告の影響力を強めると考えられる。

　（4）のような記事は、講演が始まる前に短く行う演者紹介のようなものだが、聴衆が「ああ、あの人か」と思うことは、あとに続く講演全体の納得感を築き上げる土台になる（Leith 2011: 47–48）。McCroskey（2006: 88–89）はこれをスポンサー効果（sponsorship effect）と呼んでいる。他者からの紹介があると、紹介がない時よりも前提エトスは良くなり、また、紹介者が聴衆からの高い評価を得ていると、評価が低い時よりも前提エトスは良くなる（ibid.）。

　身なりの清潔感、服装や髪型の選び方などの非言語情報も前提エトスを左右する（Connors 1979: 285, McCroskey 2006: 97–98）。外見を適切に整えれば、自身を気品溢れる人物に見せることができるし、逆に不適切であれば、話をする前から偏見に満ちた目でみられることにつながる。外見についてのエトスのプロトタイプは、時代、文化、コミュニティによって大きく異なるが、（5）のような日本の就職活動における服装の規範意識はあまりにも込み入っているように思える。しかし、このようなエトスのプロトタイプは、面接官の前で最初の一言を話し始める前に、就活生の言葉の影響力を左右している。

（5）　就活生くん：以前、受けた企業では「私服OK」と書かれていたんですけど、今回は「私服推奨」と書かれていました。この二つの言葉には何か違いがあるのでしょうか？
　　　回答：「私服OK」と「私服推奨」の二つは、一見同じような言葉にも見えますが、意味が少し違います。以下の表現の場合、スーツで

も私服でもどちらでも構いません。

「服装自由」「私服可」「私服 OK」「当日は私服でお越しいただいても構いません」「服装はスーツでなくても構いません」「服装の指定は特にありません」

以下の表現の場合、私服で行くべきです。

「私服推奨」「私服でお越し下さい」「他社の選考があるなどの事情がない限り、普段着でお越し下さい」

(ブログ「【私服で構いませんはホント？】『私服 OK』『私服推奨』の意味は？」『就活の教科書』2023 年 9 月 1 日；2024 年 4 月 20 日閲覧；引用部は抜粋)

3.1.3　談話エトス

レトリックは話を始める前から始まっている。自分を急に変えることはできないが、自分のどの面を相手に見せるかは選ぶことができる。あらかじめ存在するのが前提エトスであるが、談話エトスは、過去を超え（Hauser 2002: 148）て作用する。特に、前評判がよくない時は「好ましい話者像（favorable self-image）」（Baumlin 2001: 263）を提示することは不可欠であるとも言える。例えば (6) の小説の著者は誰でも分かるほど著名ではない。帯広告は、受賞歴、推薦文、好調な売れ行きなど、著者のよい談話エトスを築くための情報を満載していると言える。特に著名作家（すなわち、すぐれた前提エトスをもつ人物）からの推薦文は、3.1.2 節で述べた「スポンサー効果」により、すぐれた談話エトスに貢献する[2]。

(6) 　香りは、永遠に記憶される。きみの命が終わるまで。新・直木賞作家が紡ぎだす、秘密の香り。
　　　言葉の意味を超えて、嗅覚が際立つという稀有な体験をさせてくれる小説である。小川洋子（解説より）
　　　第六回渡辺淳一文学賞受賞作　発売即重版
　　　　　　(帯広告，千早茜『透明な夜の香り』集英社，2023 年，文庫本第 2 版)

逆に、信用のエトスが、談話のなかで失われることもある。イソップ寓話

の「オオカミ少年（The Boy Who Cried Wolf）」は、そのことを教訓として含んでいる。物語の（8）に続く場面で大人達はオオカミに食われ、子供もそれに続いて食われる。この寓話では、信用を失うことで危機を伝えるレトリックが破綻し、破滅的な結果を招き得ることが描かれている。

(7) 　[...] whenever Willy had to do something he didn't want to, like take a bath, he would cry "wolf" (even if the wolf was nowhere to be seen). Because everybody was afraid of the wolf... Willy was left alone to do just what he wanted. [ウィリーは何かしたくないことがあるとき、例えばお風呂に入らなくてはいけないときは、いつでも（たとえオオカミの姿なんて見えなくても）「オオカミ！」と叫びます。なぜってみんなオオカミを怖がるからです。ウィリーは一人になると好きなことをしました。]

(8) 　One day Willy was riding in the mountains when the wolf jumped out from the rocks. "WOLF!" cried Willy. [...] "WOLF!" cried Willy, but his grandmother didn't believe him. Willy always cried "wolf." "Tell me another one!" she said. [ある日ウィリーが自転車で山に行くと、オオカミが岩のあいだから飛び出してきました。「オオカミ！」ウィリーは叫びます。[...]「オオカミだ！」ウィリーは叫びました、しかしおばあちゃんはウィリーを信じてはくれません。ウィリーいつも「オオカミ」と言うからです。「またそれ！」おばあちゃんは言いました。]

(Tony Ross, *The Boy Who Cried Wolf*, Dial Book for Young Readers, 1985)

　どのような言語表現が望ましいエトスを形成するのか、という問題には、レトリックの条件（2.2節）が関わっている。Žmavc（2018a）はエトスのレトリックを「話者の人柄の表示方略」とし、エトスの研究課題として「談話の性質ごとの人柄を提示する具体的な言語方略の研究」を挙げている。本書では、次の2つの型に分けて、談話エトスの表示方略を考察する。第1の型は、この人は私と「違ってすごい」と思わせて信用を得る方略で、発信者は受信者との異質性によって評価される（3.2節）。第2の型は、この人は

私と「同じで親しみやすい」と思わせて一体感を出す方略で、発信者は受信者との同質性によって評価される（3.3節）。

3.2 異質性によるエトス

自分自身の知識がない場合は、知識を得るために他者を頼ることになる（Hauser 2002: 163）。騙されることもあるし、対立する意見を言う人たちもいる。そのなかで誰を信じればいいのかという問題は、レトリックの観点からみると、信用に関わるエトスとは何かという問題になる。Hauser（2002: Ch. 8）によれば、談話のなかで示される話者像を評価する際に、聴衆は3つの要因を考慮する。第1に知的な気質（mental habits）、第2に情緒的な気質（emotional habits）、第3に道徳的な気質（ethical habits）である。これらの要因に関して受信者の期待を上回ると、発信者が受信者にとって異質な、すぐれた存在であるというエトスが形成される。

3.2.1 知性と有能さ

McCroskey（2006: Ch. 5）は実証的研究にもとづいて、発信者の有能さ（competence）が信頼性の評価に影響すると述べている。知識が豊富である、論点を徹底的に吟味する、明敏で筋が通っている、推論や証拠を素早く示すことができる、おおげさなことや陳腐なことを言わない、信念があって人になびかない、経験や訓練にもとづく専門知識がある、という人の助言は聞くに値する（Hauser 2002: 154）。資格、判断力、経験、受け売りではない知識を示すことは、よいエトスを得ることにつながる（Higgins and Walker 2012: 198）。

例えば、(9) は、梨だけを100年間作り続けているという専門性をアピールすることで、「さんこうえん」という組織の信頼性を示し、見る人にその梨を食べてみたいと思わせる効果を挙げている。

(9) 梨一筋百年　さんこうえん　創業1904年
　　　　　　　（『さんこうえん』公式ウェブサイト；2022年4月18日閲覧）
(10) イタリアンの巨匠が「本当に旨い！それ以外言いようがないです」

2011年日本一のバリスタが「美味しいです！すごいです！旨味のかたまりです」
　　ローマ生まれの匠が「美味しすぎてなんだこれ！？ってね」
　　和食の匠が「本当にびっくりしたんですよ。うわっ！美味しい！って。本当にオンリーワンだと思います」
　　　　　　（CM「毎日の健康週間十六種類の野菜」世田谷自然食品，2020年）

　（10）の健康食品のCMは、すぐれた前提エトスをもつ専門家を次々に登場させ、「スポンサー効果」を利用したナレーション（例えば「2011年日本一のバリスタが」）によって、その専門性を談話のなかでさらに強調している。これらのすぐれたエトスをもつ専門家の推薦のレトリックは、CM全体としてみると、この商品を製造する「世田谷自然食品」という組織のエトスを形成することに貢献している[3]。

3.2.2　感性と善意

　アリストテレスは、弁論家のエトスを形成する要因の1つとして善意（good will）を挙げている（Aristotle 1926: 2.1.1378a）。危機に対する恐怖を共有してくれる、自分の成功を喜んでくれる、自分に向けられた危害に対して怒ってくれる、受信者の関心事を支持してくれる人は、善意に満ちた人であると言える（Hauser 2002: 157）。相手の感情や権利について敬意を払い、相手の気持ちを慮る姿勢を示すことですぐれたエトスが形成される（Higgins and Walker 2012: 198）。

　受信者を喜ばせるようなユーモアを交えて話をすることも、受信者に敵意がないことを示す証拠になり、肯定的なエトスの形成に貢献する（McCroskey 2006: 94）。このような方法は、話者に対する相手の感情的反応を引き出すことで自分の好ましさを高めているので、パトス（第4章参照）によってエトスを作っていると言える。例えば（11）と（12）はともにアメリカの飛行機会社の離陸前のアナウンスで、緊急時の行動を説明するものである。（12）は（11）のような一般的なアナウンスの形式の所々にジョークを差し込むことで、堅苦しく形式張った前提エトスをユーモアのあるものに刷新している。

（11） If the cabin loses pressure, oxygen masks will drop automatically. While remaining seated with your seat belt fastened, pull down on the mask or the red streamer to start the flow of oxygen. Place the mask over your nose and mouth and put the elastic band over your head. Then pull the straps to tighten and breathe normally.［機内の圧力が低下した際には、酸素マスクが自動的に降りてきます。シートベルトをしっかりと締めたまま、マスクまたは酸素を供給する赤い管を引き下ろしください。マスクで鼻と口をおおい、ゴムバンドを頭にかけてください。ストラップを締め、ふつうに呼吸してください。］

(Safety announcements, American Airlines; YouTube@AmericanAirlines, 2023 年 1 月 5 日；2024 年 8 月 10 日閲覧)

（12） Although we never anticipate loss of the cabin pressure, if we did, we certainly wouldn't be at work tonight. But if needed, [inaudible] stop screaming, let go of your neighbor, pull on the plastic tubing. As fully extended, place the mask over your nose and mouth, and breathe normally. To activate the flow of oxygen, simply insert 75 cents for the first minute […]［機内圧力の低下は予想しておりません。もし予想していれば今晩は絶対休んでました。必要なときは、大きな声を出さず、押し合わずに、プラスチックのひもを強く引いてください。完全に広がったらマスクで鼻と口をおおい、ふつうに呼吸してください。酸素を開始するには、75 セント入れると最初の 1 分間動きます。］

(Safety announcements, Southwest Airlines; YouTube@martycobbsmilehighclub1362, 2014 年 4 月 13 日；2024 年 8 月 10 日閲覧)

3.2.3 道徳性と品格

　発信者の人格や品性が道徳的にすぐれていることが示されるのは、「私は良い人間だ」という話をすることによってではなく、「この人は良い人間だ」ということが話の仕方（manner）から理解されることによってである（Hauser 2002: 156）。正義を貫く、勇気がある、節度をわきまえている、利他的である、寛大である、堂々としている、分別がある（ibid., pp.155–156）

と解釈できるような話し方をすることが、話者のすぐれたエトスを形成する。

(13)　I have only one reason to write novels, and that is to bring the dignity of the individual soul to the surface and shine a light upon it. [私が小説を書く理由は、煎じ詰めればただひとつです。個人の魂の尊厳を浮かび上がらせ、そこに光を当てるためです。]

[...] I fully believe it is the novelist's job to keep trying to clarify the uniqueness of each individual soul by writing stories - stories of life and death, stories of love, stories that make people cry and quake with fear and shake with laughter. [私は信じています。生と死の物語を書き、愛の物語を書き、人を泣かせ、人を怯えさせ、人を笑わせることによって、個々の魂のかけがえのなさを明らかにしようと試み続けること、それが小説家の仕事です。]

(Haruki Murakami, *Always on the Side of Egg*, Speech at Jerusalem Award, February 15, 2009)

（13）は小説家の村上春樹がエルサレム賞を受賞したときのスピーチの一節である。小説を刊行することはビジネスとしての側面や、娯楽としての側面があるが、ここではそのような側面は背景化されている。小説家の仕事は「個人の魂のかけがえのなさ」を明らかにするという崇高な使命を果たすものだという主張は、村上春樹の作家としての使命感と品格を間接的に表現していると言える。

3.3　同質性によるエトス

3.2節では、発信者がすぐれていることを示すことで言葉の影響力を強める方法をみた。しかし、自分がすぐれた人間であるということを強調することが、つねに良い結果をもたらすとはかぎらない。異質性にもとづくエトスのレトリックは、つねに「私はすぐれている、あなたとは違って」という

メッセージを伝えてしまう危険をはらんでいる。逆説的であるが、異質性のレトリックは、同質性のレトリック、すなわち「私はあなたと同じだ」というメッセージを同時に伝えることで効果を発揮する。

1.2.2 節で述べたように、ケネス・バークの修辞学では、聴衆との一体感は説得力の根源であると考えられている（Foss, Foss, and Trapp 2002: 192–193）。バークによれば、「人を説得できるのは、あなたがその人と同じ言語で話ができるとき、つまり、同じ言葉づかい、身振り、訛りで語り、同じイメージ、態度、観念を持ち、あなたのやり方とその人のやり方を同一化（identifying）できるときだけである」（Burke 1969: 55；訳は筆者）。

McCroskey（2006: 99–100）は、良いエトスを形成する上で話者と聴衆の共通性が重要であることを強調して、「2 人の人間が互いを似ていると思うほど、その 2 人は互いにコミュニケーションを取ろうとしやすくなり、そのコミュニケーションの影響力はより生じやすくなり、その結果、互いにより似たもの同士になりやすくなる」（ibid., p. 99）と述べ、この傾向を共通性の原理（the principle of homophily）とよんでいる[4]。

McCroskey によれば、コミュニケーションの影響力を生じやすくする共通性には属性の共通性（demographic homophily）、経験の共通性（background homophily）、価値観の共通性（attitude homophily）の 3 種類がある。

3.3.1　属性の共通性

発信者と自分とのあいだに、性別、年齢、身長、体重、国籍、宗教、社会的身分などの共通性（McCroskey 2006: 99–100）がある時、受信者は発信者との一体感を感じる。発信者と受信者のすべての属性が同一であることは望めないが、例えば、「女」同士、「中年」同士、「ブラジル人」同士、「イスラム教」同士、「学生」同士など、所属意識は言葉によってイメージさせることができ（宮脇 2024: 114）、言葉で共通点を示すことはできる。共通点が多いほど、話者は自分と同じ考え方、感じ方をするだろうと聴衆は期待するため、話者の言葉はより注意深く聞かれることになる。

逆に、発信者と受信者の境遇があまりにかけはなれていると、賛同を得ることはむずかしい。例えば政治家は、大衆を代表するという社会的役割を考えると、受信者との共通性が少ない（すなわち、自分たちとは立場の異なる

人間である）とみなされるのは必然である。したがって、政治家が言葉に力を持たせるためには、その前提エトスを上書きするような積極的なレトリックによって、受信者との一体感を高めなければならない。

(14) 世界的な景気減速によって日本経済も厳しい状況にあるなか、野党議員がカップめんがスーパーでいくらで売られているか知っているかと質問したところ、麻生首相は「最初に出た時、えらく安かったと思うが、いまは 400 円くらいします？」と答弁した。

(ニュース「『カップめんは 1 個 400 円くらい？』、麻生首相が答弁」『AFPBB News』2008 年 10 月 29 日；2024 年 8 月 11 日閲覧)

2008 年当時の麻生太郎首相による (14) の答弁は、マリー・アントワネットの逸話（"Qu'ils mangent de la brioche!"［ケーキを食べればいいじゃない！］）と似たミスであったと言える。野党議員によれば当時の価格は「170 円くらい」であり、麻生首相は苦笑いを浮かべ「最近は自分では買わないから」と釈明した。しかし、この言葉は、庶民の気持ちが分からない富裕層としてのエトスを喚起するもので、多くの国民との一体感を失わせるものであったと考えられる。

3.3.2　経験の共通性

属性についての共通性が見当たらない場合でも、生活、仕事、教育、趣味など（McCroskey 2006: 100）について、受信者との共通性をこれまでの経験から選び出すことは比較的容易である。例えば (15) と (16) のように、1 人の人間の経験の 2 つの側面を選び出すことで、銃の所有について正反対の信念をもつ集団に対して、それぞれ共通点を示すことは可能である。

(15) ［銃愛好家に対して］I used to hunt pheasants, ducks, and geese when I was younger.［若い時にはキジ、カモ、ガンの狩りをよくやってました。］

(McCroskey 2006: 100)

(16) ［銃反対派に対して］I have not owned a gun for more than forty years.［もう 40 年以上銃はもってないです。］

(ibid.)

第3章　エトス　　45

　　（17）は、トヨタ自動車の代表取締役会長を務める豊田章男が、自らが大学院生として過ごしたバブソン大学の卒業式で述べた祝辞の冒頭部分である。卒業式のパーティ、「ゲーム・オブ・スローンズ」の最終回など、学生にとっての関心事が自分にとっても大事であることを示すことで、関心の共通性を強調している。これらはトヨタの代表取締役という社会的立場からくる自身の異質性を踏まえた上で、聴衆の多くと経験や興味を共有していることを明示的に言及することで、聴衆との共通点を焦点化している[5]。

（17）　I know that some of you may be sitting there stressed out about where you will work after graduation [...] Well, let me take the worry off the table for you right now, and offer each and every one of you a job at Toyota.［皆さんの中には卒業後にどんな仕事につけるか不安に感じている人もいるかと思います。（中略）それでは、皆さんの心配事をまずは解決しましょう。皆さん全員にトヨタでの仕事をプレゼントします。］
I haven't actually cleared that with my HR department yet but I'm sure it will be OK.［ただ、まだ人事部から OK はもらっていないですが、たぶん大丈夫だと思います…。］
So, now that the employment issue has been solved. Let's talk about more important thing, like how you plan to celebrate these momentous occasions. I mean how wild tonight's party is going to get.［さあ、就職活動に関する悩みは解決したと思いますので、もっと大切な話をしましょう。それは、例えばこの記念すべき瞬間をどうやって祝うか。つまり、今夜のパーティーで、どれだけハジけるかです。］
And more importantly, can I come? But I can't stay out too late because tomorrow is a finale of Game of Thrones.［そしてもっと重要なのが…私もパーティーに参加できますか？ただし夜更かしはできません。なぜなら明日は「ゲーム・オブ・スローンズ」の最終回だからです。］
　　　　　（豊田章男，米国バブソン大学卒業式スピーチ，2019 年 5 月 18 日；訳は
　　　　　YouTube『トヨタイムズ』チャンネルの字幕；2024 年 4 月 10 日閲覧）

3.3.3　価値観の共通性

　発信者の持つ態度、信念、価値観は、前提エトスとして前もって知られていることは少ないが、ある話題についての受信者とのやりとりのなかで示されて、談話エトスの解釈に大きな影響を与える（McCroskey 2006: 100）。

　(18) は、2014 年 FIFA ワールドカップに日本代表が出場を決定した時に、渋谷駅前で「DJ ポリス」（渋谷駅前で大勢のサポーターにユーモアを交えた話術でルールを守るよう呼びかけた警視庁機動隊員に対する愛称・通称）がごった返すサポーター達に訴えた言葉である。一見サポーターを取り締まるだけの警察も、「皆さん」と同じようにワールドカップ出場を喜んでいるのだと述べることで、サッカーに対して抱く肯定的な態度の共通性を示している。同時に、自身の興奮を押さえて職務にあたることを優先する姿勢は、この警察官のすぐれた道徳性を示している。この同質性と異質性を同時に具えた談話エトスは、興奮する若者の行動を制御するという難しい仕事における効果的な助力になっている。

(18)　警察官「皆さん、危ないですから歩道に上がって下さい。歩道に上がって下さい。(…) 目の前の怖い顔をしたおまわりさん、いいですか、皆さんが憎くてこういうこと［＝交通整理のための制止］をやっているわけではありません。心の中では、日本代表の W 杯出場を喜んでいるのです。(…) どうか皆さん、おまわりさんの言うことも聞いて下さい。お願いします。」

　　　　　　（「渋谷 DJ ポリス、絶妙話術にサポーターも拍手！」YouTube @sandabee, 2013 年 6 月 5 日；2024 年 4 月 20 日閲覧）

3.4　本章のまとめ

　エトスは、受信者が解釈する発信者のイメージであり、ある文化社会のなかで共有されたプロトタイプにもとづいて評価される。重要なことは、同じ言葉であっても、その影響力は誰が話しているのかによって異なるということを十分認識しておくことである。「誰の言葉なのか」に関する聴衆の理解

は、話の中で動的に変容していく。発信者と受信者のあいだにある異質性や同質性を示す言葉がコミュニケーションのなかでエトスを変化させる。談話のなかでは、話者が他とは異なった、すぐれた人物であることを示すと同時に、聴衆と同じ立場に立つ、身近な人物であることを示すことが求められる。自分の人柄や経歴は簡単には変えられないが、聴衆がどのような人々で、自分に何を期待しているのかを分析することによって、それに適した自己の部分を選び出して示すことはできる。レトリックの条件に適応した人物像を作り上げる言葉を選択することが、レトリックの影響力を高めることにつながる。

....

1 ── Žmavc（2018a: 48–49）によると、古典修辞学のなかでも、アリストテレスなどのギリシャの修辞学では説得の過程における話者のイメージの変化（ここでいう「談話エトス」）が強調されているのに対して、クインティリアヌスなどのローマの修辞学では、話者のイメージは社会的地位と権威に強く結びつけられており説得の過程に大きく影響するもの（ここでいう「前提エトス」）であるとされていた。

2 ── 1つの談話は、複数の発信者による談話の部分を含む場合があり、それぞれの部分から生じるレトリックが、談話全体の発信者のエトスを形成する効果をもつことがある。このような複合的なエトスが問題となるレトリックの形式としては、(6)のような推薦文を含むテキスト、(10)のようなナレーションによる紹介を伴う発話、本書のテキストのような専門的研究の成果を引用する文章などが挙げられる。

3 ── 面白いのは、(10)には日本人のイタリアンシェフだけでなく、「ローマ生まれ」のイタリアンシェフも登場するところである。外国人の推薦者がいることによって、いわば"世界も認める"味であるという印象が生まれる。日本における外国人のもつこの種のエトスのプロトタイプは、幕末から明治にかけて、欧米からのお雇い外国人によって技術や学問が向上したという歴史に根づいた文化的知識の一部であると言えるかもしれない。

4 ── 共通性（homophily）とは「同じ集団に来た」ことを表すラテン語で、類似性（similarity）の類義語である（McCroskey 2006: 99）。

5 ── 文体（第8章参照）の共通性を強調することも、エトスの方法になる。次の例は、コロナ禍が厳しさを増す2020年に日本に発出された緊急事態宣言のすぐあとに行われた安倍晋三首相による演説の終盤部分からの抜粋である。

> この2ヶ月で、私たちの暮らしは一変しました。楽しみにしていたライブが中止になった。友達との飲み会が取りやめになった。行きたいところに行けない。みんなと会えない。かつての日常は失われました。ただ、皆さんのこうした行動によって多くの命が確実に救われています。お一人お一人の御協力に心より感謝申し上げ

ます。
(「新型コロナウイルス感染症に関する安倍内閣総理大臣記者会見」『首相官邸』
2020年4月7日；2024年4月20日閲覧)

　暮らしが一変したことの例として、まずはじめに「ライブが中止になった」ことを挙げているのは印象的である。「みんなと会えない」といったきわめて会話的な文体は、感染拡大を防ぐために行動制限が最も重要であると考えられている若い世代との文体の共通性を示すものであり、バークの言う「同じ言語」を話そうという試みであると考えられる。

第4章

パトス
情意のコミュニケーション

　パトス（pathos）とは、感情に訴えることである。感情（emotion）に訴えることは、論理が成立しないときのごまかしのように思われることがあるが、相手の変化を求めて言葉をかける人が、その人の感情を考えずにすませようとするのはむしろおかしなことである（Cockcroft and Cockcroft 2014: Ch. 3）。「感情——ひいては共感、仲間意識——は、人間であることにおいて重要だとわれわれのほとんどが考えるすべての基礎である」（リース 2014［2011］: 92）。レトリックで感情が大切なのは、どのような感情を抱いているかによって人は判断を変え、行動を変えるからである。この章では、パトスを制御するための基礎となる感情の成立要因についての考察（4.1節）から始め、パトスによるレトリックの方法について考察する。

　感情は「希望」「恐怖」「歓喜」などの抽象語によって表現することもできるが、私たちが経験するのは、何か"について"の具体的な感情である。4.2節では、感情を抱く対象を、目の前にあるかのようにありありと表現することによって、相手の感情を喚起する方法を考察する。また感情は、何らかの状況"のなか"で生じる。4.3節では、人の感情を揺さぶる状況を提示することによって、相手の共感を呼び込み、感情を喚起する方法について論じる。

4.1　情意のコミュニケーション

4.1.1　パトスの定義

　聴衆はつねに何らかの感情をもって話を聞いており、その感情は話の評価

を左右する[1]。言葉の理解には、理性的判断と感情的反応がともなう（Cockcroft and Cockcroft 2014: 85）。感情の「反応パターン」（patterns of response）としてパトスを捉える Hauser（2002: Ch.9）にもとづいて、パトスは次のように定義できる。

> **定義 4.1** ⇨　パトスとは、発信者の表現が引き起こす受信者の感情的反応である。

　（2）は寄付の効果を数値化することで、理性的な判断として寄付の有用性を理解できるロゴスを形成している。（1）のようなパトスを引き出す描写は、このロゴスの理性的な説得力を強める。（1）が引き出すパトスは、「マリアちゃん」を助けたいという個人の感情と意志に訴えかけるもので、マリアちゃんを助けるために、受信者を寄付という具体的な行動に踏み切らせる広告としての効果をもちうる。このように、パトスは受信者の行動変容に直結する効果を上げることがある（Green 2001: 555）。

(1)　アフリカ・南スーダンの診療所に、2歳のマリアちゃんが運び込まれました――何日も十分に食べていないうえ、下痢と嘔吐をくり返し、マリアちゃんはひどく衰弱しています…

(2)　1日100円　毎月3,000円のご協力が、たとえば1年間で、栄養不良の子どもを改善する栄養治療食616袋分に変わります。

（「世界の子どもたちの命を守るユニセフ募金にご協力を」『公益財団法人　日本ユニセフ協会』公式ウェブサイト；2024年4月24日閲覧）

　（1）を読むと、私たちは飢餓に苦しんでいる「マリアちゃん」についてのある心理状態におかれることになる。この感情的反動がパトスであるが、これはどのような特性をもつ心理的過程なのだろうか。Meyer（2017: Ch. 10）にもとづいて、感情の3つの基本特性は次のように要約できる。

I.　感情はある対象に関する判断を含んでいる。
II.　感情的反応は二極的である。
III.　感情は状況から予期される事態に対する反応である。

4.1.2 感情を抱く対象

感情の第 1 の特性である判断（judgement）について、私たちがある感情を経験する時、それは感情一般といったものではなく、何か、誰かについての感情である（Hauser 2002: 170–171）。例えば好きだというのであれば、料理が好きだ、お母さんが好きだ、というように、また（1）であれば「マリアちゃん」がかわいそうだ、というように、感情は何らかの対象（object）に対する判断を含んでいる。

4.1.3 感情の種類

第 2 に感情の種類について、これまでの研究ではいくつに区分すべきかという問題は解決していない（Meyer 2017: 207–208）が、アリストテレスはレトリックに関与する二極的な感情の対を考察している。具体的には、怒り（anger）と穏やかさ（calm）、憎しみ（enmity）と親しみ（friendship）、恐れ（fear）と自信（confidence）、恥（shame）と無恥（shamelessness）、不親切（unkindness）と親切（kindness）、憐れみ（pity）と義憤（indignation）、妬み（envy）と見習う気持ち（emulation）である（Aristotle 1926: 2.2–2.11）。これらは、おおよそ苦痛（pain）と満足（pleasure）の対と考えることができ、特に二極的である感情的反応がレトリックにかかわると言える。

4.1.4 感情を引き起こす状況

第 3 の特性は、感情が状況（situation）から引き起こされるということである。Meyer（2017: 208）によれば、ある状況において、これから起きることは何かという問いかけへの答えから、レトリックにかかわる感情は生じるという。例えば、道路が渋滞で通れないとする。このような状況でこれから起こることは何かという問いを投げかけ、その答えが、渋滞に巻き込まれて自分も身動きが取れなくなるということであれば、人は、そうなることを恐れる、それを避けられないことに怒る、そこから抜け出せないことに絶望する、そうでなかったら良いのにという希望を抱く。ある状況が示されると、その状況から起こることは何かという問いが生じ、その答えをどのように評価するかが人の感情を左右する。

例えば（1）が描き出すのは、マリアちゃんが生命の危機に瀕している状況である。この状況はこれから起こることは何かという問いを私たちに投げ

かけてくる。その答えが、マリアちゃんの命が失われることだとすれば、私たちはそれに対して憐れみを感じる。(2) は一見するとロゴスに寄与するだけであるが、パトスにも関係している。栄養失調の子供達がおり、寄付をすれば栄養治療食が届けられる。寄付することから思い描かれる、栄養失調の子供達が救われる未来に対して、私たちはそうなってほしいという希望、そうしてあげたいという親切心を抱く。(1) と (2) が提示する問いが引き出す二極的な感情的反応のギャップ（すなわち、不幸を目にする苦痛と、その救済による満足）は、寄付広告のレトリックとしての効果を強めている。

　パトスが、ある状況から起こることは何かという問いに対する答えから引き起こされる感情的反応だとすると、鍵となるのは、その状況をどのように提示するかである。感情的反応の強さを左右する状況の提示方法には、少なくとも次の2つ要因が関わっている。

　第1の要因は、提示される状況の鮮明さである（4.2節）。感情を抱く対象や、感情を引き起こす状況をまざまざと目で見るように描写することで、それが身近なところで起こったことのように提示すると、引き起こされる反応は強くなる。例えば (1) を読むと、マリアちゃんのやせ細った腕が目に浮かぶようである。このイメージの鮮明さは、引き起こされる感情的反応の強さにつながっている。

　第2の要因は、提示される状況から引き起こされる感情的反応に対する共感のしやすさである（4.3節）。ある状況が投げかけてくる問いへの反応が感情の鍵であり、その問い、問いへの答え、答えに対する反応を部分的に提示することで、その感情的反応に受信者を導き、共感してもらうことができる。例えば (1) では、健康に育つべきちいさな子供が飢餓状態にあるという状況からこの先起こることは何かを問いかけ、想像させている。その答えとして、多くの人が悲惨な事態を予期するために、この問いは状況への共感を形成し、強い感情的反応を引き起こすことにつながっている。

4.2　現前化によるパトス

　パトスの強さを左右する第1の要因は、状況を描写する表現が喚起する

イメージの鮮明さである。感情の強さには、その感情を抱く対象との近さ（proximity）が関係している（Meyer 2017: 205）。例えば、憐れみについて言えば、人の災難は「一万年も前に起こったとか、一万年後に起こるであろうという場合には、予想もしなければ記憶もしていないため、全く憐れみを感じないか、もしくは、身近な場合と同じ程度には感じない」（Aristotle 1926: 2.8.1386a）。しかし、不幸が「今にも起きそうであるとか、起こったばかりであるかのように、まざまざと再現してみせ、身近なことのように感じさせる」（ibid.）と、そのような描写は聴衆の憐れみをいっそう強く誘う。

経験をまざまざと思い描くことができるようにする表現法を、**現前化**（enargia）という。Lanham（1991: 64）によれば、現前化は以下のように定義される。

> **定義 4.2** ⇨ 現前化とは、何か、あるいは誰かを表象する、視覚的に力強く、生き生きとした、眼前彷彿（before your very eyes）とさせるような描写である。

現前化によって、知覚的な情報を詳細に描写すると、その人の経験したことに近いことを思い浮かべることができる。例えば（3）からは、「にいちゃん」の悲しみとやるせなさ、「おとうさん」の怒り、そしてそれを伝える語り手である妹の驚きと興奮が伝わってくる。

(3) 　　にいちゃん、それでもまだ、泣きそうにフウフウいいながら、だまっていましたが、そのうち、いきなり、泣き声をふりしぼるようにして、「したかったんだァ……ぼく、したかったから、やったんだァ……。おもしろいから、したかったんだァ……」
　　おとうさんの顔が、さっと赤くなりました。
　　ごうん！　という音がしたかと思うと、もうおとうさんのこぶしが、にいちゃんの頭からはねかえってくるところでした。
　　それから、家のなかの何もかもが沈んでいくように、シーンとして、一、二秒たったかと思うころ、「うおオッ！！」にいちゃんが、ものすごい声で泣きだしました。「うおオッ！！　おとうさんがぶったァ！　おとうさんがぶったァ！　おとうさんが、ぼくのことぶっ

たァ……」

(石井桃子『ノンちゃん、雲に乗る』: 144–145, 角川書店, 1973 年)

　Webb and Weller (2012: 409) によれば、クィンティリアヌスの修辞学では、現前化は「類同的なイメージと、それに付随する感情を聴衆の心に生み出す」とされている。感情を向ける対象が「まざまざと」再現され具体的に提示されると、その対象についてのパトスが引き起こされる。この対象の提示に有効なのが、画像（4.2.1 節）や言葉（4.2.2 節）によってイメージを提示する方法である（Green 2001: 555）。さらに Cockcroft and Cockcroft (2014: 95–96) によれば、隠喩（4.2.3 節）もパトスを引き起こす現前化の方法の 1 つである。

4.2.1　視覚的な現前化

　実物や写真などの視覚的記号は、鮮烈なイメージを喚起する。例えば、写真を多くのせた報告書は、字ばかりのものよりも強くパトスにアピールする（Higgins and Walker 2012: 201–203）。画像や動画によるイメージを用いたパトスのレトリックは、インターネット上で非常によく用いられている（Emanuel, Rodrigues, and Martins 2015）。

図 4-1　「ランドセルとポリタンク」（AC ジャパン, 2018 年）

(4) 世界にはランドセルではなく、ポリタンクを背負う子供達がいます。水を確保するために学校へいけない。そんな子供を減らさなきゃいけない。すべての人に清潔な水を。

(電通北海道（制作）広告「ランドセルとポリタンク」『AC ジャパン』支援キャンペーン，2018 年）

（4）の広告は、画像を媒介とした対照法（antithesis）を用いている（対照法については第 11 章を参照）。図 4-1 は、「ランドセル」と「ポリタンク」という、一見したところ全くつながらない物に、子供が背負うものという共通点があることを画像によって示している。身近な日本の小学生のイメージを媒介として、水を汲むために遠い水場までポリタンクを背負うという行為が具体化されるため、強い感情的反応を引き起こす表現になっている。

4.2.2　写実的な現前化

五感に訴えるような図像的言語（graphic language）は、写真と同じように、場面をまざまざと再現する効果をもつ（Cockcroft and Cockcroft 2014: 95）。

(5) アルミン：いいの、二人とも？仲間を置き去りにしたまま故郷に帰って？アニを置いていくの？アニなら今、極北のユトピア区の地下深くで拷問を受けてるよ……彼女の悲鳴を聞けばすぐに、体の傷は治せても、痛みを消すことができないことは分かった。死なないように細心の注意が払われる中、今この瞬間にも、アニの体には休むヒマもなく、様々な工夫を施された拷問が…
ベルトルト：悪魔の末裔がァ！根絶やしにしてやる！

(諫山創（原作）アニメ『進撃の巨人』第 2 期第 11 話「突撃」毎日放送，2017 年 6 月 10 日)

（5）の拷問の描写は「アルミン」の作り話であり、「アニ」は実際には拷問されてはいない。しかし、この描写はアニの「悲鳴」を聞き「傷」を見るかのようなイメージを思い浮かばせるものであり、敵対関係にある「ベルト

ルト」の不安と義憤を煽る効果がある。(5)のやりとりにおいて、アルミンと仲間たちは窮地に立たされている状況であり、ベルトルトの心を言葉で動揺させることを、アルミンは不利な状況を脱するためのレトリックとして用いたと言える。

4.2.3　比喩的な現前化

　パトスを高める重要なレトリックとしてはさらに、隠喩（metaphor）が挙げられる（隠喩については第 10 章を参照）。隠喩の典型例は、具体的なものを表す言葉を、それと共通点のある、より抽象的なものに転用するような表現である。例えば、(6) の「太らして」という表現は、豚などの家畜に使う表現であるが、ここでは銀行が扱う金銭を増やすという意味で使われている（下線部は隠喩表現を示す）。

(6)　　——太らしてから、使う　　　　（広告「三井信託銀行」；尼ヶ崎 1988: 23）

　(6) の隠喩表現は、読み手にあたかもお金が豚であるかのように感じさせる。「豚を飼う時、痩せた豚をすぐ屠殺するだろうか。たっぷり太らせてから食べるのではあるまいか」（尼ヶ崎 1988: 24）。この隠喩は、同じ一匹ならば、より多くの肉を食べたいという、人が豚に対して抱く欲望を喚起し、それを金銭に対して投影する効果をもつ。

　ある感情を抱きやすい対象を、隠喩の起点として引き合いに出せば、目標となるものにその感情を投影することができる。アリストテレスは、目に浮かぶように描き出す表現法として、例えば、ホメロス『イーリアス』の「（矢は）狙い定めて飛び行かんとし」のように、無生物について活動を表す言葉を用いる隠喩を挙げている（Aristotle 1926: 3.11.1411b）。このような無生物や、人間でない生物、抽象概念に人間の性質を付与する隠喩は擬人法（personification）と呼ばれる（Wales 2014: 314）。

(7)　　ピノアソートパック所属ピノアーモンド味の活動についてご報告させ
　　　　ていただきます。2020 年 11 月 23 日（月）より、24 粒入りピノア
　　　　ソートパックから単体 6 粒入り "ピノやみつきアーモンド味" とし

てソロデビューいたします。期間限定でのソロ活動で、引き続きアソートパックでの活動も並行して行います。1992 年にアソートパックデビューしてから、グループとして、アイスとして、お互いが補い合うことでアーモンド味は愛される存在になることができました。
(X@morinaga_pino，2020 年 11 月 17 日；2024 年 8 月 11 日閲覧)

　(7) の擬人法の表現は、小さなアイスクリームが箱詰めされた冷菓「ピノ」に対して、アイドル活動を紹介するような言葉づかいを用いることで、私たちを喜ばせてくれるだろうというアイドルへの期待感にアイスクリームの期待感を結びつけて、アイドルに対して抱く愛情や親しみの感情の喚起を試みていると考えられる。

4.3　共感によるパトス

　パトスの強さを左右する第 2 の要因は、ある状況から引き起こされる感情的反応に対する共感のしやすさである。共感（sympathy）とは、相手の感情になりきる感情移入（empathy）とは異なり、その感情を理解することであり（Heinrichs 2017: 83）、共感する時には他者の感情に対する感受性が高まっている（Wispé 1986: 318）のだと言える。Heinrichs（2017: 83）および Sally（2002: 81）にもとづき、共感は次のように定義できる。

> 定義 4.3 ⇨　共感とは、他者とその関心、思考、感情に注意を払い、理解することである。

　感情の理解には、感情を抱く主体の信念や性向に関係している。Hauser（2002: 171）は感情に関わる判断が信念に関係することを、(8) のような例で説明している。

(8)　例えば、水はけの悪い土地に十分な排水設備をもたないショッピングモールを建設しようとしているとする。ショッピングモールの排水の不十分さは、そこで遊ぶ子供達への危険につながる。ある人は、この建設案に怒りを覚えた。なぜならば、この人は、子供を危険にさらさ

ないようにしなければならないという信念をもつからである。

　(8) から分かるのは、状況から予想されることの問いかけ（「不十分な設備のショッピングモールを建設しているが、これから何が起きるか」）と導かれる答え（「子供の危険」）が、感情的反応（「怒り」）を引き起こすかどうかは、感情の主体の信念（「子供の危険は避けるべきだ」）に依存しているということである。子供の危険に関心のない人からは、この怒りへの共感は得られない[2]。

　ある状況において、そこから起こることは何かという問いかけ、それに対する答え、答えに対する感情的反応が受信者にとって共感できる（すなわち理解できる）ものでなければ、パトスは生じない。ある状況からある感情的反応が引き起こされるまでの過程、すなわち「問い」としての状況（4.3.1節）、予期される「答え」（4.3.2節）、そして答えに対する「感情的反応」（4.3.3節）を理解できるかたちで表現すると、この過程を追いかけることができるようになるため、受信者はこの感情的反応に対して共感しやすくなる。

4.3.1　問い：これから何が起きるのか

　ある状況の特定の側面を強調して具体的に記述することは、その状況から起こることを想像させる。いわば状況を問いかけとして提示することで、ある感情をもってその状況をみている発信者の捉え方を、受信者が理解できるようになる。例えば、気分がふさいでいるとして、自分が憂鬱だということを伝えるために「憂鬱だ」と言うことはできる。しかし、憂鬱な気分を引き起こす状況を述べることで、それに伴う感情を間接的に表現することもできる。例えば (9) は健康サプリメントのバナー広告であるが、活力がなく夫の理解もないという、更年期が始まる40代主婦が抱える悩みを述べることで、そこから起こる憂鬱な気分を想像させ、同じような状況にある受信者の共感を得ようとしている。この憂鬱の感情は、それを解決する商品の魅力を高め、具体的な購買行動につなげるために利用されている。

(9)　40代。

夫は、分かってくれない…
家事、仕事、何もしたくない。
(ウェブ広告「ローヤルゼリー＋セサミン E」SUNTORY, 2018 年)

　4.2 節で論じた現前化の手法によって、問いの提示はより強い効果を発揮する。(10) は、終戦前後の日本の混乱の中を兄妹で独立して生き抜こうとするが、栄養失調で無残な死に至る姿を描いたアニメ映画の一場面である。おはじきを舐め、石を差し出して「どうぞ」という「節子」の行動や言葉に加え、作品中でのアニメーションが表現する表情や声は、(1) と同様に、小さな子どもが貧困と飢餓に苦しむ不幸をまざまざと表現し、この状況から次に起こることは何かを問いかけ、兄妹の死という答えを想像させ、共感する受信者に強い憐れみの感情を引き起こす。

(10)　清太(せいた)：［ドロップの缶を振ると、おはじきが出てくる］節子！なに舐めとるんや。［衰弱した節子の口からおはじきを指で取り出す］これおはじきやろ、ドロップちゃうやんか。今日は兄ちゃん、もっとええもんもろうてきたんや。節子の大好きなもんやで。
　　　節子(せつこ)：［寝床に伏せりながら、石ころを差し出す］兄ちゃん、どうぞ。
　　　清太：なんや？節子…
　　　節子：ご飯や…［さらに弱々しく石を差し出す］おから炊いたんもあげましょうね。どうぞ、おあがり…食べへんの？
　　　清太：節子…！　　(高畑勲（監督）『火垂るの墓』スタジオジブリ, 1988 年)

4.3.2　答え：こんなことが起きるだろう

　Meyer (2017: 208) は、今から何が起きるのかという問いに対する答えとして、ある人が望む（あるいは望まない）ことが現実に起こりつつあるとき、その人の感情は強くなると述べている。例えば (11) は、豪華客船タイタニック号が沈没し、Rose と Jack の二人が冷たい海に投げ出された場面の台詞である。二人が極寒の海に凍えているとどうなるかという問いに対して、予期される答えは、二人の死である。この答えは、絶望の感情を引き起

こす。

　このような状況で、JackはRoseを一人しか乗れない木の板に乗せ、自分自身は海に浸かりながらもRoseを励まし続ける。これからどうなるのかという問いに対して、Roseは絶望しているが、Jackはこれに対してRoseが生き残って幸せな人生を送るという答えをはっきりと示すことで、Roseが希望を抱き、生き残る力を振りしぼるように訴えかけている。

(11)　Rose: I love you, Jack.［ジャック、愛してる。］
　　　Jack: Don't you do that. Don't you say your goodbyes. Not yet. Do you understand me?［だめだ。さよならなんて言っちゃ。まだだ。分かるかい？］
　　　Rose: I'm so cold.［とても寒いわ。］
　　　Jack: Listen, Rose. You're gonna get out of here. You're gonna go on, and you're gonna make lots of babies. And you're gonna watch them grow. You're gonna die an old, ...an old lady. Warm in her bed. Not here. Not this night. Not like this. Do you understand me?［聞いて、ローズ。君はここから出られる。生きていくんだ。子供をいっぱい作って、成長するのを見守る。お婆さんになって死ぬ、温かいベッドで。ここじゃない。今夜じゃない。こんなのじゃない。分かるかい？］
　　　Rose: I can't feel my body.［もう感覚がなくなってきたわ。］
　　　　　(...)
　　　Jack: You must promise me that you'll survive. That you won't give up, no matter what happens.［生き残るって約束しなきゃだめだ。あきらめないって、何があっても。］
　　　(Directed by James Cameron, *Titanic*, Paramount Pictures, 20th Century Fox, and Lightstorm Entertainment, 1997)

　強い感情は、ある状況から間近に起こるであろうことを予想することで引き起こされる。(12)で小学生の少女「サツキ」は母の一時退院が先延ばし

になったことをめぐって、「近所のおばあちゃん」と今後、母の身に起こることについて話している。サツキは母の死を予期し、不安と悲しみに駆られているのに対して、おばあちゃんは「こんな可愛い子たちをおいて」死ぬことなどないと、サツキのイメージする未来とは異なる、希望のある未来について述べ、サツキをなぐさめようとしている。

(12) 近所のおばあちゃん：お父さんは病院に寄ると言ってんだしよ、お母さん風邪だっていうんだから、次の土曜には戻ってくるよ。
サツキ：この前もそうだったの。ほんのちょっと入院するだけだって。風邪みたいなものだって。お母さん死んじゃったらどうしよう。
近所のおばあちゃん：サツキちゃん……
サツキ：もしかしたら、お母さん…！ ［泣き崩れる］
近所のおばあちゃん：大丈夫、大丈夫。こんな可愛い子たちをおいて、どこの誰が死ぬんかね。

(宮崎駿（監督）『となりのトトロ』スタジオジブリ，1988年)

4.3.3 感情的反応

以上で述べたように、感情的反応はある状況から引き起こされるが、同じ状況に対して同じように反応するとはかぎらない。どのように反応すべきかを理解してもらうための方法の1つは、4.3.2節で論じた、ある状況から何が起こるかを具体的に表現するやり方である。別の方法としては、ある人の感情的反応そのものを表現し、その状況に対する感情的反応の具体例を示すやり方がある。興味深いことに、ある人の感情的反応を表現する際には、「あの人は怒っている」というような直接的な表現よりも、ある人物が怒りながら話している様子を描写するような間接的な表現を用いる方が、共感をよびやすいように思われる。

感情の間接的伝達の表現法としては、その感情の徴候を示す身体動作、表情などに言及する換喩（metonymy）（換喩については第12章を参照）が広く用いられる（大村 2020）。例えば、以下のような、泣くことを表す慣習的

な換喩は、泣くという身体経験の異なる側面を言語化している。泣くことは「目頭が熱くな」り、「涙がこぼれ」、その「涙が頬を流れ」ることで頬が「濡ら」され、場合によってはその「目をぬぐ」う、という一連の過程から成り立っている。これらは、泣くという経験の部分を言語化することで、泣くこと、そしてその背景にある感情や感覚を暗示している。

(13)　<u>目頭が熱くなる</u>のを覚えて、彼は<u>目をぬぐ</u>おうとした。
　　　　　　（森岡浩之『星界の断章』早川書房, 2005年; BCCWJ: PB59_00010）
(14)　痛みのせいか、悔しさのためか、古人大兄の眼から<u>涙がこぼれ落ちた</u>。
　　　　　　（三田誠広『炎の女帝持統天皇』学習研究社, 2002年; BCCWJ: PB29_00251）
(15)　<u>涙が頬を流れ落ち</u>、ひどく哀れであった。
　　　　　　（石垣用喜『石垣島失踪事件』文芸社, 2001年; BCCWJ: PB19_00535）
(16)　後醍醐は顕家の訃報に<u>頬を濡らし</u>ながら固く心に誓った。
　　　　　　（森村誠一『太平記』角川書店, 2005年; BCCWJ: LBt9_00251）

　以下の表現と比較すると分かるように、感情を直接的に表現すると、その人の心理状態を客観的に記述しているようになり、描写されている人物の感情には共感しにくくなる。

(17)　彼は感動した。
(18)　大兄は悔しがっていた。
(19)　とてもかわいそうだった。
(20)　後醍醐は悲しんでいた。

　身体的経験を描写することが、心理的経験をより鮮明に表現することにつながるというのは逆説的であるように思える。しかし、他者の感情は複雑な経験から構成されているのに対して、感情に付随する身体的経験は比較的単純である。他者に理解できるのは、強い感情と同時に起こるその身体的徴候（例えば、涙、汗、動悸など）だけである。ある感情的反応に付随する身体

的経験を換喩によって表現することで、その感情的反応を間接的に受信者に伝達することができる。

感情を間接的に表現する現前化の例として（21）が挙げられる。語り手は自分の状態を描写するのではなく、事物の主観的な見えの変化（すなわち、涙によって視界がゆらいでいること）を描写することで、語り手の悲しみを表現している。（21）では、悲しみを引き起こす状況と自らの身体的反応を淡々と鮮明に説明することが、語り手の動揺と深い悲しみへの共感を呼ぶ表現になっている。

(21) 　先生最後の大患のときは、自分もちょうど同じような病気にかかって弱っていた。江戸川畔の花屋でベコニアの鉢を求めてお見舞いに行ったときは、もう面会を許されなかった。奥さんがその花を持って病室へ行ったら一言「綺麗だな」と言われたそうである。勝手のほうの炉のそばでM医師と話をしていたら急に病室のほうで苦しそうなうなり声が聞こえて、その時にまた多量の出血があったようであった。
　臨終には間に合わず、わざわざ飛んで来てくれたK君の最後のしらせに、人力にゆられて早稲田まで行った。その途中で、車の前面の幌にはまったセルロイドの窓越しに見る街路の灯が、妙にぼやけた星形に見え、それが不思議に物狂わしくおどり狂うように思われたのであった。

(寺田寅彦「夏目漱石先生の追憶」『寺田寅彦随筆集第三巻』: 282–294, p. 292, 岩波書店, 1948 年)

4.4　本章のまとめ

パトスは、発信者の言葉に対する受信者の感情的反応である。感情的反応は、ある状況から引き起こされるので、感情をともなった状況をどのように提示するかが、パトスの強さを左右する。この感情的反応を引き起こす状況の提示方法には、次の2つがある。第1の方法は現前化であり、感情を抱

く対象となる事柄を含む状況をまざまざとみるように鮮明にイメージさせる表現を用いることで、感情的反応を引き起こす。第2の方法は共感を呼ぶことであり、ある状況から起こることを問いかけ、予期される答えを示し、そこから引き起こされる反応を表すことで、ある状況から特定の感情的反応が起こることを受信者が理解できるようにし、その感情への共感を呼ぶ。パトスは、感情を直接的に表現することによってではなく、感情を抱く対象や感情をめぐる状況を表現することによって引き出される。この間接的な表現としては、隠喩や換喩などの比喩も用いられる。パトスは受信者の感情だけにとどまらず、その帰結として思考や行動にも影響をおよぼす心理的反応であり、条件に適合したパトスを引き出すことは、レトリックの方法の1つとして重要な役割を担っている。

....

1 ── メイナード（2000: 1–10）は、言語の主体が伝達内容や聞き手に対して表現する発想・発話態度や、より一般的に、言語によって表現される情的態度を「情意」（emotivity）とよび、言語の感情的な面が言語の相互行為を通してどのように表現され理解されるかを解明する「情意の言語学」のアプローチを提唱している。メイナードのいう情意は、アリストテレスの修辞学におけるパトスと親和性があるが、メイナードのアプローチは談話分析のアプローチに近い。メイナードの提唱する「情意の言語学」では、修辞学よりも広い意味で「パトス」という用語が用いられている。

2 ── 2.2.2節で述べたように、レトリックをはたらきかける対象を分析することで、相手にあった言葉を選択することができる。パトスの観点からは、提示しようとしている状況についての受信者の信念や性向を分析し、予測することが、感情的反応の強さを左右すると言える。

第 5 章

ロゴス

理性のコミュニケーション

　「レトリック」という言葉は、「レトリックに騙される」「単なるレトリック」のように、理性的なコミュニケーションとはあたかも反対の意味のように用いられることがある。洗練された文体、言葉の綾、感情への訴えは、理性的なメッセージのもつ価値を覆い隠すようにみえるかもしれない（Powell 2007: 2）。しかし、理性（reason）に訴えることもまたレトリックである。発想論の基本であるエトス、パトス、ロゴスのうち、**ロゴス**（logos）は発信者と受信者が共同で理性をはたらかせることに関係する。

　ロゴスは、言葉をかける相手にとっての説得力を高めるレトリックである。この章では、まず5.1節で、相手の理解、納得、同意を生み出すロゴスの特性と、分析の枠組みを論じる。ロゴスを支える論証の2つの型として、5.2節では説得推論を、5.3節では例証をとりあげ、ロゴスによるレトリックの方法を具体的に考察する。

5.1　理性のコミュニケーション

5.1.1　ロゴスの定義

　現在の状況のなかで確かなことだけで十分なら、レトリックは不要である（2.1節）。事態があいまいで、相反する選択肢があり、結論を出しにくいにもかかわらず、行動は求められるという時に、ロゴスのレトリックが必要になる（Hauser 2002: 120）。相手が納得したり、行動したりするもっともな理由（good reason）があることを示すことで、言葉の説得力が増す（ibid., p. 119）。Hauser（2002: 119）にもとづいて、ロゴスは次のように定義でき

る。

:::定義 5.1 ⇨　ロゴスとは、受信者が発信者とともに思考するプロセスである。

　例えば(1)はテレビの視聴者に掃除機を買ってもらうために、ロゴスの方法を用いている。視聴者は掃除機を買っても、買わなくてもいいので、販売者はレトリックを使う余地がある。この抜粋部分では、受験生の子供をもつ母親が受信者としてターゲットされている。4月からの子供の新生活には掃除機が「絶対必ず必要」になる。なぜ他の掃除機ではなく、この掃除機が必要なのかと言えば、「パワーがすごい」からである。パワーがすごいことは、掃除機が売れていることから示される。ではどれくらい売れているのかと言えば、累計販売台数は「156万台」である。これがどれほど多いかと言えば、「長崎県の人口」よりも多い。これほど「たくさんの方が日本全国で」使っていることは、すなわち、他でもないこの掃除機を買うのがよいことを示している。ここでは何が何を意味するかが順を追って説明されており、なるべく無理のないように結論に導こうとするロゴスの方法がとられている。

(1)　［掃除機のテレビショッピング番組で］
　　高田：もう今日センター試験やってるでしょ。
　　長谷川：そうですね。
　　高田：で学生さん、生活送るかた、お母様がた、新生活で買ってあげるじゃないですか。だったら3月、4月のことですけども、今日なんか買われてもいいんじゃないかと思いますよ。掃除機って1つは要るでしょ？
　　長谷川：絶対必ず必要ですね。
　　高田：はい。とにかくパワーがすごいです。もう掃除機ですから、パワーが無いと売れないんですけど、156万台ですよ。これ長崎県の人口は、全部で140万人いないんですよ。それぐらいのたくさんの方が日本全国で使っていらっしゃるという。
　　　　　　　　（「ジャパネットたかた　新生ジャパネット、始動。」
　　　　　YouTube@bigtakata2490, 2015年1月29日；2024年5月10日閲覧）

5.1.2 争点

(1) では「買う」対「買わない」という対立があり、「買う」方がよいという結論に至ることが、ロゴスの目的である。2つの相反する見方からくる対立を調停することが課題となる場合に、ロゴスの力が発揮される。異なる観点の衝突から生じる問いを**争点**（issue）という（Hauser 2002: 131）。

> **定義 5.2** ⇨ 争点とは、同一の事柄についての異なる観点の衝突から生じる問いである。

争点は**スタシス**[1]（stasis）ともよばれ、クインティリアヌス（2005b: 3.6）など、ローマの修辞学で重視された。スタシスの分析によって、論じるべき中心的な事柄が何かを特定することができる（香西 1985: 3, Hohman 2001: 741）。スタシスの分類には多くの議論があるが、McCroskey（2006: 113-114）によれば、あらゆる状況における争点は、以下の4つのいずれかである。

I. それはあったのか？——事実（fact）の争点
II. それは何なのか？——定義（definition）の争点
III. その特性は何なのか？——価値（value）の争点
IV. それについて何がなされるべきなのか？——方針（policy）の争点

(1) のコマーシャルは、全体としては「掃除機を買うべきか？」という方針の争点を扱うものであるが、部分として色々な争点を含んでいる。引用部分冒頭では、「掃除機とは何か？」という定義の争点をさりげなく導入して、これを子供の新生活に必要なものとして定義している。「この掃除機の特性は何か？」という価値の争点については、強いパワーがあるすぐれた製品であることを論じている。「この掃除機は売れたのか？」という事実の争点については具体的な販売台数を出し、さらにこの「販売台数は多いのか？」という価値の争点には長崎県の人口との比較によって、その多さを示している。全体の争点となる購入に関する方針についての説得力は、これらの各争点について発信者の主張を受信者が支持するかどうかによって決まる。

ロゴスに訴えるためには、争点に関係するさまざまな事柄を示すことが必

要である。人間は決して自由に思考しているのではなく、いくつかの癖や習慣にしたがっており、思考する際にくり返し出現する発想の型がある（香西 2000: 13）。これを**トポス**（topos）と言う。トポスとは「相手にしている受信者が発信者の主張を認めることにつながるようなことで、X について言えることは何か？」（McCroskey 2006: 205）という問いの「X」にあたるものであり、これに色々な概念をあてはめると、議論の材料を考案することができる（cf. 山中 1994［1983］: 113–115）。トポスは争点を扱う際の「質問チェックリスト」（Cockcroft and Cockcroft 2014: 118）とも言えるもので、それによって論拠を思いつきではなく「発見する」ことができる（香西 2000: 76）。

McCroskey（2006: 199–200）によれば、方針の争点については、次の6つのトポスについて熟考することが有効である。

I. 必要（need）：問題や需要の存在
II. 内在性（inherency）：本質的な強みや弱み
III. プラン（plan）：必要を満たす具体的プラン
IV. 実行可能性（practicality）：プランを実行できる合理性
V. 利点（advantages）：プランの利点
VI. 代替案（counterplan）：必要を満たす他のプラン

例えば、次のウェブ記事の文言は、「掃除機を買うべきなのか？」という方針の争点についてのトポスに関連するロゴスの例としてみることができる。

(2) ［必要］一人暮らしであっても、掃除機は用意しておくのがおすすめ。
(3) ［内在性］掃除機が1台あると、キレイな部屋を維持しやすくなります。
(4) ［プラン］ライフスタイルや掃除頻度によって適したタイプは異なるため、選び方を参考に自分が使いやすそうと感じる掃除機を取り入れてみてください。
(5) ［実行可能性］一人暮らし用の掃除機の選び方やおすすめの掃除機を

(6) ［利点］掃除機があれば大きめのゴミはもちろん、絨毯や畳の隙間に溜まったホコリや抜け毛などの細かなゴミ、ハウスダストまで掃除ができます。

(7) ［代替案］フロアワイパーや粘着クリーナーを掃除機の代用品として使う手もありますが、掃除機を 1 台持っていた方が便利です。

（ブログ「一人暮らしにおすすめの掃除機 3 選！」『+1 DAY IRIS OHYAMA』2023 年 12 月 8 日；2024 年 5 月 9 日閲覧）

　これまで多くの有益なトポスのリストが提案されてきた。例えば、Hauser (2002: 116–117) は Wilson and Arnold（1983）にもとづいて、どんな話題にも適用できるトポスとして、量・程度、運動・活動、物理的・心理的内容、変化・予測性、報酬・罰、実行可能性、因果関係、相関関係、類種関係、類似性など 16 個を挙げている。その一方で、利用されやすいトポスには文化差がある。McCroskey (2006: Ch.11) は Minnick (1968) にもとづいて、アメリカ人の価値観のトポスを、科学的方法論、合理性、伝統的手法、定量性、常識、実用性、教育の価値、などにもとづいていると述べている。これに対して柳澤（2006: 154–158）は、日本ではアメリカでの説得に採用される論理とは異なるトポスが用いられていることを示唆している。

　香西（2000: 28–29）は、トポスとは他人のすぐれた考え方を収集し、自らの思考として利用できるように情報として蓄積したものであると述べている。この背景にあるのは、思考の能力を「さまざまな考え方を情報として保有する量」(ibid., p.29) であると考える思想である。レトリックの条件にあわせて、多くのトポスについてじっくり考えることで、ロゴスの内容を俯瞰的に整理することができる。

5.1.3　論証

　発信者と受信者の考えが食い違う可能性があるところは、すべて争点になる。トポスは、どのような観点から議論を組み立てればよいかのヒントを与えてくれる。ただし、受信者が納得する内容にするには、争点のすべてに適切な論証（argument）を与えなければならない。

受信者にどのように影響を与えるかという修辞学的な観点からみると、論証は、形式論理学的な妥当性にはあまり関係がない（McCroskey 2006: 108–109）。McCroskey（2006: 109）によれば、レトリックにおける論証は次のように定義できる。

定義5.3 ⇨　論証とは、特定の結論についての支持を得ることを意図した言葉である。

「トゥールミン・モデル」（Toulmin 2003［1958］, Brockriede and Ehninger 1960）とよばれる論証分析の枠組みでは、論証の骨格を構成するのは、次の3つの要素であるとされる[2]（Toulmin 2003［1958］: 90–91）。第1に、**主張**（claim）とは、受信者がその価値を認めることを発信者が望んでいる結論である。第2に、**データ**（data）とは、発信者が主張の土台として用いる、受信者が認めている事実である。第3に、**論拠**（warrant）とは、データを出発点として、主張に至ることが適切であることを認める上で必要となる命題である。

例えば、（1）に含まれている論証の1つは、以下のデータ、論拠、主張からなる「掃除機を買うべき」だという方針の論点についての論証である。この論証は、（1）ではカギ括弧で示された言葉によってほぼ明示されている。

(8)　　［データ］4月から子供の新生活が始まる。
　　　　——「学生さん（...）新生活で（...）3月、4月のことですけども」
　　　［論拠］新生活には掃除機が必要だ。
　　　　——「掃除機って1つは要る」
　　　［主張］掃除機を買うべきだ。
　　　　——「買われてもいいんじゃないかと思いますよ」

論拠なしに主張が支持されることはない（McCroskey 2006: 110）ので、論証とは、論拠によってデータから主張への橋渡し（bridge）をすることであると言える（Toulmin 2003［1958］: 91）。データを見つけること自体は非技術的な方法（2.2.3節）にもとづくものだが、これを論証の中に位置づけ

ることはロゴスの技術である。また 5.1.2 節で論じたトポスは、論証の材料を考案し、整理するための枠組みだと考えることができる。

具体的な論証を作り出す上で、どんな話題にも共通して使うことのできる論証の 2 つの方法がある。それが、**説得推論**（enthymeme）（5.2 節）と**例証**（example）（5.3 節）である。「論証によって説得をなす際には、例証か説得推論か、そのいずれかを示すのであって、これら以外の方法は一つもない」（Aristotle 1926: 1.2.1356b）。以下では、この 2 つの方法に分けて、論証の具体的な手法について考察する。

5.2　共有基盤によるロゴス

5.2.1　説得推論

説得推論は、発信者と受信者のあいだにある知識、価値、目的などに関する共有基盤（common ground）を論拠として適用することで、具体的なデータについての結論を得る、演繹的な論証である（Hauser 2002: 125）。ただし、論理学的な証明とは異なり、論証の何らかの部分が省略され、発信者と受信者によって主張に至る論証は共同構築（coconstructed）される（ibid.）。Walton（2001: 93）によれば、説得推論は次のように定義される。

定義 5.4 ⇨　説得推論とは、結論や前提の一部が明示されない演繹的論証である。

例えば、(9) は演繹的論証の代表例として、論理学で議論されてきた（cf. 近藤・好並 1979: 65）。修辞学的な観点から言えば、(9) は「ソクラテスは人間だ」というデータを示すことで、「すべての人間はいつか死ぬ」という一般的な知識を論拠として、「ソクラテスはいつか死ぬ」という主張を納得させる論証であると言える。

(9)　　［データ］ソクラテスは人間である。
　　　　［論拠］人間は死すべきものである。
　　　　［主張］ソクラテスは死すべきものである。

演繹的論証の要素をすべて明示した（10）は厳密ではあるが、冗長である。論証の表現が長すぎる場合、たとえそれが厳密でも説得力のない論証になってしまうことがある（Aristotle 1926: 1.2.1357a）。これに対して、（11）（12）の説得推論は省略的である。論理学的には不備があっても、多くの人は、問題の核心に関係することだけを言って欲しいと感じる。よく知られた事実や知識をあえて述べ立てると自明のことを言っているという風に聞こえることもある[3]（Razuvayevskaya and Teufel 2017: 116）。（11）のように、自明な論拠はしばしば省略される。（12）ではデータだけが示されているが、死についての談話であれば、（10）と同じ主張の論証として機能し得る。

(10) すべての人間はいつか死ぬ。ソクラテスも人間だ。ゆえに、ソクラテスもいつかは死ぬのだ。
(11) ソクラテスも人間だ。ソクラテスもいつかは死ぬのだ。
(12) ソクラテスも人間だ。

相手からの同意が十分得られる論拠を用いるのが基本であるが、疑わしい論拠であっても「話しかけようとする相手が現に抱いている考え方」（ペルルマン 1980: 46）であれば、レトリックとしては機能する。相手が何に納得するのかという観点からみると、説得推論で有効な論拠の分類は、レトリックの発想自体の分類に近い。McCroskey（2006: 114–123）は Brockriede and Ehninger（1960）にもとづき、論拠を権威による（authoritative）もの、動機による（motivational）もの、実体による（substantive）ものの3つに区分している。これはエトス、パトス、ロゴスという発想の3区分に似ている。

5.2.2　権威による論拠

権威による論拠は、発信者の信頼性にもとづく論拠であり、エトスに関係する。例えば、（13）の主張の説得力はエジソンの信頼性にもとづいている。論理学では推論の虚偽（fallacy）の一種であるとみなされている（近藤・好並 1979: 135）が、（14）のような権威による論証は、誰かが何か事実や意見を述べるときにはつねに含まれている（McCroskey 2006: 115–116）。（13）は主張を明示し、権威による論拠を暗示する説得推論の例であると言える。

第 5 章　ロゴス　73

(14) の論拠の丸括弧は、明示されていないことを示す。

(13)　To invent, you need a good imagination and a pile of junk.［発明のためには、優れた想像力とがらくたの山が必要だ。］

(Thomas Edison; *Unbound: Smithsonian Libraries and Archives*, 2011 年 2 月 11 日；2024 年 5 月 11 日閲覧)

(14)　［データ］エジソンは「発明のためには、優れた想像力とがらくたの山が必要だ。」という。
　　　［論拠］（エジソンは信頼できる。）
　　　［主張］発明のためには、優れた想像力とがらくたの山が必要だ。

　誰かの発言を論拠として引用する場合には、その発言の発信者のエトスにもとづいて妥当性が評価される。アリストテレスは格言（maxim）が説得推論の論拠として有益であることを論じている（Aristotle 1926: 2.21.1394a-1397a）。格言とは、普遍的な真理について述べた言明である。例えば (14) はエジソンによる格言の例である。(15) の著者はこれを引用して、「アート思考を育てるのは、このようなごちゃごちゃもオッケーとする環境も大切」だという主張の論拠にしている。この論拠の妥当性は、エジソンのエトスによって評価されることになる。

(15)　私には、5 歳の子どもがいます。彼女が一見私たちにはガラクタに見えるようなモノをたくさんたくさん作ります。でも、エジソンの「発明のためには、優れた想像力とがらくたの山が必要だ」という言葉を思い出しながら、彼女の想像力・創造力の芽をつぶさないように、そっとしておいています。アート思考を育てるのは、このようなごちゃごちゃもオッケーとする環境も大切ではないかなぁと思っています。

(秋山ゆかり「発明のためには、優れた想像力とがらくたの山が必要だ」『アート思考研究会』公式ウェブサイト，2021 年 1 月 19 日；2024 年 5 月 11 日閲覧)

5.2.3 動機による論拠

　動機による論拠は、受信者の感情、価値観、欲求にもとづく論拠であり、パトスに関係する。(16) は可愛いと言われるために「加工」することに対する誹謗中傷を弾劾する歌詞の一節である。(17) の論証の論拠は歌詞のなかでは明言されていないが、歌詞の内容に共感する「同士」の感情や価値観にもとづいており、(16) はこの動機による論拠を援用した説得推論の例であると言える。

(16)　SNS で文句をたくさん言われるけど　私だって傷つくこともあるよ
　　　(…)
　　　君に可愛いって言われたくてお洒落もメイクもしてるよ
　　　なのに関係ないおまえに傷付けられるなんてことあって
　　　良いわけないよね
　　　始まる反撃の時間！　手を上げろ同士よ！
　　　　　　　　　　　　　　　　　（歌詞，モノクローン「加工してなにが悪い！」
　　　　　　　　　　　　　　　　　　　　『Proof of MONOCLONE』2022 年）

(17)　［データ］「君」に可愛いって言われたくてお洒落している。
　　　［論拠］（「おまえ」のためにお洒落しているわけじゃない。）
　　　［主張］「おまえ」に傷付けられて良いわけない。

　私たちはたいてい、自分の欲求や必要を満足させるものを良いと考える。したがって、動機による論拠は価値の争点にはよく用いられる。また、私たちはたいてい、したいと思うことをする。したがって、方針の争点にも動機による論拠が多く用いられる。動機による論証の論拠を決定することは、ロゴスのなかで最も重要な問題の 1 つである（McCroskey 2006: 202）。

5.2.4 実体による論拠

　実体による論拠は、現実世界における現象の関係性にもとづく論拠であり、権威や感情によらず、発信者と受信者が共有する経験や知識を論拠として説得力を高める。McCroskey（2006: 116-123）は、実体による論拠を（i）因果関係（causation）（ii）指標関係（sign）（iii）類推関係（analogy）（iv）

類種関係（generalization and classification）の 4 つに区分しているが、説得推論に関わるのはこのうち（i）と（ii）であり、（iii）と（iv）は 5.3 節の例証に関わる。

　因果関係とは、一方が他方を生じさせる関係（例えば、気温が上がって蝶が増える）である。指標関係とは、2 つ以上の事柄が共在するという関係（例えば、花が咲いて蝶が増える）である。(18) は、にんにくはたくさん食べてもよいかという方針の争点に関して、にんにくの過剰摂取による作用と自分の腹痛の経験の因果関係を論拠として、食べ過ぎないほうがよいと勧告している。「胃の壁が破壊」されれば痛みが生じるという因果関係は自明であり、(19) の論拠ははっきりとは言及されていない。この点で (18) は実体の論拠にもとづく説得推論の例である。

(18)　朝、あまりの腹の痛さに救急車で運ばれました。原因は、にんにくの過剰摂取です。胃の壁が破壊され、腸内細菌が死滅致しました。にんにくエキスパートの皆様、食べ過ぎには気をつけてください。
　　　　　　　　　　（X@oi_koike_jp, 2018 年 7 月 11 日；2024 年 5 月 11 日閲覧）
(19)　［データ］にんにくを過剰摂取すると、胃の壁が破壊される。
　　　［論拠］（胃の壁が破壊されるとひどい腹痛が起こる。）
　　　［主張］にんにくは食べ過ぎない方がよい。

　実体の論拠は、現実に起こる現象の規則的な連環であり、事実の予測に役立つ（McCroskey 2006: 116）。実体の論拠は個別のデータに適用できる法則として機能し、そのデータの特性を予測する役割を担う。これに対して、主張したいことを演繹的に論証できるほどの普遍的な知識を持ちあわせていないときには、主張したいことの事例を出すことが、ロゴスの手段になる。

5.3　事例によるロゴス

5.3.1　例証

　例証は、あるデータを繰り返し起こる事柄の一例として示す（Lyons

1989: 26)ことで、一般性を備えた主張についての結論を得る、帰納的な論証である。ある一般化の事例をすべて列挙することは不可能（McCroskey 2006: 122）なので、例証はつねに不完全である（Lyons 1989: 33–34）。しかし、例えば受信者が子供や素人であるときなど、一般的な理論的知識が発信者とは共有されていない場合には、例証は力を発揮する（Hauser 2002: 123）。Lyons（2001: 278）によれば、例証は次のように定義される。

> 定義 5.5 ⇨　例証とは、特定の事例を一般的な法則に結びつける論証である。

例えば、(20)はすべての人間が死ぬことを例証するために、昔の偉人はすでに死んでしまったことを事例としてあげている。人間の死は歴史のなかで繰り返されてきたことであるが、よく知られた（修辞学の）歴史上の人物を挙げることで、(21)のような類種関係（カテゴリーと成員の関係）の論拠にもとづく論証を行うとともに、何人かの修辞学者の死をこの主張「の例として（an example of）」（Lyons 1989: 33）意味づけている。

(20)　ソクラテス、アリストテレス、キケロをはじめとして、150 年以上前に生まれた人はみな、もう死んでしまった。だから、すべての人間は死を免れない。　　　　　　　　　　　（ハインリックス 2018［2017］: 213）

(21)　［データ］ソクラテス、アリストテレス、キケロは死んでしまった。
　　　［論拠］（ソクラテス、アリストテレス、キケロは人間である。）
　　　［主張］すべての人間は死を免れない。

レトリックとしての例証の価値は、一般的な主張を体現する例としての秀逸さと、ありふれているにもかかわらず例として注目されにくいという稀少さによって決まる（Lyons 1989: 32–33）。例えば、(22)は「水は体に悪いものか？」という定義の争点について、水中毒の事例による例証で論証している。(22)のロゴスとしての価値は、水による死亡事故という強い印象を与える秀逸さと、水を毒の例として挙げることの稀少さから生まれている。

(22)　「トイレに行かずにどれだけ水を飲めるか」を競う「水飲みコンテス

ト」に参加したアメリカ人女性が、短時間で約 7 リットルもの水を飲んだ結果、水中毒を発症し命を落としてしまったのです。(…) この死亡事故からもわかるように、「水を飲み過ぎる」という、一見当たり障りのない行為が、ときに人の命をも危ぶませてしまうということを、私たちは正しく理解しておく必要があります。

(谷口英喜（監修）「水の飲み過ぎは体にいいの？悪いの？」『Cleansui』公式ウェブサイト，2024 年 1 月 12 日；2024 年 5 月 11 日閲覧）

例証の種類について Lyons（1989: 7–8）は、例証に用いるデータを、過去に実際に起きた事柄、架空ではあるが起こり得る事柄、架空の起こり得ない事柄の 3 つに分けている[4]。

5.3.2 観察によるデータ

観察にもとづく例証は、過去に起こった事柄や変わらない事実の観察をデータとして用いる。例えば (23) の漫才では「野菜には、全て『ン』が入ってる」という突拍子もない主張を、具体的な野菜の名前を挙げて例証している。「ダイコン」から「クレソン」までは、（思いがけないことに）説得力のある例証になっている。

(23) 鰻：実は、野菜には、全て「ン」が入ってるんです。(…) 言うていきましょうか？ダイコ「ン」、ニ「ン」ジ「ン」(…) ピーマ「ン」、レンコ「ン」(…) ホウレ「ン」ソウ、チ「ン」ゲンサイ (…) シュ「ン」ギク、クレソ「ン」(…) すごいでしょ！これほんとに。

橋本：漏れなくか、っていうのを皆疑ってんねん。

鰻：すべて、入ってるんです。(…) だからすごいんです。

橋本：ほな、カボチャは？カボチャ。

鰻：カボチャ？パ「ン」プキ「ン」。

橋本：それ英語ありなん？(…) えー、ほんならジャガイモは？

鰻：ジャガイモ？メイクイー「ン」。

橋本：え、品種ありなん？

(漫才，銀シャリ『THE MANZAI』フジテレビ，2019 年 12 月 8 日放送)

ただしこの例では、「パンプキン」や「メイクイーン」という事例に進んでいくと、「野菜」という言葉が表す事柄が恣意的に拡張され、論拠となる類種関係がゆがみ、ロゴスよりは、言葉遊びとしてのパトスに移っていくところに、漫才としての例証の特徴が現れている。

5.3.3 予測によるデータ

現実に起こってはいないことや、実際には確認していないことであっても、それが現実に起こり得ると予測される場合には、例証のデータとして用いることができる。(24)で挙げられている「メガネをなくして困っているお父さん」や「コンタクトをなくしたお姉さん」は、過去の歴史で記録された特定の人物を指しているわけではないが、実際によくいるような人であることは受信者にとって納得しやすく、「探し物は大抵あなたのすぐ目の前にある」という主張を論証するデータとして機能する。

(24) 物をよくなくす人います。しかし、どうか癇癪を起こす前に、もう一回自分のまわりをよく探してみてください。メガネをなくして困っているお父さん、もう一回おデコに掛かってないか調べてみてください。コンタクトをなくしたお姉さん、目の隅にズレてないか確認してみてください。入れ歯をなくしたおじいさん、口の中に落ちてないか、もう一回調べてみてください。そう、探し物は大抵あなたのすぐ目の前にあるものです。意外な所に……。

(ドラマ『古畑任三郎』第2期第6話, 1996年2月14日, フジテレビ)

5.3.4 想像によるデータ

意外なことのようだが、(24)からも分かるように、現実の事例だけが例証の説得力を高めるわけではない。想像による事例を用いた例証は、現実の状況について述べたい事柄と類似性をもつ架空の状況を作り、類推、すなわち「知りたいことを、それとよく似た既知のことにたとえて考えること」(鈴木 2020: 114)によって主張を論証するレトリックであると言える(類推については10.2.2節を参照)。例えば(25)では、「簡単かどうかは素人が決めることじゃない」という主張の事例として、大工さんに「簡単な修正な

んで家を 5cm ズラしてください」と言うという架空の状況を挙げている。この状況は、プログラマーに「簡単な修正なんでチャチャッとやっちゃってください」とお願いするという、問題となっている状況に類似しているため、類推関係にもとづいて、論証したい主張の事例として理解できる。

(25) プログラマーに「簡単な修正なんでチャチャッとやっちゃってください」とお願いするのは、大工さんに「簡単な修正なんで家を 5cm ズラしてください」と言うようなもんかもしれないぞ。簡単かどうかはお前が決めることじゃない。

(X@zapa, 2018 年 5 月 31 日；2020 年 11 月 2 日閲覧)

(26) 上司「だから目的と目標がごっちゃなんだって」
私「すみません分かりません」
上「お前が勇者だとして魔王を倒す事が目的になってんだよ」
私「違うんですか？」
上「違うだろ。目的は魔王を倒す事によって得られる世界平和だろ！」
私「…！！すぐ作り直します」

(X@xeno_37G_Player, 2018 年 5 月 8 日；2024 年 5 月 11 日閲覧)

　類種関係にもとづいて主張の事例を挙げにくい場合でも、架空の事例を作り出すことはできることがある。(26) の「上司」の説明は、ファンタジーの「目的」と「目標」が現実の仕事の「目的」と「目標」に似ているところに着目した類推による例証である。目標とは目前の課題を達成することであり、目的とは目標を達成することで得たいことである、という抽象度の高い主張を具体化し、部下の「私」の行動に実際に変化をもたらしている。

5.4　本章のまとめ

　ロゴスは論証によって受信者とともに思考するプロセスであり、話の内容を相手に納得してもらうために必要なレトリックの手段である。効果的な論証を構築するためには、争点を整理し、十分な知識や事例を準備すること

必要である。論証には、説得推論か例証のいずれかを用いる。第1に、説得推論は省略的な演繹的論証であり、コミュニケーションの共有基盤を論拠とする。この共有基盤には、周知の事実や知識に加え、エトスやパトスも含まれ得る。第2に、例証は帰納的な論証であり、主張を支持する事例をデータとして示す。例証には、類種関係にもとづく事例だけでなく、類推関係にもとづく現実・架空の事例も用いることができる。ロゴスは論理による証明ではなく、思考の共同構築であり、受信者にとってなじみ深い共有基盤や事例を用いることで、ロゴスによる説得力が生じる。

....

1 ── stasis という用語は元々、ギリシャの物理学で、2つの力の方向が衝突し新しい方向に向きを変える点を意味した（Hauser 2002: 130）。運動する物体が、衝突する物体がなければ進みつづけるのと同じように、ある主張は、対立する主張がなければどこまでも妥当なものとみなされる。スタシスを考えることで、衝突点はどこかを特定し、議論を明確化することができる。

2 ── トゥールミン・モデルは、元々は修辞学の枠組みとして提案されたわけではなかったが、Brockriede and Ehninger（1960）がレトリック分析の枠組みとして紹介して以来、広く論証の分析に用いられている（*e.g.,* McCroskey 2006: Ch. 6, 鈴木 2007）。トゥールミン・モデルによる論証分析についてはさらに、*Argumentation*, Vol. 19, Issue 3, Special Issue: The Toulmin Model Today, 2005 の論文9編も参照。

3 ── よく知られている事柄でも長々と論ずることが有益な場合もある（柳澤・中村・香西 2004: Ch. 8）。ペレルマン（1980: 67）によれば、長く話すことは、その分長い間聴衆の注意を向けさせるということであり、その事柄の「現在感を高める」(ibid.) ことがある。「主題をえんえんと論ずることによってのみ、必要な感情が生み出される場合」(ibid.) も確かにあるが、これはロゴスよりもパトスに頼ったレトリックである。

4 ── この分類は、キケロによる historia, argumentum, fabula（Cicero 1949a: 1.19）というナラティブ分類の観点から、Lyons（1989）がアリストテレスの例証の3分類（Aristotle 1926: 2.20.1393a）の位置づけを再解釈したものである。

第 6 章

配列論

コミュニケーションの構造

　ある言葉が相手に影響を与える力をもつかどうかは、その言葉だけでなく、前後に述べた言葉によっても変わってくる。キケロは『トピカ』のなかで、話の内容が適切であるかどうかは、話をする際の状況によるだけでなく、話全体のどの部分にその内容を置くかにもよると述べている（Cicero 1949b: 26.97, pp. 457–459）。話の材料をどのように並べて話を構成するかという、レトリックの構造を論じる分野が**配列**（disposition）論である。

　言葉を良いタイミングで述べることを、修辞学では**カイロス**（kairos）という（Sipiora 2002: 1）。カイロス、すなわち時機を得ることは、レトリックにとって本質的なことである[1]。適したタイミングを待つことも重要であるが、コミュニケーションの要素を適切に並べることでコンテクストを調整し、望む効果を上げるようにタイミングを自らつくり出す技術がある。この技術が、配列論の研究対象である。この章では、まず 6.1 節で配列論の考え方と発想論との関係を概観し、6.2 節で発想として得た話の要素を選択、配置し、狙った効果をもつように構造化する方法を論じる。6.3 節では、話を構造化するために利用できる、いくつかの配列のパターンについて考察する。

6.1　配列論とは

　レトリックの配列とは、受信者が話の伝達内容を理解しやすいように、あるパターンにしたがって、素材を一連の話として構成するプロセスである。その際に用いるパターンがお仕着せだと無理な構成になるので、話の内容に

適したパターンを選択する必要がある（McCroskey 2006: 220）。レトリックの配列は、McCroskey（2006: 215）によれば、次のように定義される。

> **定義 6.1** ⇨ 配列とは、求める効果が得られるように、話の内容を適切な形式に入れる方法である。

レトリックの配列は発想（第 2 章）と切り離すことができない。まず発想を準備してから配列に入るという手順を踏むことはまれで、実質的には発想と配列は「同一のプロセスの 2 つの側面」（McCroskey 2006: 226）である。

McCroskey は 19 世紀の文章法の研究の知見にもとづいて、発想はレトリックの「プレビュー（preview）」であり、配列は「レビュー（review）」であると述べている（ibid.）。レトリックの発想とは、エトス、パトス、ロゴスの方法にもとづいて集められた、レトリックの条件に見合った、受信者に変化をもたらすために使える可能性のある事柄の集合である。集まった発想のなかでどれを素材として選べばどのような効果が出そうかを事前に吟味することで、レトリックのプレビューができる。これに対して、配列論では、素材となる発想をいかに構成するかによって、レトリックの効果にどのような差が生じるかを検討する。素材を実際に並べてみて、条件を満たすかどうかを見直す配列の調整は、いわばレトリックのレビューである。

6.2 レトリックの構造

このようにレトリックの配列はその発想と表裏一体であり、発想の性質を見極めることによって適切な配列が定まる。レトリックの構成を考える上では、まず素材となる発想の性質を十分理解しなければならない。この節では、(1) を例として、発想の確認と配列の検討のプロセスの特徴を考察する。

(1)　　冒険とは何だろう。文字通りの意味でいうと、危険を冒すこと。辞書のことばを借りると、成功の確かでないことをあえてすることだ。これから自分のすることが成功するか、失敗するかわからないが、あえて勇気を持ってやってみようというのだ。

だからといって、人のやっていないこと、生命に危険なことをむこうみずにやるというのではない。行動に移す前は、慎重に計画を立て、準備をして、危険はできるだけさけなくてはいけない。そのうえで残る1％の予想もつかない危険に対して、勇敢に立ち向かうこと、それがこの本でいう冒険なのだ。

　はじめて両親と離れて一人旅に出るとき、はじめてのキャンプに出かけるとき……きっと不安と期待に満ちた胸の高鳴りを覚えるだろう。何か起こったらどうしようと、落ち着かない心。このドキドキは、冒険を何度くり返しても消えるものではない。ドキドキする心があるからこそ、失敗しないようにと準備するし、うまくいったときの喜びもひとしおのものになる。

　この本には、野外で生活するために必要なこと、歩く、食べる、寝る、危険との対応に加え、野外生活をより豊かにするために、作って遊ぶ、動物・植物との出会いが書かれている。これらのことをマスターすれば、99％の準備はOKだ。あとは勇気を持って、出発しよう。

　野外は、時間割りのない自由な空間だ。思いきり羽を伸ばすことができると同時に、すべての行動に自分で責任を持たなくてはならない。冒険は、人生そのものである。楽しいこともあれば、思いがけないことも起こる。野外で体験したすべての出来事は、学校を出てからも、自分の人生の中で、大いに役立ってくれるだろう。

（さとうち藍「はじめに」『冒険図鑑』：2, 福音館書店, 1985年）

　第2章で論じたように、何を言うべきかは「レトリックの条件」、すなわち直面している課題、はたらきかける対象、取り得る方法によって異なる。方法に関しては、第3章から第5章にわたって論じたエトス、パトス、ロゴスの方法を以下のように要約できる。

- エトス：受信者がコミュニケーションの発信者を理解する仕方
    - 異質性：発信者は受信者にとって異質な、すぐれた存在である

    – 同質性：発信者は受信者と共通点のある、身近な存在である
  • パトス：発信者の表現が引き起こす受信者の感情的反応
    – 現前化：起こったばかりであるかのように、まざまざと再現する
    – 共感：他者の感情に注意を向け、理解してもらう
  • ロゴス：受信者が発信者とともに思考するプロセス
    – 説得推論：結論や前提の一部が明示されない演繹的論証
    – 例証：特定の事例を一般的な法則に結びつける帰納的論証

　（1）のレトリックの条件は、例えば次のように整理できる。子供向けのアウトドア活動の指南書である『冒険図鑑』の前書きであるという点からみると、この文章の著者のレトリックの課題は、読者の「冒険」への興味を惹きつけ、本を読んでもらい、実際に冒険に出てもらうことであると言える。レトリックの対象は、野外での「冒険」の機会がほとんど無くなった現代に活きる少年少女である。レトリックの方法としては、以下のような内容を話に含めることが考えられる。エトスについては、正式に出版された書籍の著者は一般に、前提として専門家としてのすぐれた異質性を備えている。子供に「冒険」を身近に感じてもらうためには、同質性を談話エトスとして前面に押し出す必要がある。パトスについては、「冒険」することの危険に対していだく不安に正しく向き合ってもらうこと、「冒険」に出たいという欲求と興奮を引き出すことが重要になる。ロゴスについては、「冒険とは何か」という書籍のテーマの定義に関する争点、「冒険に出るべきか」という方針の争点、そして「この本はどのような本なのか」という価値の争点について、著者の主張を論証する必要があると思われる。

　この条件下で、（1）の著者は素材となるこれらの発想をどのように配列したのだろうか。McCroskey（2006: Ch. 12）によれば、配列の特性は、素材として何を選択（selecting）し、どのように配分（apportioning）し、どのような構造（arranging）を与えるかによって決まる。

6.2.1　選択

　レトリックの条件に見合う事柄を見つける発想のプロセスは、選択のプロセスの一部であるが、これを配列するためには、発想として得られた多くの

可能性のなかから、実現するものを選択しなければならない（McCroskey 2006: 215–216）。

　本の前書きという特性上、(1)は「この本は役にたつ」「この本は面白い」という価値の争点についての主張に関係しているはずであるが、この主張は明示的には論じられていない。また、著者の専門性や信頼性を築くエトスの表現もほとんど含まれていない。(1)の全体を通底するロゴスは、(2)(3)(4)のような、「冒険とは何か」という定義の争点についての主張である。これは、冒険とは何かを知らない、冒険になじみがない子供が、受信者の主なターゲットであることによると思われる。

(2)　冒険とは何だろう。文字通りの意味でいうと、危険を冒すこと。
(3)　残る1％の予想もつかない危険に対して、勇敢に立ち向かうこと、それがこの本でいう冒険なのだ。
(4)　冒険は、人生そのものである。

　これらの「冒険」の定義に関する主張は、パトスを引き出す。この方法も、理性よりは感情によって判断し、行動する子供の特性に合わせたものであると言える。第1段落の(2)の定義は、冒険に出ることで危険な目に遭うことを予期させ、危険に対する不安をかきたてる。これに対して、第2段落の(3)は、対処し得る危険に勇敢に立ち向かう姿を示すことで、冒険に出ることを勇敢な行為として意味づけている。

　冒険が不安と勇気の両方につながるというこの主張を、第3段落は例証している。(5)は具体的な場面描写によって、この感情を現前化している。(6)の冒険の「ドキドキ」は「何度くり返しても消えるものではない」という主張は、読者だけでなく著者にとってもそうであることを含意するため、読者との感情経験の共通性を示すエトスの表現になっている。

(5)　はじめて両親と離れて一人旅に出るとき、はじめてのキャンプに出かけるとき……きっと不安と期待に満ちた胸の高鳴りを覚えるだろう。
(6)　何か起こったらどうしようと、落ち着かない心。このドキドキは、冒

険を何度もくり返しても消えるものではない。

　第4段落には、この本がすぐれているという価値の争点、冒険に出るべきだという方針の争点についての論証があるが、ここでも「勇気を持って出発」するのだという、冒険に出ることへのパトスを引き出す表現がくり返されている。
　(4)は第5段落で、冒険の最も広い定義を示す主張であるが、その論証は「楽しいこともあれば、思いがけないことも起こる」という感情にもとづいており、動機による論拠を用いた論証である。この主張は、冒険は人生の役に立つという価値の争点に関する主張のデータにもなっている。

6.2.2　配分
　ある主張に納得してもらうために、どれほどの論証や素材が必要になるかは、主張によって異なる（McCroskey 2006: 216）。「これはどうしても入れたい」という素材を十分表現するためには、いくつの論証が必要であり、どのような感情を引き出す必要があり、どのような人柄を提示しておく必要があるか。これらを検討することで、その素材にどれほど多くの言葉を配分すべきかが決まる。
　配分と選択とは完全には分離できない（ibid.）。配分を検討する過程で、全体の構成に収拾が付かないことが分かった場合には、素材を選択し直すことが必要になることもある。
　(1)では「冒険とは何か」という定義の争点をめぐるロゴスの要素が大きな配分割合を占めている。この定義の争点をめぐる主張は(2)(3)(4)の3回提示されており、すべての主張が、不安や勇気といったパトスを引き出すものになっている。その他の要素は付随的にのみ示されており、(1)ではこのロゴスとパトスに重点がおかれ、多くの言葉が配分されていると言える。

6.2.3　構造
　言語は線条性をもつため、選択、配分された素材を言語化するためには、（特に話し言葉では）それを時間的に一直線上に並べなければならないという制約がある。単なる並列は混乱を生むので、全体が構造をもつように並べ

ることが重要になる。言葉の影響力を最大にするためには、強みを生かし、弱みを最小限にとどめ、この方向しかないという自然な流れで結論に向かっていくように、材料をうまく配列しなければならない（Leith 2011: 81）。

　現在よく用いられている、物語、プレゼンテーション、エッセイなどの多くに適用できる基本の構成パターンは、序論（introduction）、本論（body）、結論（conclusion）という形式である（McCroskey 2006: 217）。アリストテレスの分類では、話の主題（thesis）を陳述し、その主題を証拠立て（proof）するという2つの部分が話の本論をなすとされる（Aristotle 1926: 3.13.1414b）。この構成はおおまかなものではあるが、説得することを目的としたコミュニケーションの基本構造としてよく使われていると言える。

　Lanham（1991: 171）は「古代ギリシャ以降、弁論のさまざまな部分に関する説はあまりにも込み入っている」と述べているが、Enos（2001: 42）、Leith（2011: 81–106）など、多くの配列論の概説で示されている配列のモデルは、ローマの修辞学におけるレトリック便覧『アド・ヘレニウム』（Cicero and Caplan 1954: 1.3.4, p. 9）による6分類であり、この分類では本論はアリストテレスよりも細かく分割されている。以下に示すのはLeith（2011: 82–83）によるこのモデルの要約である。

I. 序論（introduction）：話の導入部分であり、話者としての信頼性を示し、聴衆の注意を惹きつける。エトス・アピールを押し出すことが多い。
II. 陳述（statement of facts）：これから話す内容の範囲と、一般に理解されている事実を説明する。
III. 論点形成（division）：あなたと論敵が合意する点と、意見を異にする点を説明する。
IV. 立証（proof）：あなたの言いたいことを支持する議論を展開する。ロゴスが活躍することが多い。
V. 反駁（refutation）：さらにロゴスを生かして、論敵の議論に反論する。
VI. 結論（conclusion）：ここまでの話を要約し、強みを繰り返し、結論を伝える。パトス・アピールが最も高まることが多い。

(1)の構成は、このモデルには完全にはあてはまらないが、部分的にはあてはまるところもある。前置きは特になく、本論に直接入っている。冒険に出ることの一般的な経験は、冒頭に来てもよいものであるが、(1)では第3段落に配置してある。論点形成、立証、反駁が冒頭に配置され、ロゴスが先に立っている印象であるが、論証はすべてパトスに関係していることが特徴的である。第4段落は、このモデルのなかには位置づけにくい。第5段落は結論に対応している。

I.　［序論］なし
II.　［陳述］第3段落——冒険には不安と喜びがつきものである。
III.　［論点形成］第1段落——冒険とは何だろうか。
IV.　［立証］第1段落——成功の確かでないことをあえて勇気を持ってやってみること。
V.　［反駁］第2段落——危険なことをむこうみずにやるというのではなく、危険はできるだけさけなくてはいけない。
VI.　［結論］第5段落——冒険は人生そのものである。人生の中で大いに役立つだろう。

　このように『アド・ヘレニウム』のモデルは有用ではあるが、この構成がつねに最適だというわけではない。このモデルが最もあてはまるのは、例えば法廷弁論やディベートなどのジャンルである（レトリックのジャンルについては7.1節を参照）。これらのジャンルでは、このモデル（ないしはその変形）にしたがった配列が、ルールとして厳格に遵守される。配列の方法が標準化されたコミュニケーションのジャンルは他にもあり、例えば科学技術論文で使われるIMRADの構成、すなわち序論（Introduction）、材料と方法（Materials and Methods）、結果と考察（Results and Discussion）、結論（Conclusion）という配列がそうである（Sollaci and Pereira 2004）。このように配列に規定があるジャンルでは、カイロスを得るためにはその規定にしたがうほうがよい。
　配列に明示的な規定があるわけではなくとも、何かしら期待されている順

序がある、という状況は多い。そこで有効なのは、特定のモデルを採用してトップダウン的に話の配列を決めてしまうのではなく、話の部分ごとに、その内容に合った構造のパターンを用いるというやり方である。素材を示す順番を決める際には、その素材の性質に合わせて、何らかの根拠や慣習にもとづいたパターンを用いることが多い（Fahnestock 2001: 45）。部分ごとに作った配列を組み合わせて全体を構成すれば、レトリックの条件に合った配列をその都度作ることができる。利用できる配列の部分的パターンが多いほど多様な条件に対応できるが、その選択肢を整理する上で役に立つのが、「構造のトポス」である。

6.3　構造のトポス

　McCroskey（2006: 218–219）によれば、配列のパターンには大きく分けると、連鎖型（chain organization）と平行型（parallel organization）の2つがある。連鎖型とは、ある素材が別の素材に依拠していて、論理的に結合している場合の構成である。例えば（7）のように、ある論証の主張が別の論証のデータになるように配置するのは連鎖型の配列である。平行型はこれに対して、素材が互いに独立している場合の構成である。（8）のように、あるデータから導かれる2つの主張を並列的に配置するのは平行型の配列である。

(7)　はじめて両親と離れて一人旅に出るときにはドキドキするだろう。ドキドキするからこそ、失敗しないようにと準備するのだ。
(8)　ドキドキする心があるから失敗しないようにと準備するし、喜びもひとしおのものになる。

　適切な配列を見つけ出すためには、利用可能なパターンの候補を把握しておく必要がある。5.1.2 節で、可能な論証の候補を考えるための枠組みとして触れた「トポス」は、配列の問題にも適用できる。すなわち、「求める効果が得られるような X というパターンを使った配列にはどのようなものが

あるか？」という「X」に、構造のトポス（McCroskey 2006: 220–223）とよばれる配列パターンを入れて考えれば、この問いに答える形で、利用できる配列の候補を整理することができる。McCroskey は 12 種類のトポスを挙げているが、以下では、本書を執筆する上で著者が実際に用いた配列を具体例として示しながら、これらを連鎖型と平行型に分けて概観する。

6.3.1　連鎖型のパターン

第1に、問題解決（problem solution）のパターンは、ある方策が問題を解決するということを論証するレトリックに役立つ。問いと答えの連鎖を利用した問題と解決の配列は、説得を目的としたコミュニケーションで最も頻繁に使用される（McCroskey 2006: 220）。問題解決の配列モデルとしては、Monroe（1962）が示した、注目、必要、満足、視覚化、行動の5つの連鎖として配列するパターンが挙げられる。I.「注目」では聴衆の注目を集め、II.「必要」では現状と問題を提示する。III.「満足」では問題を克服する方策を示し、IV.「視覚化」では提案方策を取ることで起こる望ましい未来と、取らないことで起こる望ましくない未来を対比する。V.「行動」では要点をまとめ、方策を認めて具体的な行動を起こすことを要求する（具体例は 7.1.1 節を参照）。

第2に、内省的思考のパターン（reflective thought pattern）と呼ばれる John Dewey のモデルは、問題解決のパターンと類似したもので、I. 問題を定義し位置づけ、II. 問題を記述し範囲を画定し、III. あり得る解決方策を示し、IV. 解決方策を評価し、V. 好ましい解決方策を採択する、という 5 つのステップからなる（McCroskey 2006: 220）。このモデルの特徴は、相手を説得するための方略としてこれらを提示するのではなく、自らが内省的に思考するプロセスとして提示する点にある。話者が説得しようとしていることに気づくと聴衆は警戒感を強めるので、あたかも一緒に考えているかのように論を進めることで、より客観的な態度を示すことができる。

例えば、学術論文の序論や、研究提案などの構成には、問題解決や内省的思考のパターンがよく使われる。本書の 2.3.1 節では「エトス」の方法の有効性を示すために、ほぼ内省的思考のパターンにあてはまる構成を用いている。

(9) I. ［問題の定義］エトスは、話者が信頼できる人物であることを示し、聴衆との関係を確立する方法である。誰が話すかということが、言葉の影響力を左右する。

II. ［問題の範囲］例えば、何が話題であっても、私たちは良い人の話は信じるが、悪い人の話は信じない傾向がある。自分が一体どのような性格で、何を知っており、何を得意とする人物であるかを、まず把握しなければならない。

III. ［あり得る解決方策］あなたが思慮深く、道徳的で、好意的であれば、あなたの言葉は強い影響力をもつことになるだろうというのが、アリストテレス修辞学におけるエトスによるレトリックの基本的な考え方である。

IV. ［解決方策の評価］これにしたがうならば、思慮を欠いていたり、道徳に反するような事をしたり、嫌悪感を抱かせたりする人は、話を始める前から聴衆の信頼を欠くということになる。ただ、思慮、徳、好意を完全に備えた人など稀である。しかしながら、言葉の信頼性にかかわるような人格や性格というものは、そう簡単には変わらない。今日から思慮深くなろう！と思い立つのは良い心がけではあるかもしれないが、たぶんその考え方自体が、あなたが思慮を欠くことを示している。

V. ［好ましい解決方策］そこで実用的には、相手に示すべき「私」とはどのような人物であるかを分析し、話の内容に合わせて自分がもっている長所のどこを示すかを選択し、自分が理想的な話者であるように見えるようにする必要がある。エトスのレトリックは、話者の信用や親近感を示すさまざまな言葉を使う。

（本書 2.3.1 節；一部増補）

　第 3 に、因果関係のパターン（causal pattern）は、原因と結果の連鎖によって結びついている 2 つの素材を配列する時に役立つ。これには、I. あることが起こった、II. これが引き起こすことは何だろうか、という原因から結果に移るパターンと、I. あることが起こった、II. これを引き起こしたの

は何だろうか、という結果から原因に移るパターンがある。例えば、4.3節で示した共感によるパトスの「問い」「答え」「反応」という3つの種類は、原因から結果に移る因果関係のパターンによって配列されている。

(10) ある状況からある感情的反応が引き起こされるまでの過程、すなわち「問い」としての状況[原因1]、予期される「答え」[結果1／原因2]、そして答えに対する「感情的反応」[結果2]を理解できるかたちで表現すると、この過程を追いかけることができるようになるため、受信者はこの感情的反応に対して共感しやすくなる。　　　（本書4.3節）

6.3.2　平行型のパターン

　第4に、時系列（chronological order）のパターンは、歴史叙述のように、時間的に順を追って起こる事柄の配列に適している。このパターンには、I. 過去からII. 現在へという順と、I. 現在からII. 未来へという順があり、それぞれ時間の流れを逆向きにすることも考えられる。例えば、1.2節の「修辞学の伝統」から「修辞学の刷新」へという配列は、川の流れの比喩を用いた、過去から現在へ向かう時系列のパターンに沿って配列されている。

(11) 現在のレトリック研究の広がりをみると、枯れそうにみえた修辞学の流れは、伏流水のように地下に流れていて、今になって各地で湧き出しているようにみえる。以下では、その古代の源流[過去]と、現代の湧水池[現在]をみてみよう。　　　（本書1.2節）

　第5に、プロセス（process）のパターンは、時系列のパターンに類似しており、順を追って行う手続きを、その時間的順序にしたがって配列する方法である。例えば、1.3節で示した修辞学の5つの部門である、発想論、配列論、文体論、記憶論、発表論は、スピーチを作成するモデルを利用したプロセスのパターンによって配列されている。

(12) この区分は、アイデアを出してから実際に言語で表現するにいたるま

での話の制作過程だと考えることができる。どのような話をするにも、まずその話の内容の発想を得なければならない [プロセス1]。発話が1文で終わるようなものではなくて、もっと長い話になるなら、何をどの箇所で語るかも重要になるので、配列も必要になる [プロセス2]。内容を伝えるためには、適切な文体の言葉を工夫しなければならない [プロセス3]。また、それぞれの内容をふさわしい箇所で語るのは、記憶の助けなしには不可能である [プロセス4]。声やジェスチャーがふさわしくなければ、言葉とその内容は台無しになってしまうので、発表の仕方を吟味することも必要である [プロセス5]。　　　　　　　（本書1.3節）

　第6に、空間秩序（spatial order）のパターンは、国ごと、都道府県ごと、などのように空間的な配置関係にもとづいて、述べる事柄を配列する手法である。第7に、構造と機能（structure-function）のパターンは、空間秩序のパターンの比喩的な拡張とも言えるもので、ある存在の構造をなす部分要素がになう機能にもとづいて配列する手法である。例えば、5.1節で述べた「トゥールミン・モデル」の3つの要素である主張、データ、論拠は、論証構造において異なる機能を担う要素として平行的に配列されている。

(13)　第1に、主張とは、受信者がその価値を認めることを発信者が望んでいる結論である [要素1]。第2に、データとは、発信者が主張の土台として用いる、受信者が認めている事実である [要素2]。第3に、論拠とは、データを出発点として、主張に至ることが適切であることを認める上で必要となる命題である [要素3]。　　　　　　　（本書5.1.3節）

　第8に、親近感の強度（degree of familiarity）のパターンは、同じ重要性をもつ事柄を並列する際に、I. 聴衆によく知られているもの、II. ある程度知られているもの、III. まったく知られていないもの、という順に配列する方法である。例えば、2.2節では、（読者が研究者の場合には）より身近な「研究計画」をはじめに、より理解しにくい「レトリックの計画」を次に配置し、前者によって後者を類推できるように、親近感の強度のパターンを用

(14) 科学的研究の計画は、一般的に、研究の課題、研究であつかう対象、研究の方法からなる [ある程度知られているもの]。研究を実践する際には、研究計画を練ることが不可欠である。同じように、レトリックを実践する際は、レトリックの課題、レトリックではたらきかける対象、レトリックの方法からなる、「レトリックの計画」を立てることが重要である [まったく知られていないもの]。　　　　　　　　　　　　　　（本書 2.2 節）

　第 9 に、比較と対比（comparison-contrast）のパターンには、I. ある存在がある、これとは反対に II. 別の存在があるという対照性を示すパターンや、I. ある存在がある、これと同様に II. 別の存在があるという類似性を示すパターンなどがある。第 3 章では、異質性と同質性を対照する、比較と対比のパターンによってエトスの種類を配列した。比較と対比のパターンの表現については第 11 章で詳しく考察する。

(15) しかし、自分がすぐれた人間であるということを強調することが、つねに良い結果をもたらすとはかぎらない。異質性にもとづくエトスのレトリックは、つねに「私はすぐれている、あなたとは違って」というメッセージ [ある存在] を伝えてしまう危険をはらんでいる。逆説的であるが、異質性のレトリックは、同質性のレトリック、すなわち「私はあなたと同じだ」というメッセージ [別の存在] を同時に伝えることで効果を発揮する。　　　　　　　　　　　　　　　　　　（本書 3.3 節）

　第 10 に、残余（residues）のパターンは、比較と対比のパターンの特殊形であり、候補となるすべての事柄を比較し、発信者が望ましいと思う事柄以外のすべてを望ましくないものとして示す方法である。1.1 節では、文法、論理、レトリックを対比して、「言葉の影響力を制御する」ためには、文法では不十分であり、論理でも不十分であり、レトリックだけが有効であるという、残余のパターンによる構成を用いた。

(16) 思考は論理によって管理しつくされるものではなく [候補1]、言語は文法によってきわめられるものではない [候補2]。私たちの認識とその表現は、けっして論理と文法によってじゅうぶんに制御できるものではないのである。そして、この論理と文法の手にあまる言葉の影響力を制御するのが、レトリックである [候補3／望ましいもの]。　　　　（本書 1.1.3 節）

　第 11 に、頂点構造（climactic, anticlimactic, and pyramidal structure）のパターンは、何らかの尺度について I. 弱い事柄から II. 強い事柄へという順序で配列する漸層法（climax）、逆に I. 強い事柄から II. 弱い事柄へという順序で配列する漸降法（anticlimax）、中間に強い事柄を配置するピラミッド型の 3 種類がある。この 6.3 節で示した 12 種類の構成のトポスの配列（「第 1 に ...」「第 2 に ...」「第 3 に ...」……「第 12 に ...」）は、最初と最後に注目すれば、漸降法による頂点構造のパターンを用いた配列であると言える。第 1 の問題解決のパターンは非常に重要で、第 12 の分類のパターンはそれほど重要ではない（が、かと言ってこの第 11 の頂点構造のパターンが重要ではないとは主張したいわけではない）。

　第 12 に、分類（topical, or classification, patterns）のパターンは、どのパターンにもうまく当てはまらない場合に、I. ある型があり、II. 別の型があり、III. さらに別の型もある、というように自ら分類を作って配列する方法である。読者にとって、分類が理解できるものであれば、レトリックの配列としては成功していると言える。

　以上で示したように、本書を構成している配列の部分的構造は、よく使われる構造のトポスを利用したものである。さらに、本書全体の構成も、構造のトポスを用いている。第 1 章ではレトリックとは何かという定義の争点をめぐって、本書の修辞学のアプローチを提示した。これは問いに対する答えを与えるという配列であるという点で、広い意味では問題解決のパターンによる配列である。第 2 章以降は、修辞学の 5 部門を順に並べる形式であり、構造と機能のパターンによる配列であると言える。このような全体的な配列を定めることは、長い文章の構造を考える上では重要である。ただし、このような全体の章立ての構造から、文章の具体的なつながりが決まってく

るかと言えばそうではない。各章にある節をさまざまな配列パターンによって構造化し、さらにその節を段落によって構造化し、段落を文によって構造化することで、全体から細部にわたる文章全体の強固な構造が生まれる。

　レトリックの構造は、発信者のコミュニケーションの動機を反映する（Hauser 2002: 252）。このことは本書にもあてはまる。発想と配列が表裏一体であるという意味では、本書の配列は筆者の発想の反映であり、「レトリックとは何か」「レトリックはどのように研究できるか」「レトリックは何の役に立つのか」といった争点をめぐって、読者への影響力を高めるために工夫した構造であると言ってよい。

6.4　本章のまとめ

　配列論は、発想論と表裏一体である。レトリックの配列は、レトリックの条件に見合った発想の素材に適した形式を与えるために、内容を選択し、配分し、適切な構造のなかに入れるプロセスである。構造にはよく知られたパターンがあるが、条件によっては話の全体構成を、1つのパターンに入れることができないこともある。その場合は、パターンを部分的に適用し、それらを組み合わせて、条件にあった全体の構造を作り出すことができる。

　求める効果をもつ最適の配列は、レトリックの条件によって大きく変わる。『アド・ヘレニウム』の配列モデルは、まずエトスによって聴衆とつながり、ロゴスによって納得させ、パトスによって印象づけるという順序を薦めているが、これがつねに最適であるとはかぎらない。コミュニケーションのジャンルによって、配列は柔軟に変更する必要がある。第7章では、ジャンルによるレトリックの配列の差異を論じる。具体的な事例を用いた配列の分析を行い、レトリックの条件が配列におよぼす影響を考察する。

---

1 ── カイロスは、基本的にはタイミング（timing）あるいはちょうどよい機会（right time）を意味するが、修辞学のなかでカイロスという用語は多義的に用いられている（Sipiora 2002: 1）。Sipiora（2002: 6）は、Eric Charles White の著作 *Kaironomia* にも

とづいて古代ギリシャの修辞学者ゴルギアスの見解を引用している。ゴルギアスにとって、カイロスとは「言葉の意味をつくり出すことを、現在の状況に順応すること、あるいはそれを創造するプロセスとみる臨時性（occasionality）の根本原理」（White 1987: 14）であり「話者のテクストがそれを取り囲むコンテクストのなかで理解される連続的な解釈のプロセス（...）として言葉の意味生成を捉えること」（ibid.）であった。このゴルギアスの見解は、レトリックをコミュニケーションの動的なプロセスとして捉えることの重要性を強調していると言える。

第 7 章

ジャンルとレトリックの構造

　よいレトリックに「絶対」はない。レトリックの良し悪しを決めるのは、状況に依存したレトリックの条件（第2章）である。このことは発想だけでなく、配列についても言える。レトリックの条件を構成するのは3つの要因である。第1に、何を課題としているのか。第2に、誰を対象としているのか。第3に、どのような方法が利用できるのか。第6章では、このなかの第3の要因、すなわちエトス、パトス、ロゴスという、レトリックの方法の選定や配分とレトリックの配列が表裏一体であることを論じた。この章では、第1と第2の要因、すなわちレトリックの目的や対象が、配列の良し悪しを左右する要因であることを、レトリックの**ジャンル**（genre）という観点から論じる。

　レトリックの配列はジャンルの性質を反映する（Jolliffe 1996: 279）ので、ジャンルごとのレトリックの性質を類型化することは役に立つ（7.1 節）。この章では特に「演示」とよばれるジャンルに注目し、そのなかで用いられる**ナラティブ**（narrative）の構造に注目する（7.2 節）。ナラティブ、すなわちストーリーを語ることは、日常生活のなかで特に利用することが多いレトリックの形式である。ある笑い話を事例として取りあげ、ジャンルの特性が話の構造にどのように反映されるかを考察する。

7.1　レトリックのジャンル

　ジャンルは、コミュニケーションの慣習に関わる概念であるが、これに関連して Barton（2007: 75–76）は、表現や慣習の共通性をもつ人の集団を「談

話コミュニティ（discourse community）」とよんでいる。Deignan, Littlemore, and Semino (2013: 40–46) は、この Barton の談話コミュニティの概念にもとづき、ジャンルを以下のように概括している。

> **定義 7.1** ⇨ ジャンルとは、ある目的のために、談話コミュニティの発信者らが用いる表現の型である。

ジャンルは目的を共有したコミュニティで使われる、コミュニケーションの型となるもので、レトリックの条件の型でもある（Miller 1984）。レトリックのジャンルの類型としては、**審議のレトリック**（deliberative rhetoric）（例えば、政治家の演説）、**法廷のレトリック**（forensic rhetoric）（例えば、弁護士の弁論）、**演示のレトリック**（epideictic rhetoric）（例えば、授賞式のスピーチ）という3つのジャンルが重要であると考えられている（Aristotle 1926: 1.3.1358b）。

この3つのレトリックのジャンルの区別は、第1に、レトリックによってはたらきかける対象となる受信者の特性にもとづいている。アリストテレスによれば、受信者は「ただの観衆（observer）であるか、それともその判定者（judge）である」（ibid.）かのどちらかである。第2に、判定者を相手にするレトリックは、「過去（past）のこと、または未来（future）のこと」（ibid.）のどちらについての判定を目的としているかによってさらに2つに区分される。このような区分は、それぞれのジャンルで利用しやすい配列のパターンを整理する上で役に立つ。

7.1.1　審議のレトリック

審議のジャンルは、受信者が未来の事柄についての判定を行うジャンルである。審議のジャンルでは、受信者（と発信者）がこれから何をすべきで、何をすべきでないかを明らかにすることが目的となる。来たるべき事柄について述べる審議のレトリックの目的は、それを勧奨し行うべきであると勧めるか、制止し思いとどまらせるかについて、助言を与えることである（Aristotle 1926: 1.3.1358b）。

例えば、政治家が議員を相手に採択すべき政策についての弁論を行う状況、販売員が顧客を相手に購入すべき商品を宣伝する状況、教師が学生を相手に勉強すべき意義を説く状況、会社員が同僚を相手に退職を思いとどまる

べきだと説得する状況、学生が友達を相手に旅行で訪ねるべき観光地の魅力を説明する状況などでのレトリックは、審議のジャンルに属すると言える。

このジャンルでは、問題解決のパターン（6.3.1節）がよく用いられる。例えば（1）はストラスブールを訪ねるべきかという方針の争点を審議する、問題解決のパターンを用いた旅行ガイドの抜粋である。

(1)　［注目］フランス・アルザス地方の中心都市ストラスブール（Strasbourg）。まるでドイツのような、かわいらしい木骨組みの家々が並ぶメルヘンティックな風景で知られる古都です。
　　　［問題・満足］パリの東駅からTGVで約1時間50分。2016年から、それまで2時間20分だった所要時間が30分も短縮され、パリからの日帰り旅行もしやすくなりました。
　　　［視覚化］旧市街は、なんとまるごと世界遺産に登録されるほどの美しさを誇ります。
　　　［行動］独特の歴史を歩んできたストラスブール。ふたつの文化が混じり合う町で、ひと味違ったフランスの旅を楽しんでみては？
　　　　　　（「世界遺産の町・ストラスブール観光の魅力」『地球の歩き方』公式ウェブサイト，2024年4月1日；2024年5月23日閲覧）

7.1.2　法廷のレトリック

法廷のジャンルは、受信者が過去の事柄についての判定を行うジャンルである。すでになされた行為について、それが正しいことであったのか、間違ったことであったかを吟味し、明らかにすることがこのジャンルを特徴づける目的である（Aristotle 1926: 1.3.1358b）。

例えば、弁護士が裁判官を相手に被告人は無罪であると弁護する状況、学生が教員を相手にレポートの提出期限を超過したことを弁明する状況、客が店員を相手に商品配送に不備があったと苦情を申し立てる状況、息子が母を相手に自分のものを許可なく棄てたことを責める状況などで必要になるのは、法廷のジャンルに属するレトリックである。

『アド・ヘレニウム』の論点形成と立証の配列モデル（6.2.3節）は、3つ

のレトリックのジャンルに適用できる配列として提案されているが、法廷のジャンルのレトリックには特によく見られる。例えば、(2) は日常生活のトラブルに助けを求める文章の抜粋であり、全体として整った構造を持っているとは言えないが、自分の過失を弁護してもらいたいという姿勢で、部分的にこの配列モデルを用いていることが見て取れる。

(2) ［序論］大事なものを捨ててしまいました。こんばんは。
　　　［陳述］自分の実家に行き（…）棚のような所を片付けました。（…）最近姉に『あそこ（あたしが片付けたところ）にあったネックレス知らない？』と言われ、えっ？となりました。あたしが昔買ったものだと思い、いらないと思ったネックレスが姉のものだったのです。しかもダイヤモンドで何十万円もするあたしとは無縁のものでした。
　　　［論点形成］（ネックレスを捨てたことは許されることでしょうか。）
　　　［立証］自分のではなく姉のものとわかっていれば、絶対に捨てていません。
　　　［反駁］そんな価値があるものなんて知らず、捨ててしまいました。
　　　［結論］もう頭が真っ白です。合わせる顔がありません。（…）一番悪いのはあたしだとわかっています。あたしは姉にどうしたらいいでしょうか？どなたか助けて下さい…
　　　　　　　　　（『Yahoo! 知恵袋』2009 年 10 月 12 日；2024 年 5 月 23 日閲覧）

7.1.3　演示のレトリック

　演示のジャンルは観衆を相手にするジャンルである。観衆の心を捉えるためには、話を事実の通りに述べるのではなく、強調したいところをより明瞭に述べることが重要である。演示のレトリックは、相手が生の事実に対して抱く印象を変化させるという意味で「変形の言語」としてのレトリックの機能を担っている (Too 2001: 252)。この点で、演示のジャンルにおける目的は、話の内容の一部をより強く、他をより弱く示すことにあると言える。
　例えば、同僚を相手に自身の退職についてのスピーチをする状況、老人が

若者を相手に昔の体験談を語る状況などは、演示のジャンルに属していると言える。芸術的なレトリックの領域である文学は、演示のジャンルに属すると考えられている（Hamilton 2014: 64）。

演示のレトリックの主な目的は印象の変化であるが、印象の変化が、価値や行動の変化につながることもある。ペレルマン（1980［1977］: 44–45）は、シェイクスピアの『ジュリアス・シーザー』のなかで、アントニーによる弔辞の演説が、価値への一体感と感情を生み出し、反乱へと駆り立てたことを例に挙げて、演示のレトリックには価値観を強化し、行動を引き起こす役割もあると述べている。演示のレトリックの影響力は近年ますます強くなっている。(3)のようなウェブ上に投稿されるクチコミサイトへレビューは、取りあげた事柄の印象や評価を左右する。インターネットにあふれるレビューは、消費行動に多大な影響力をもつ演示のレトリックの1つであると言える。

(3) 　学生の頃に読んだ時にはふ〜んって感じだったけど、看護師としてもう一度勉強してみようと思い購入しました。忘れていた事などを思い返してくれる大切な本だと気付きました！偶然、ナイチンゲール看護研究所の金井先生が動画でこの本の解説をしていたのを発見したので、それを観た後にもう一度読んでみました。一度目ではわからなかった事などが少しずつ理解出来、感動しました！ナイチンゲールはすごい！
　　　（レビュー「フロレンス・ナイチンゲール『看護覚え書：看護であること看護でないこと』」『Amazon.co.jp』2021年10月19日；2024年8月7日閲覧）

演示のジャンルは語り手の視点からみた事実を表現し、その印象を伝えることが目的である。その際には、ある経験をストーリーとして表現するナラティブの形式がよく用いられる。特に日常生活の経験を表現する時には、フォーマルな議論形式よりも、ナラティブの構造が用いられることの方が多い（Hauser 2002: 185）。以下では、演示のジャンルにおける配列の例として、ある体験を笑い話として語るナラティブをとりあげ、そのレトリックの

構造を詳しく考察する。

7.2　ナラティブのレトリック：事例分析

　配列論の研究で強い影響力をもつ『アド・ヘレニウム』の配列モデルの分析例は、たいてい審議や法廷のジャンルであり、演示のジャンルの分析ではあまり用いられてこなかったが、Cockcroft and Cockcroft（2014: 177–183）は、このローマの修辞学の配列モデルが、ナラティブ研究でしばしば参照される Labov and Waletzky (1967)、Labov (1972) が提案した、ニューヨークにおける黒人の若者によるナラティブの構造に関する abstract, orientation, complicating action, evaluation, result or resolution, coda という 6 つの部分からなるモデルと共通していると述べている。この指摘は、演示のジャンルにおけるナラティブにも、レトリックの配列パターンがあることを示唆している。

　日常の話において、人びとは「面白い（interesting）」ことについて話そうと努める（Chafe 1998: 101）が、その典型例は、自分の体験を語るナラティブである。ナラティブは Phelan（1996: 8）によれば、次のように定義される。

> 定義 7.2 ⇨　ナラティブとは、何らかの目的のためにある状況である人が別の人にあるストーリーを話すことである。

　以下では、語り手の視点から自分が体験したことを印象深く伝えるナラティブを演示のレトリックの例として取りあげ、その配列を考察する。なお、Komatsubara（2023a）は発想論の観点から同じ事例を分析している。

7.2.1　データ

　ここで考察対象とするのは、2021 年 1 月 23 日にフジテレビで放送された『人志松本のすべらない話』第 36 弾において、吉本興業のお笑いコンビ「矢野・兵動」の兵動大樹が披露したドローンの話である[1]。話は全体で約 4 分間であり、最初の約 1 分間では「下の子」が変わっていることについてのエピソード（小学生になる話者の次女が「ゆりのももみ」という名前で別人格を演じはじめるという話）が語られる。以下で示す抜粋は、それに続く約

3分間の話であり、先行する話からはほぼ独立した内容をもっている。なお、放送時は新型コロナウイルスによる緊急事態宣言から間もない時期であり、コロナ禍で外出の自粛が求められた、といった社会状況は発信者と受信者の間で共有されている。

　ナラティブでは、語り手は勝手に話を語るのではなく、ナラティブに参加している聴衆に、相づちや短い言葉によって語ることを承認してもらいながら話をしている（甲田 2024: 188）。トランスクリプト（書き起こし）では、会話分析（conversation analysis）の記法を用いて、話者交替、話のテンポ、強弱、重なり、笑いなどを示した（表記法については巻末の「トランスクリプト記号」を参照）。話者については、映像や音声から話者が特定できる場合はその姓を記し、特定できない場合は「ゲスト」とした。ただし、テレビ番組であるため、笑い声などが編集で挿入されている可能性がある。

```
001    兵動：    ま>それぐらい<変わってるんすよ，下の子は，やることなすこと．
002    兵動：    で，あの：ま=去年になるんすかね，あの::みんない=ステイホーム
                というか緊急事態宣言が（.）（（外に手を押し出す））なったときに，
                ま=家にずっと居るんすよ．
003    兵動：    >んで<子供ら学校休みやから，ずっと家におって，（（両手を握って
                下へ動かす））>んで<やることがないから，おもちゃとかを，結構あ
                の::通販で買ってた>んすよね<¿（（右手を引き寄せる））シャボン玉
                買ったり，（（右手を引き寄せる））大きいシャボン玉=ば::（（シャボ
                ン玉を作る動作のジェスチャー））
                やっ［たりとか．
004    千原：    　　　［はいはい．
005    兵動：    >ほんで<=ず::っとそれやってても=だんだんだんだんやることなく
                なってきたってなった時に，ドローンがあったんすよ．
006    ゲスト：ほ：．
007    兵動：    ちっちゃい（（手で小ささを示す）），もう>ほんま<4,000円くらいの
                おもちゃのドローンみたいなの．これ飛ぶんかな（（首をかしげる））
                思て，一回↑買ったんすよね¿
```

008　兵動：　ほんで(.)まあ=着いて,
　　　　　　＞スイッチみたいなの充電して入れて＜わ::ってやったら=ほんま
　　　　　　に, すごく, 4000円でも, [こない性能ええねや, ていうぐらい=
009　田中：　　　　　　　　　　　　　　[(((うなずく))
010　兵動：　=わ::((ドローンが水平移動するジェスチャー))って行くし, わ:::
　　　　　　((ドローンが垂直移動するジェスチャー))ってなるし, 何やったら
　　　　　　ちょっと押したらクリン((手の平を返す))って回ったり[して.
011　松本：　　　　　　　　　　　　　　　　　　　　　　　　　　[へ:
012　兵動：　それを僕が一人で=ぎゃ::言うて遊んでたんですよね.((ドローンを
　　　　　　操作するジェスチャー))ほな=下の子がば::((近づいてくるジェス
　　　　　　チャー))って来て, や-やらして欲しい((両手で胸元を押さえる))
　　　　　　°って言って°ほで=まあ, やったらええやん.((コントローラーを渡
　　　　　　すジェスチャー))で=わ:ってやるけど, やっぱり下手なんすよ.
013　ゲスト：ほ:
014　兵動：　や=まあ=そ=ラジコンなんか触ったことも[ないから.
015　千原：　　　　　　　　　　　　　　　　　　　　[はいはいはい
016　兵動：　んで何か=うわ::ん((ドローンが垂直に飛ぶジェスチャー))って何
　　　　　　か飛ぶんすけど, すぐカーテンにばばば((手を激しくひねる))って
　　　　　　当たって, ばらばらばら((ドローンが落ちるジェスチャー))って落
　　　　　　ちたりとかす-(.)して. わ::て((お腹を抱える))=それ見て笑っ
　　　　　　て.
017　兵動：　う-ノリで, そのドローンを, パパのここ((頭の上を指さす))に乗
　　　　　　したら, 何か好きなん((指さす))買うたるわ(.)って
　　　　　　[言うたんすね. ゲーム的に.
018　千原：　[ほ:::
019　兵動：　ほんなら, マンガが欲しいって言い出して, 乗せる(.)って言って,
　　　　　　練習しまくる[んすよ=((ドローンを操作するジェスチャー))
020　ゲスト：　　　　　　[hh
021　兵動：　=時間はめちゃくちゃあるわけですから.
022　千原：　はい.

023　兵動：　ほんで=子どもって要領掴んだら，めちゃくちゃ早く上達するんすよ．
024　ゲスト：へ:::
025　兵動：　ほで=もう=だから，家中ぶわ::((ドローンが水平に飛び回るジェスチャー))て飛ばしたりとかしてて，これやばいなそろそろってなって=本人のなかで，乗せれる(.)ってなった[んすよね=もう技術的に．
026　千原：　　　　　　　　　　　　　　　　　　　　　　　　　　[ほ:
027　兵動：　狙ってきた時期があったんす[よ．
028　千原：　　　　　　　　　　　　　　[ほ:
029　兵動：　んで，でもね．音でばれるんすよ．ふに::((ドローンの飛行音を真似る))って聞こえるから，ドローンが近寄ってき((ドローンが水平に飛ぶジェスチャー))[たら．
030　ゲスト：　　　　　　　　　　　　　　　　　　　　　　　　　[hhh
031　千原：　はいはい
032　兵動：　ふに:::((ドローンの飛行音を真似る))って言うから=来た(.)((後ろを振り返る))>って思って見たら<ドローンがこう((近づいてくるジェスチャー))迫ってくるんすよね？
033　千原：　はい．
034　兵動：　>ほんでもう<お前=>あかんあかんあかん<((両手を左右に振る))こんなん絶対乗せられへん°と°，無理やお前．
035　ゲスト：ん：
036　兵動：　オレは気づくから=音で(.)って言うて．くっそ::((悔しがる表情))みたいな顔してた[んすよ．
037　千原：　　　　　　　　　　　　　　　　　　[ほ:
038　兵動：　絶対乗せられへんで，って言うてて．
039　兵動：　ほんで=その時期です．で=僕名古屋で毎週，番組に出さしていただいてるんですけど(0.2)リモートで出演の日があったんすよ．
040　ゲスト：ほ:
041　田中：　hhhhh
042　兵動：　んで朝，パソコンの前で，°あ°どうも::((両手を振る))って言うて

		たら,
043	千原：	ほ:
044	ゲスト：	hhhhhh
045	兵動：	ふに［::::((ドローンの飛行音を真似る))
046	ゲスト：	［hhhhhh
047	千原：	ほ::
048	兵動：	これ終わったな思たんすよ.
049	千原：	ほ::
050	兵動：	前代未聞［やん.
051	ゲスト：	［hhhhhh((一斉に笑う))
052	兵動：	ふに::::((ドローンの飛行音を真似る))あ=そうですね=ぽ((頭の上にドローンが着陸するジェスチャー))って=ドローン乗ることある?ってなって.
053	松本：	う:［ん.
054	兵動：	［これ怖思て,
055	松本：	うん.
056	兵動：	>ほんで<僕=でもこっから((両手を顔に引き寄せる))喋られてるから,パソコンの前から((パソコンが前にあることを示すジェスチャー))動けないから,
057	松本：	うん.
058	兵動：	わ:てなったら=に:が,ふに::::((ドローンが近づくジェスチャーとともに飛行音を真似る))もう=むっちゃ迫ってるやん, 　　　［ってなって,
059	千原：	［ほ:
060	ゲスト：	［hhhh
061	兵動：	>ほんで<=ここ乗せられんのかなって思ったら,もうめちゃくちゃ変わってて,
062	ゲスト：	ほ:
063	兵動：	やり口が.ふに::::((ドローンが近づき通り過ぎるジェスチャーとともに飛行音を真似る))って素通りして,

064	松本：	ほ：
065	兵動：	だいぶ離れたところでこっち向けて，ホバリングで（（ドローンがホバリングするジェスチャー））［僕ずっと狙ってきてたんすよ．
066	松本：	［うわわわわわ
067	兵動：	怖:::［ってなって，（（怖がる表情））
068	ゲスト：	［hhhhhh
069	兵動：	乗せられるより怖:::［ってなって，（（怖がる表情））
070	ゲスト：	［hhhhh
071	兵動：	もう放送後すぐにマンガ買いに行きま［した．
072	ゲスト：	［hhhhhh

7.2.2　レトリックの条件

　この話におけるレトリックの課題は、テレビ番組として明瞭に設定されており、相手を笑わせることである。レトリックによってはたらきかける対象は、直接的には松本をはじめとする共演者であり、間接的には視聴者である。エトスとしては、話者は芸人であるため、面白い話をする人物として受信者に理解されており、この期待を保持することが重要である。パトスは話の主要目的であり、「下の子」に対する聴衆のおかしみの感情を引き出すことが課題である。ロゴスについては、ストーリーのなかで意外な展開がある箇所は争点となる可能性があり、その都度論証が必要である。

7.2.3　局所的な配列

　この話の話題はドローンであるが、ドローンの購入が自然だと感じられるためには、購入に至る背景の説明が必要である。第1行から第3行では、場面設定として、なぜおもちゃを買うことになったかを、次のような因果関係の連鎖にもとづいて配列している。丸括弧内の3桁の数字は行番号を示す。

(4)　［原因1］緊急事態宣言が（.）（（外に手を押し出す））なった（002）
　　　［結果1／原因2］子供ら学校休み（003）
　　　［結果2／原因3］ずっと家におって（003）

［結果 3 ／原因 4］やることがない（003）
　　　［結果 4］おもちゃとかを，結構あの :: 通販で買ってた（003）

　（4）の因果関係は説得推論によるものである。例えば原因 1 から結果 1 への推論は、緊急事態宣言が出ると会社や学校は休みになるという、社会的知識が論拠として共有されていることを利用している。緊急事態宣言が「出た」ことは、談話中では手を外へ押し出すジェスチャーで隠喩（metaphor）（第 10 章参照）的に示されている。「ステイホーム」と言う前の「い」と言いかけているのは、「家にずっと居る」ということを言いかけてやめ、ステイホームの説明を差し挟んだように聞こえる。緊急事態宣言下の状況を念押し的に説明することで、話の場面設定を明確にしている。

　第 3 行から第 5 行で、購入したおもちゃの例として、まず「シャボン玉」、次に「ドローン」が挙げられているが、コロナ禍で家での遊び道具としてシャボン玉は当時人気であり、ドローンはそうではなかったため、これは親近感の強度のパターンによる配列であると言える。

　第 7 行から第 12 行では、通販のドローンはちゃんと飛ぶのかを実際に購入して試したということを、論点形成と立証のパターンで配列している。

（5）　［陳述］ドローンがあったんすよ（005）
　　　［論点形成］これ飛ぶんかな（（首をかしげる））思て（007）
　　　［立証］こない性能ええねや（008）

　第 10 行は、（5）の立証における主張であるドローンの性能が良いということを例証し、ジェスチャーを交えた現前化によってドローンで遊ぶ面白さと、話者の操作技術の高さを示している。「わー」「ぎゃー」というオノマトペ（onomatopoeia）は、子供が遊ぶ時の声の擬音語とも解釈できる表現であり、父の子供っぽいイメージを聴覚的に表現している。

　第 12 行から第 16 行では、「下の子」（次女）がドローンに挑戦する。第 16 行は次女のドローン操作が「下手」であることを例証する描写である。ここでは、第 10 行の話者のドローン操作が上手である描写と同様に、ジェ

スチャーやオノマトペを用いた現前化の表現が用いられており、比較と対比のパターンを用いて、ドローン操作に関する話者の上手さと次女の下手さを対比する配列になっていると言える。

　第17行から第19行でドローンを頭に乗せられるかという「ゲーム」が始まり、第23行から第25行で、次女が練習を重ねてドローン操作技術を飛躍的に高めたことが、プロセスのパターンに沿って示される。

　第27行から第38行は、操作技術に自信をつけた次女が「狙ってきた」エピソードが、(6) のような論点形成と立証のパターンで示されている。(6) の反駁は、ドローンの「ふに:::」という飛行音の声帯模写を交えた現前化によって例証されている。

(6)　［陳述］乗せれる (.) ってなったんすよね＝もう技術的に（025）
　　　［論点形成］（ドローンを乗せられるか）
　　　［立証］こんなん絶対乗せられへん (...) オレは気づくから＝音で
　　　　　　　　　　　　　　　　　　　　　　　　　　　　（034–036）
　　　［結論］絶対乗せられへんで（038）

　以上の局所的な配列の構造は、互いに結合して話の流れを形成している。コロナ禍の因果関係の最終結果は、ドローンの性能をめぐる論点形成のパターンにおける陳述になっている。その立証は、話者と次女を対比する配列の1項であり、もう1項は続くプロセスのパターンの開始項になっている。プロセスの最終項は、ドローンを乗せられるかどうかに関する論点形成の陳述に対応する。その結論はリモート出演のエピソードの前提をなしている。

　第39行から第45行では、話者がテレビ番組に「リモートで出演」する仕事の最中に次女がドローンを飛ばす音「ふに:::」が聞こえたことを時系列のパターンに沿って示している。このドローンの飛行音はこれまで繰り返し用いられてきたため、ここではドローンが接近していることを換喩 (metonymy)（第12章参照）的に表す。

　第48行から第54行では、これから何が起こるかの想像が、(7) のような架空の時系列によって示される。第52行の「ドローン乗ることある？」

は修辞的疑問文（rhetorical question）（第1章参照）であり、そのようなことは通常起こらないことを強調しつつ、その想定と食い違う現在の状況への驚きを示している。

(7) ［事態1］どうも::（（両手を振る））って言うてたら（042）
　　　［事態2］ふに　　［::::（（ドローンの飛行音を真似る））（045）
　　　［事態3］ぽ（（頭の上にドローンが着陸するジェスチャー））って＝
　　　　　ドローン乗る（052）

　(7)の想像は(6)の結論が揺らぐことを示している。第56行から第61行では、このことを(8)のように状況の陳述、立証、結論のように配列しているとみることができる。

(8)　［陳述］パソコンの前から動けない（056）
　　　［論点形成］（ドローンを乗せられるか）
　　　［立証］むっちゃ迫ってる（から乗せられる）（058）
　　　［結論］乗せられんのかなって思った（061）

　第61行から第65行では、この結論がさらに覆されることを、想像と現実を対比し、乗せられることを「ホバリング」で狙うという形で立証したことが示される。
　(6)と(8)は時系列に沿った配列であると同時に、同一の論点形成にもとづく立証と反駁の対比であるとも言える。この比較と対比の配列が、リモート出演のエピソードを話のハイライトとして位置づける役割を担っていることは、聴衆の相づちや笑いの頻度が増していることからも分かる。

7.2.4　全体的な配列

　以上のように、この話の局所的な構造は、さまざまな配列パターンを利用したロゴスの結合によって形成されている。さらに、この話の全体を構造化しているのは、パトスの頂点構造である。(9)のような、話者がまったく恐怖を感じていない状態から、非常に強い恐怖を感じている状況へと進む、

感情の漸層法（climax）が、話の主要目的であるおかしみの感情を引き出す上で重要な役割を担っている。リモート出演という特殊な状況により、父と次女の立場の優劣は逆転する。優位にあったものが劣位に落ち、子供が親の上に立つことは笑いを誘う。

(9)　［恐怖1］（下手なドローン操作を）見て笑てて（016）
　　　［恐怖2］（上手なドローン操作が）やばいなそろそろ（025）
　　　［恐怖3］（ドローンを乗せられるから）終わったな思たんすよ（048）
　　　［恐怖4］（ドローンを）乗せられるより怖::（069）

　ホバリングの様子は、父を怖がらせる。恐怖からは笑いは生じないはずであるが、怖いことが次女の変わった人柄の例であると解釈すれば、ゲストの笑いは理解できる。次女が変わっていることは先行談話で既に語られており、第1行では、話者の子どもである姉妹のうちの「下の子」が変わっているということから話が始まっていた。話の結末では、ドローンの話を、次女のエトスと結びつけ、次女は変わっているということの例証とすることで話の始まりと終わりに一貫性を与えている。
　この事例は、観衆を相手にする演示のジャンルに属するものであり、聴衆は話が面白いかどうかに関心を持っている。体験談は、実際の経験にもとづくものであるが、同じ経験をした人たちが、まったく異なるように思えるナラティブを生み出すことはよくある。例えば、家族は同じ経験を共有することが多いが、親の話と子供の話はまったく異なることは珍しくない（Hauser 2002: 188）。本節で取りあげたナラティブは、話者が自分の体験を「面白い話」として意味づけるために、細部にわたって構造化されている。一見すると時系列的に語られているように見える話には、局所的、全体的な配列のパターンが用いられている。この事例は、演示のジャンルにおいても、レトリックの条件に応じた配列がなされることを例証している。

7.3 本章のまとめ

　レトリックの目的や、発信者や受信者が属する談話コミュニティによって異なるジャンルは、配列選択の制約条件である。主なレトリックのジャンルは、未来についての判定を扱う審議のジャンル、過去についての判定を扱う法廷のジャンル、観衆を相手にする演示のジャンルの3つである。ナラティブはどのジャンルでも用いられる形式であるが、特に演示のジャンルでは重要である。

　例えば自分の体験談を語るなど、ナラティブは日常生活で非常によく用いられる。本章で取りあげた笑い話の事例では、レトリックとしての課題は、相手のおかしみの感情を引き出すことである。このパトスは、恐怖に関する頂点構造を用いた配列によって生じていた。この頂点構造は、局所的には、緻密な説得推論や例証によるロゴスの構造と、話者と登場人物についてのエトスに支えられていた。さらに、これらの方法を実現しているのは、第8章以降のテーマである、多様な文彩を含む文体論的技巧である。配列論の分析を行うことで、レトリックの発想を素材として作られる話全体の構造と、それを実現する文体の役割を捉え、巨視的な視点でコミュニケーションを考察することができる。

---

1 ── この番組では、コメディアンであるダウンタウンの松本人志がMCとなり、ゲストの名前が書かれたサイコロを振って出た名前の人が面白い話（実話）をしていく。この放送で聴衆を兼ねたゲストは、千原ジュニア、宮川大輔、小藪千豊、飯尾和樹（ずん）、川島明（麒麟）、粗品（霜降り明星）、田中卓志（アンガールズ）、山内健司（かまいたち）であった。

第8章

文体論
コミュニケーションの表現法

　いくら素晴らしい内容と構成があったとしても、それを言葉にするのは誰にとっても容易なことではない。**文体論**（stylistics）は、思考を言語へと移す方法の探求（ギロー 1959: 9）であり、修辞学における言語表現の研究である。

　状況によって最適な言葉は変わるので、ある文体はすべての状況には適さないし、あるすぐれた文体が聴衆の全員にとってすぐれていると感じられることもない（Michell et al. 2016: 245）。なじみのあるコンテクストでは、言うべき事はほぼ無意識に選択できるが、なじみのないコンテクストで、何か重要な目的がある状況では、意識的に表現を選択する必要が生じる（Cockcroft and Cockcroft 2014: 207）。重要なのは、レトリックの条件に見合った適切な語彙と文法を、言語のレパートリーのなかから選び出すこと（Leech and Short 2007 [1981]: 31）である。主題や状況に応じた言葉の選択の適切さを、修辞学では**ディコーラム**（decorum）という（Hariman 1992: 152）。日常会話を法廷陳述のようにすると異様だし、話し言葉で書き言葉と同じ長さの文を使うと意味が伝わりにくいかもしれない（cf. Hariman 2001: 199）。場面に応じたディコーラムを得るためには、どのような言葉の選択が、どのような影響を及ぼすかを理解する必要がある。

　この章では、文体の定義と基本的な考え方（8.1節）をみた後、8.2節で文体の効果を考察する枠組みを論じる。8.3節では、文体の効果に影響を及ぼす言語表現の体系を概観する。

8.1 文体論とは

McCroskey（2006: 233）によれば、ある言葉によって受信者が受け取る意味の大半を決めるのは**文体**（style）である。良い文体とは受信者に望んだ意味を伝える文体であり、悪い文体とは、意図した意味をゆがめる文体である（ibid.）。同じ内容でも良い文体と悪い文体があるということは、同じ事柄を表す異なる言語表現の選択が文体の価値を決める（Leech and Short (2007 [1981]: 31) ということである。この点に注目すると、文体は次のように定義できる。

> **定義 8.1** ⇨ 文体とは、求める効果が得られるように、同じ内容を表す異なる言語表現の選択肢から、ある言語表現を選択する仕方である。

修辞学にはじまり、詩学、フォルマリズム、構造主義、機能主義を経て、文体論は現在、広大な研究領域に広がっている[1]（Burke 2014a: 2）。修辞学は文体論の起源であり、Leech（1969）、Leech and Short（1981）、Nash（1989）、Verdonk（2002）、Wales（2014）などの重要な文体論の知見の背景には修辞学がある（Burke 2014a: 28）。

修辞学では、「求める効果が得られる」文体とは何かを考察する。すなわち、言語使用の条件に見合った、受信者の行動や態度への影響力をもつ文体とは何かを考察するのが修辞学の文体論である（Fahnestock 2011: 12-13）。発想論では、内容の選択肢を論じた。配列論では構造の選択肢を論じた。文体論では表現の選択肢を論じる。どの分野でも追求するのは、どのような選択がレトリックの条件（第2章参照）を満たすのか、という問いである。

8.2 レトリックの表現法

文体は、あるレトリックの条件における言語の選択の仕方である。詩人のような特別な人をのぞいて、用いるすべての語句を、考えられるすべての言語のレパートリーから選択しているとは考えられない（cf. Leech and Short 2007 [1981]: 56）。文体論で注目するのは、レトリックとしての効果の顕著

な違いにつながる言葉の選択である（8.2.1 節）。そのような選択の仕方には状況に応じたパターンがあり（8.2.2 節）、それらのパターンの言語的成分を分析することができる（8.2.3 節）。

8.2.1 文体価値の表現

　文体は表現の選択の仕方であるが、第 6 章で述べたように、ある言葉の意味はそれがどのようなコンテクストに置かれるかによって異なるので、ある特定の語句の選択だけを文脈無しに論じることはできない。文体と言えるのは、テクストや談話の全体に属していると考えられるような選択の仕方の特徴である（cf. Leech and Short 2007［1981］: 34）。例えば、以下は、レイモン・クノー『文体練習』（Queneau 1943）に着想を得たパロディ作品で、(1)の「カップ焼きそばの作り方」を 100 人の多彩な文体でかき分ける試みの抜粋である。個々の例には、標題として与えられた著者とタイトルから想像されるような、一貫した文体の特徴がそれぞれみられる。

(1) 　①フタを（A）から（B）の線まではがし、ソース、かやく、ふりかけ・スパイスを取り出します。②かやくをめんの上にあけ、熱湯を内側の線まで注ぎ、フタをします。③3 分後、（C）の湯切り口を矢印の方向にゆっくりはがします。④カップの「☆」の部分 2 ヶ所をしっかり持ち、ゆっくり傾けながら湯切り口よりお湯をすてます。⑤フタをすべてはがし、ソースをよく混ぜ合わせ、ふりかけ・スパイスをかけてお召し上がりください。（まるか食品「ペヤング　ソースやきそば」）

(2) 　え〜、こちらのカップ焼きそばはですね、お湯を入れたら 5 分で美味しい焼きそばが食べられるというものですね。さっそくやってみようと思います。フタを開けて、と……へぇ〜、最初にかやくとソースを取り出すんだな。で、かやくだけかけて、お湯を入れると。お湯を作るのはね、火を使う必要があるので、小さいお子さんなんかは、お父さんかお母さんと一緒に作るといいかもしれません。ヤケドしないように気をつけながらお湯を入れて……と。すげえ、これだけ？ それでは 5 分待ってみましょう〜（ヒカキン「カップ焼きそばを食べた

らすごかった w」)

(3)　私は眼を光らせた。ソースをかけねばならない。焼きそばの肌が汚れるのであろうかと悩ましかった。ソースをかけ、麺を荒々しく掻き回した。容器が冴え冴えと明るんだ。麺とソースが美しく調和している。さっきの悩ましさが夢のように感じられた。頭が拭われたように澄んで来る。微笑がいつまでもとまらなかった。(川端康成「伊豆の焼きそば」)

(神田桂一・菊池良『もし文豪たちがカップ焼きそばの作り方を書いたら』宝島社, 2017 年, pp. 66, 109, 176)

　文体は、伝達内容を異なる表現法で表し分けるリソースである (Simpson 2004: 22)。(1) (2) (3) の 3 つのテクストは、カップ焼きそばの作り方という同じ事柄を表しているが、文体は異なる。Leech and Short (2007 [1981]: 20) は、ある概念内容 (conceptual meaning) を表すのに、"あの言葉" ではなく "この言葉" を使うことから生じる意味を**文体価値** (stylistic value) と呼び、「テクストが伝える意味の全体＝概念内容＋文体価値」であると述べている[2]。(1) (2) (3) は論理的に同じ内容を表すわけではないが、同じ経験 (すなわち、カップ焼きそばを作るという経験) の異なる側面を選択し、異なる要素に焦点を当てて表現する文体の異形 (variant) であり、それぞれ文体価値が異なる。各異形の言語構造が担っている文体価値が、ある状況のなかで使用されることでこれらの文体の効果が喚起される (ギロー 1959: 74)。

　文体価値のある表現として特に注目されるのは、ヒカキンが用いる独話的な挿入句、川端康成が用いる短文の連続、といった「文体の際立った特徴」(Leech and Short 2007 [1981]: 56) であり、これを**文体標識** (style marker) と言う。Wales (2014: 398) によれば、文体標識は次のように定義される。

定義 8.2 ⇨　**文体標識とは、文体のなかで特に際立つ、個別の言語特徴である。**

　ある文体標識がどのような文体価値を生み出すかが、適切な文体の選択にとっては重要である。ただし、すべてを一から考えなければならないわけで

はなく、文体標識と文体価値には対応関係のパターンがある。

8.2.2 文体のパターン

人は異なる状況では異なる文体を使う（Wales 2014: 397）。私たちは、複数の異なる型の文体を身につけており、言語を使い分けるのと同じように、状況に応じて文体を使い分ける技能をもっている。文体を知っていることは、ある状況で何をどう言えばよいかが分かるということである（Dolven 2012: 1369）。この点で、文体は**レジスター**（register）に紐付けられていると言える。Wales（2014: 361）は次のようにレジスターを定義している[3]。

定義8.3 ⇨ **レジスターとは、状況によって規定される言語変種（variety of language）である。**

文体の基本パターンとして、『アド・ヘレニウム』は次の文体の3つの型を区分している（Cicero and Caplan 1954: 253）。第1に、印象的な語句が装飾的に用いられる技巧的な文体である崇高体（grand style）、第2に、崇高体よりも厳格でないが普通の散文的文体までは落とさない文体である中庸体（middle style）、第3に、日常的に用いられる最も普通の文体である単純体（simple style）である（Verdonk 2006: 205）。例えば、短歌や詩などの韻文のレジスターでは崇高体、学術的講演のレジスターでは中庸体、SNSショートメッセージのレジスターでは単純体を用いるなど、現代の言語生活のなかでもこの3つの文体を状況に応じて使い分けることはある。

しかし、文体がこの3つしかないというわけではない。上述したQueneau（1943）の朝比奈弘治による日本語訳版であるクノー（1996 [1943]）では、(4) に示すとりとめのない話を99の文体でかき分けている。

(4) S系統のバスのなか、混雑する時間。ソフト帽をかぶった二十六歳ぐらいの男、帽子にはリボンの代わりに編んだ紐を巻いている。首は引き伸ばされたようにひょろ長い。客が乗り降りする。その男は隣に立っている乗客に腹を立てる。誰かが横を通るたびに乱暴に押してくる、と言って咎める。辛辣な声を出そうとしているが、めそめそした口調。席があいたのを見て、あわてて座りに行く。

(クノー 1996 [1943]: 3)

(5) から (9) の各例には、それぞれ特有の文体価値をもった文体標識がみられる。角括弧は同書内の各文体の見出しであるが、文体標識のラベルともみることができる。例えば (5) では同じような意味の表現が無駄に重ねて用いられている。(6) は話の詳細を省いていることに加え、はっきり言い切らないことに特徴がある。(7) は上述した「崇高体」であるが、話の平凡さとあいまって、誇張的で大げさな印象を与える。(8) は「よう」という間投助詞の繰り返しと、卑俗な語彙選択が際立っている。(9) は関西方言（正確には、関西方言で使われていると思わせるような表現）が用いられている。

(5) ［複式記述］昼の十二時の正午頃、わたしはコントレスカルプとシャンペレとを結んでつなぐS系統の路線の公共乗合自動車バスに乗り込んで乗車した。ほぼだいたい満員でいっぱいなので、うしろの後部についている外に開かれた開放デッキに立つと、かなり相当おかしく変な、若い青年がいるのが見えて眼についた。

(6) ［控え目に］わたくしたちは、いっしょに移動しておりました。すばらしい知性に恵まれているとは言い切れないひとりの青年が、近くにいた紳士としばらく会話を交わし、それから席に着きました。

(7) ［荘重体（崇高体）］曙の女神の薔薇色の指がひび割れを起こしはじめる時刻、放たれた投げ槍もかくやと思われんばかりの素早さでわたしは乗り込んだ、巨大な体躯に牝牛のごとき眼（まなこ）を備え、うねうねと蛇行する道を行くS系統の乗合バスに。戦いに臨まんとするインディアンのごとく鋭敏にして正確なる我が目は、その車中にひとりの若者の存在を捉えた。

(8) ［俗悪体］昼はちょいと過ぎてたんだけどよう、やっとこ、Sに乗ったのさ、そいで、もち金を払ってよう、したら、間抜け野郎がいやがってよう、首ばっか長くって、ばっかみてぇなもん、かぶってよう、紐巻いてんだぜ。

(9) ［いんちき関西弁］お昼ごろやったかいなあ、バスのうしろん方にデッキいうもんが付いてまっしゃろ。あこに乗ってましたんや。ほた

ら、あんた、アホな男はんがいはりますねん。若いのに、ごっつう長
い首して、帽子には編み紐のでけそこないみたいなもん巻いとうんで
おます。　　　　　　　　　　　（クノー 1996［1943］: 4, 5, 48, 50, 109）

　文体には多様なパターンが存在する。しかし、テクストの全体から受け取る文体価値についての印象を理解できるだけでは、そのような文体価値をもつ文体を産出できるということにはならない。目的となる効果を生み出す文体を使うためには、文体の成分である具体的な言語特徴を理解しなければならない。

8.2.3　文体の成分

　言語構造を分析するという点では、文体論は文法論に似ている。言語学における文法と語彙の研究を言語の「解剖学」とするならば、文体論は言語の「生理学」である（ギロー 1959: 52）。文法論の主な目的は、言語はどのような部分から成り立っているかを解明することである。文法論を学ぶことは、文の要素にはどのようなものがあり、どのように組み合わせることで文が成り立つかを学ぶことである。これに対して、文体論は、それぞれの部分がどのような機能をもっているかを明らかにすることを目指す。文体論を学ぶ目的は、語彙と文法をどのように使えば、どのような効果が生まれるのかを学ぶことであると言える。

　（5）から（9）にみられるような文体標識は、それぞれ異なった言語特徴を備えている。Fahnestock（2011）は、レトリックに関わる文体の特徴を、語彙、文法、相互行為のレベルに区分している。音韻、形態、語彙、文法、テクストなど、言語のあらゆるレイヤーにおける表現の選択がその効果にかかわる（cf. 中村 1991: 12–13）。一貫性のある文体価値をもつ文体標識の選択は、特徴的な文体を構成する。8.3 節では、このことを具体例とともに考察する。

8.3　文体の言語分析

　Hamilton（2014: 63）は、現在の文体論は、修辞学と言語学から生まれた

ものだと言う。文体の特徴とは言語の特徴である（Wales 2014: 398）。必然的に、文体論は言語学の影響を受けてきた。1960年代には生成文法、1970年代から1980年代には談話分析と語用論、1990年代には批判談話分析、そして2000年以降は認知言語学とコーパス言語学の影響を受けて発展してきた（ibid., p. 400）。Hopper（2007: 240）によれば、相互行為の言語現象を考察する言語学のアプローチは、修辞学（Hopperの言うミクロ修辞学（micro-rhetoric））の一部である。文体の言語分析とはレトリックの言語学的分析であるとも言える。

文体の特徴は、言語の体系全体に及ぶため、本章ですべての言語レベルの文体標識を詳しく論じることはできない。以下では、上述した(4)から(9)の文体価値の違いに注目し、文体標識の特徴づけとなる言語成分を抜粋して例証する。

8.3.1　語彙レベル

あるテクストに用いられる語彙の特徴的なパターンを**用語法**（diction）と言う（Wales 2014: 115）。例えば、池田（1992: Ch. 4）が挙げている、以下の8つの英語の文体に関わる用語法の特徴は、語彙のレベルでの**文体標識**（すなわち、特徴的な文体価値をもつ語）となり得るものである。

I.　起源（origin）——アングロサクソン起源・ラテン語起源など
II.　時間性（temporality）——古語法・新語法・流行語など
III.　職業（occupation）——商業英語・政治英語・法律英語・隠語など
IV.　地域性（regionalism）——イギリス英語・アメリカ英語・日本英語など
V.　社会性（sociolect）——上流語・俗語・卑語など
VI.　イディオム（idiom）——イディオム・クリシェなど
VII.　生理性（physiological feature）——男性語・女性語など
VIII.　表現性（expressiveness）——抽象語・具体語・日常語・タブー語など

Iの起源について、英語にはアングロサクソン系とラテン系の類義語が多くみられる。例えば、begin/commence, end/terminate, go/proceed, teach/instruct, turn/rotate, watch/observe, house/residence（スラッシュの左がアング

ロサクソン系、右がラテン系の語）などである。アングロサクソン系の語はほぼすべての文体でもちいられ、日常語で、字数は短く、生き生きとして力強い一方で、ラテン系の語は抽象語で文語的、古風で、官庁用語的であり、字数も長く重量感をもつ（池田 1992: 59–62）。(10) と (11) は、動詞 spend の目的語にアングロサクソン系の youth が使われているか、ラテン系の adolescence が使われているかで対照的である。(10) には grow, learn, climb といったアングロサクソン系の動詞が多く使われ、(11) には obsess, depress などのラテン系の動詞が多く使われている点で、この 2 つのテクストはそれぞれ、異なる用語法の文体標識を備えていると言える。

(10) I grew up in rural Kentucky, learned to drive on a tractor, and spent my *youth* climbing trees and catching snakes.［私はケンタッキーの田舎で育って、トラクターの運転を学び、木に登ったり蛇を捕まえたりして子供の頃を過ごした。］ (enTenTen21)

(11) I spent my *adolescence* and teenage years obsessing about this question: Am I depressed or just deep?［私は 10 代の青年期をこの問いのことばかり考えて過ごした。私は鬱なのか、それともただ思慮深いだけなのか？］ (enTenTen21)

　このアングロサクソン系とラテン系の対立は、日本語におけるやまとことばと漢語の文体上の対立に近い。例えば上述した英語の比較は、「始める」／「開始する」、「終わる」／「終結する」、「行く」／「前進する」、「教える」／「教授する」、「回る」／「回転する」、「見る」／「観察する」、「家」／「住居」のような日本語の比較に相当すると言える。これらは通常はどちらか一方を選択すべき、同じ内容を表す異なる起源の類義語（例えば「乗り込む」と「乗車する」、「いっぱい」と「満員」）であるため、(5) の文体からは、同じ内容を並立する冗語法（pleonasm）の印象が生じる。

　Ⅱの時間性については、日本語では現用語と古語の比較として、例えば「ようだ」／「ごとし」、「このように」／「かく」、「私」／「我」、「目」／「まなこ」、「だ」／「なり」のような対が挙げられる。(7) の崇高体の文体

標識の一部は、これらの古語をあえて選択して用いる**古語法**（archaism）であると言える。

IVの地域性については、英語ではイギリス英語とアメリカ英語の対立（池田 1992: 87–88）などが挙げられるが、同じ国のなかでも、さらに多くの**地域方言**（regiolects）がみられる（Fahnestock 2011: 82）。例えば、アメリカ合衆国のニューイングランド地方で johnnycake と呼ばれているコーンミールのパンは、南部では hoecake と呼ばれており、炭酸水は中西部で pop と呼ばれるが、ニューヨークでは soda と呼ばれる（ibid.）。地域性を帯びた語の使用は、聴衆への適合や一体感、ないしは距離感を示すことにつながることがある（ibid.）。地域方言が問題になるのは日本語でも同様である。(9) は関西弁で使われる（と一般に思われている）語（例えば「かいな」「まっしゃろ」「あこ」「はりますねん」「おます」など）が関西弁風の文体を形づくっている。

Vの社会性については、社会集団、人種集団、民族集団の違いによる言語変種である**社会方言**（sociolect）に関わる（Fahnestock 2011: 82）。例えば (12) は映画 *My Fair Lady* の主人公のイライザ（Eliza）が使う、ロンドンの無教養な育ちであることを暗示するコクニィ（Cockney）の音韻的特徴を言語学者のヒギンズ（Higgins）教授が矯正しようとする場面である。コクニィでは容認発音（received pronunciation; RP）の [ei] が [ai] になるという特徴があり（池田 1992: 96）、(12) のイライザの発音は彼女がロンドンに住む労働者階級の人間であることを間接的に表現している。(8) の俗悪体は同様に、話者の教養の無い様子を暗示する社会方言の例であると言える。

(12)　　Higgins: All right, Eliza, say it again.
　　　　Eliza: The *rine* in *Spine styes minely* in the *pline*.
　　　　Higgins: Hah… "The rain in Spain stays mainly in the plain."
　　　　Eliza: Didn't I *sigh* that?
　　　　Higgins: No, Eliza, you didn't *sigh* that. You didn't even say that.
　　　　　　　　　　（Directed by George Cukor, *My Fair Lady*, Warner Bros., 1964;
　　　　　　　　　　　　Based on *Pygmalion* by George Bernard Shaw, 1913）

VIII の表現性に、池田（1992）は多様な要因を含めているが、抽象語と具体語の対立は、用語法の研究でよく論じられている（*e.g.*, Fahnestock 2011: Ch. 3）。例えば（13）は（14）よりも抽象的で、（15）は（16）よりも抽象的である。具体語を用いる方が抽象語を用いるよりも視覚的なイメージを喚起しやすいため、強い印象を残しやすい傾向がある（池田 1992: 110）。(6) の控え目な語り口を (5) と比較すると、(6) は抽象語の使用（例えば「移動しておりました」「ひとりの青年」「会話を交わし」など）が目立つが、これは特定の事柄を一般的な事柄によって表す**提喩**（synecdoche）を用いた文体であると言える。

(13)　A period of unfavorable weather set in.［好ましくない天候の一期間が始まった。］

(14)　It rained every day for a week.［一週間毎日雨降りだった。］

(15)　He showed satisfaction as he took possession of his well-earned reward.［彼は十分値する報酬を入手したとき満足を表明した。］

(16)　He grinned as he pocketed the coin.［彼はその金貨をポケットに入れながら、ニヤリと笑った。］　　　　　　　　　　　　　（池田 1992: 110）

　状況に合ったレジスターを選択し、そのレジスターから慣習的な語彙を選択することは、ディコーラムを得るための鍵である。しかし、効果的なレトリックを狙う発信者は「論点に応じて、特別なことを強調したり、特別な態度を伝達するために、レジスターを変えたり混ぜたりする」（Fahnestock 2011: 96）ことがある。レトリックの条件に適合する文体を作るために、さまざまな用語法の文体価値を使い分け、組み合わせることができる。

8.3.2　文法レベル

　語を結合して文（ないしは発話）を作ることで、あるまとまった伝達内容が形成される。文や発話を作る上での体系的な言語構造を**文法**（grammar）と言う。語彙レベルで類義語の選択があるように、受動文と能動文の選択のように、文法レベルでも類義的な構造の選択がある。特定の文体価値をもつ構造の選択は、文体標識になり得る。

修辞学は文法の使用を主な対象とするが、言語学（特に構造主義の言語学）は文法の構造を主な対象とする。しかし、近年の認知や談話を論じる認知言語学や相互行為言語学は、文法の構造だけでなく、言語使用における文法の機能を研究している（中山・大谷 2020）。この点で、認知言語学や相互行為言語学による文法研究は、文法レベルの文体を論じる修辞学の研究としても解釈できる（cf. Hopper 2007）。

　Fahnestock（2011: Ch. 7–9）は、文法レベルの選択の特徴として以下を挙げている。これらの文法の文体価値は、文体論だけでなく、コミュニケーション機能に注目した文法研究（*e.g.*, Lambrecht 1996, Leech and Svartvik 2002）でも詳しく論じられている。

I. 　叙述（predication）——ヴォイス、テンス、アスペクト、モダリティ、法、極性、など
II. 　修飾（modification）——形容詞、副詞、関係節、分詞、不定詞、など
III. 　文構造（sentence architecture）——倒置、情報構造、など

　Iの叙述には、特に動詞句の文法が関係する。例えばテンスについて、(4) のル形の連続は (6) のタ形と比較すると際立っている。(4) は映画のト書きのような文体で、事態を客観的に記述するような印象を喚起する。これに対して (17) は同じル形の文体が、普遍的真理を述べる警句（aphorism）の印象を与える。

(17)　　われわれは希望に従って約束し、怖気に従って約束を果たす。
　　　　欲はあらゆる種類の言葉を話し、あらゆる種類の人物の役を演じ、無欲な人物まで演じてみせる。
　　　　　　　　　（ラ・ロシュフコー『ラ・ロシュフコー箴言集』: 21, 二宮フサ訳,
　　　　　　　　　　　　　　　　　　　　　　　岩波書店, 1989 年）

　IIの修飾に関しては、(8) の修飾句は、他と比べて目立って短く、また少ないため、文体の標識になっていると考えられる。逆に (18) では「満

足さするものがある」という述語を修飾する「Xにも」という後置詞句が長く**列挙**（enumeration）されていることが文体標識になっていると言える。

(18) <u>春、夏、秋、冬、朝、昼、夕、夜、月にも、雪にも、風にも、霧にも、霜にも、雨にも、時雨（しぐれ）にも</u>、ただこの路をぶらぶら歩て思いつき次第に右し左すれば随処に吾等（われら）を満足さするものがある。これが実に又（ま）た、武蔵野第一の特色だろうと自分はしみじみ感じて居（い）る。

(国木田独歩「武蔵野」『武蔵野』: 5–32, pp. 18–19, 岩波書店, 1939 年；
新字・新仮名遣いに修正；野内 2005: 373–374)

IIIの文構造については、例えば語順の逆転は、**倒置法**（anastrophe）として文体論で論じられてきた。例えば、(19)では「Xと教える。」が「教える。Xと。」という語順に逆転している。この文は出典のエッセイの末尾であり、倒置されたXに最も際立った位置を与える文構造になっている。(7)の「乗り込んだ、乗合バスに。」という倒置法は、「乗合バスに乗り込んだ。」という通常の語順と比較すると、「乗合バスに」乗ったことがより強調される。

(19) 政治とは巨獣を飼いならす術だ。それ以上のものではあり得ない。理想国は空想に過ぎない。巨獣には一とかけらの精神もないという明察だけが、有効な飼い方を教える。<u>この点で一歩でも譲れば食われてしまうであろう、と。</u>

(小林秀雄「プラトンの『国家』」『考えるヒント』: 20–33, pp. 32–33,
文藝春秋, 2004 年)

文法レベルの文体には、言語構造の差が大きく反映される。文法の文体価値は、基本的には文法体系における形式の対比にもとづいており、文法レベルの文体の適切な選択には、個別言語の文法の機能に関する詳しい知識が必要である。

8.3.3　相互行為レベル

　言語には、**相互行為**（interaction）をする発信者と受信者、およびそれらを取り囲むコンテクストを考慮しなければ意味が決まらない表現がある。相互行為レベルの文体に関わる言語構造として、Fahnestock（2011）は以下を挙げている。

I.　　代名詞（pronoun）――一人称代名詞、二人称代名詞、など
II.　　発話行為（speech act）――質問、反駁など
III.　　話法（speech）――直接話法、間接話法、など
IV.　　直示（deixis）――人称、場所、時間など

　Iの代名詞は、発信者と受信者の関係性を表出する言語表現である。例えば広告のジャンルには、(20) のような二人称代名詞によって閲覧者に呼びかける文体がみられる。(9) の「ほたら、あんた」という読者への呼びかけは、**頓呼法**（apostrophe）を用いた二人称代名詞の使用であり、引用した『文体練習』の他の文体にはないものである。

(20)　The biggest reason so many people still don't have clean water isn't technological ―― it's political. *Your* voice can influence the people making the decisions that matter.［非常に多くの人たちが清潔な水を使えない最大の理由は技術的なものではなく政治的なものです。あなたの声は重要な政治的決断につながります。］

（The official website of *WaterAid,*: 2024 年 6 月 2 日閲覧）

　IVの直示とは、「今」「ここ」「私」のような、発話の物理的状況に直接結びついた意味をもつ表現の特徴（Fahnestock 2011: 339）である。例えば (9) の「お昼ごろ」は発話時から相対的に規定され、「あこ [＝あそこ]」は発話者の位置から相対的に規定されるが、このような直示的表現は状況を目で見るように語る (9) の文体の一部を特徴づけていると考えられる。(21) は架空の状況ではあるが、直示表現「そっち」「こっち」の使用によって、

あたかも「推し」と会話しているかのような**現前化**（enargia）の効果（4.2節参照）が生じている。

(21)　他にかっこいい人素敵な人は沢山いるんですけどその度に<u>そっち見んなよ</u><u>こっち</u>だろって推しが言ってくるんですよ
　　　　　　　　　　（X@shogaichiban_i, 2024 年 6 月 2 日；2024 年 6 月 2 日閲覧）

　求める文体価値を生み出す表現の選択には、言語使用のコンテクストがつねに関係している。すべての言語表現の選択はコンテクストから切り離して考えることはできないが、本節でみた相互行為レベルの表現はコンテクストそれ自体を直接表すので、コンテクストとの関わりの深さが際立っている。言語構造のなかにある言語の使用者とコンテクストを直接的に記号化する表現の体系（バンヴェニスト 1983）における文体価値は、発信者がコンテクストをどう捉えているかを如実に示す点で重要である。

8.4　本章のまとめ

　文体とは、レトリックの条件に応じた言語表現の選択の仕方である。文体にはパターンが存在するが、最適な文体は発想と配列にもとづいて決まる。言語構造には同じ内容を表す上で、語彙レベル、文法レベル、相互行為レベルで表現の選択肢があり、それぞれの選択肢は異なる文体価値をもつ。ある特徴を一貫して選択すると、それが文体の標識になる。ある文体標識と対になる文体価値は何かを把握しておくことで、内容に応じた文体の選択が可能になる。

　究極的には、あるレトリックに用いる最適な文体の選択には言語体系の総合的な知識が必要である。しかし、話の重要なポイントを強調する上でとりわけ有用な文体の技巧がある。それが第 9 章で取りあげる、特別な効果を生み出す言語の表現法、「文彩」である。

1 ── Leech and Short（2007 [1981]）などが描き出す文学の文体論（literary stylistics）の研究は、現在の文体論における中心的な研究分野であるが、文体論のハンドブックの1つである *The Routledge Handbook of Stylistics*（Burke 2014b）の第 3 部では、現在の文体論の研究トピックとして、教育文体論、演劇とパフォーマンスの文体論、スキーマ理論、文体論とテクスト世界理論、文体論とブレンディング、認知詩学、文体論への定量的手法のアプローチ、フェミニスト文体論、文学語用論と文体論、コーパス文体論、文体論と翻訳、批判的文体論が挙げられており、第 4 部では、文体論で展開されつつある研究トピックとして、クリエイティブ・ライティングと文体論、文体論と現実の読者、文体論と映画、マルチモダリティと文体論、文体論とコミック、文体論とインターネットのフィクション、文体論と感情の神経科学が挙げられている。

2 ── この定式化は、認知言語学（1.2.3 節参照）の意味の定式化と整合性があると考えられる。Langacker（2008）によれば、言語表現の意味は「概念化（conceptualization）」(ibid., 30) であり、「意味は、概念の内容（content）とその内容の解釈（construal）の特定の方法からなる」(ibid., 43)。これは図式的には、意味＝内容＋解釈という定式化であると言える。認知言語学の「解釈」は Leech and Short（2007 [1981]）の「文体価値」に相当するもので、認知言語学の意味論の枠組みでは、文体論的な意味に相当するものが考慮されていると言える（cf. Langacker 1976, 1987）。認知言語学の観点からみた文体論の分析については山梨（2012, 2023）を、個別の文彩（第 9 章参照）の分析については小松原（2018, 2021）を参照。

3 ── 第 7 章で論じた「ジャンル」は、「レジスター」と似た概念である（Wales 2014: 362）。本書の定義では、ジャンルは、ある目的を共有した受信者と発信者の相互行為の型であるのに対して、レジスターは、ある状況で慣習的に使用される言語表現の型である。あるジャンルで特定のレジスターが用いられることはよくある。例えば、法廷弁論のジャンルでは、たいていの場合、法律用語や論証表現などからなる法律のレジスターが一貫して用いられると思われる。一例として、法律のレジスターでは「目的物の瑕疵」という表現が使われるが、これは同じ事柄に対して「壁紙の傷」と表現する場合にはない特殊な文体価値をもつと言える。

第 9 章

文彩

　修辞学の文体論では、言うべき内容と状況に見合った適切な言語表現の選択の仕方を考察する。第 8 章では、語彙レベル、文法レベル、相互行為レベルで特別な文体価値をもつ文体標識を考察した。レトリックとして用いる言葉にはすべて文体がある。レトリックがあるようには思えない率直な言葉であっても、それは、レトリックがあるようには思えないと感じさせるような効果をもつ、一種の文体である（Wales 2014: 399）と言える。ただし、そのような文体は、言語の慣習的体系の内部でディコーラムを実現している。これに対して、言語体系から外れ、新しい表現を作り出すような文体が存在する。そのような文体を特徴づけるのが**文彩**（figurative language）である。

　この章では、文彩がいかに多彩で創造性に満ちたものであるかを示すために、数多くの個別の文彩の定義と例をリストする。まず 9.1 節で文彩の定義を示し、9.2 節では意味の逸脱であるトロープ、9.3 節では形式の逸脱であるスキームを取りあげ、文彩がもたらす効果の強さを例証する。続く第 10 章から第 13 章は、個別の文彩を詳説する各論である。

9.1　逸脱の技術

　「文彩」という語は、文に彩りを添えるものと読めるが、文彩は単なる装飾をはるかに超えたものである（Dancygier and Sweetser 2014: 1）。昆虫や植物、魚の分類が、専門家にしか分からない細かな特徴と難解な用語によって構成されているように、文彩の分類は、言語がみせる様々な働きを分析して捉える用語から成り立っている。文彩の知識は、言語が生み出す文体価値と

効果を捉える上で重要である（Wales 2014: 163）。

文彩は、Corbett and Connors（1999: 379）にもとづいて、次のように定義できる（この文彩の規定については、14.1 節でふたたび検討する）。

> 定義 9.1 ⇨ 文彩とは、言語表現の通常の方法（ordinary mode）から逸脱（deviation）する技術の総称である。

言語は慣習による記号の体系である。ある時代、地域、社会集団には、「通常の方法（ordinary mode）」とはどのようなものであるかについての慣習が存在する。この慣習から外れると、私たちはそれをたちどころに感知する。慣習からの逸脱は、時代遅れ、よそ者、非文法的、など、たいていの場合、話者に対する否定的な印象をもたらす（cf. 森 2009, 2012: Ch. 8）が「技巧的に（artfully）」（Corbett and Connors 1999: 379）慣習から外れることによって特別な効果を生み出す方法がある。これが文彩である。

例えば、慣習的な言語体系の内部での選択の例としては、(1) のように、類義語である「飛行機」「航空機」「旅客機」のいずれかの語を、レジスターに応じて選択するという場合がある。これに対して、航空会社の広告コピーである (2) は、飛行機に乗ることを描写する (1) のような通常の表現方法から、表現の形式についてもその内容についても逸脱しており、さまざまな文彩を含んでいる。特に、下線部の「飛び出さ」「使う」「飛ぶ」「海をこえ」「空を飛ぼ」は、このコンテクストでは、飛行機に乗ることを間接的に表しており、特別な文体価値を生み出していると言える。

(1) 　今度 {飛行機／航空機／旅客機} に乗る事になりました。
(2) 　何もしなければ何も起きない。
　　　行かなければそれはやってこない。
　　　<u>飛び出さ</u>なければ世界は変わらない。
　　　すべてのひとの心に翼はある。
　　　<u>使う</u>か、使わないか。
　　　世界は待っている。
　　　<u>飛ぶ</u>か、飛ばないか。
　　　<u>海をこえ</u>よう。

言葉をこえよう。
昨日をこえよう。
<u>空を飛ぼう</u>。（広告「ココロノツバサ。ANA 60th」『全日本空輸』2012年）

　Corbett and Connors（1999: 379）は、文彩の特徴を考察する上で、クインティリアヌスの文彩の定義に注目している[1]。クインティリアヌスによれば、文彩は「思考や表現における、普通の単純な話し方からの逸脱であり、その変化は、私たちが座ったり、横になったり、振り返ったりする際に、身体が違う姿勢になるのと似ている」（Quintilian 2001: 9.1, pp. 15–17）。ある人を見るとき、その人であることには変わりはなくとも、どのような姿勢かで印象は異なる。特別な姿勢（例えば、手を大きく振っている、ほほ笑んでいる、逆立ちしている）は特別な印象をもたらす。この身体の喩えは、特別な言語表現が特別な文体価値を生み出すという、文彩の特徴を捉えていると言える。

　文彩は、慣習的な言語体系を背景として、その表現を前景化する（Leech 1969: 57）。文彩は目立つ表現で、受信者の注目を集めるため、その文体価値が際立つ。この点で文彩は、発信者が問題としようとしている事柄に受信者の注意を集めたい時に役立つ（Meyer 2017: 144）。目新しい文彩を用いるのは、発信者にそれなりの理由があってのことであり、問題となる事柄に関する発信者の捉え方を表出する（Meyer 2017: 145）。佐藤（1978: 45）は、これに関して文彩は「新しい認識にかたちを与えるもの」であると述べている。文彩は思考を鮮明に具体化し、その効果的な伝達を助ける（Corbett and Connors 1999: 378）。クインティリアヌスは文彩をエトス、パトス、ロゴスと結びつけており、文彩は発信者の人柄の受容、受信者の感情の高まり、話の論証の信頼性を得るための手段になると述べている（Quintilian 2001: 9.1, p. 21）。

　第8章でみたように、文体は言語の全体に関わっているが、同じように、文彩もまた言語の体系のすべての側面から作り出される。8.3節の文体標識の具体例の多くは文彩の例でもある。ルネサンス期の修辞学者は、逸脱の技術である文彩を発見し、名前をつけて分類することに尽力した。例えば、

Henry Peacham の The Garden of Eloquence には、文彩が 184 種類挙げられている（Peacham 1577）。文彩用語は、もともとギリシャ語やラテン語由来の難解な響き（例えば、アントノメイシア、パロノメイシア、オーグズィーシス）をもつ上、他言語に翻訳され、これらが混合されて使用されているため、用語の体系は非常に複雑化している。佐藤・佐々木・松尾（2006）は、文彩用語に関する日本語と印欧語の対応づけを試みた労作である。Lanham（1991）、野内（2005）、佐藤・佐々木・松尾（2006）、中村（2007）、Wales（2014）、瀬戸・宮畑・小倉（2022）などのレトリックや文体の辞典を広げ、その項目の大半を占める文彩用語をみると、文彩の広がりが理解できる。

　分類の出発点として大きく分けると、逸脱が言語の表現（expression）と内容（content）のいずれに関与するかによって、文彩は 2 つに区分される（Leech 1969: 74）。第 1 にトロープ（trope）は表現内容に関わり、第 2 にスキーム（scheme）は表現形式に関わる（ibid.）。

9.2　トロープ

　Wales（2014: 162）にもとづいて、トロープは次のように定義できる。

> 定義 9.2 ⇨　トロープは、意味の逸脱を生み出す、通常の意味やコロケーションから外れた表現である。

　例えば（2）の第 4 行「すべてのひとの心に翼はある」の「翼」はトロープの例である。なぜなら「翼」は通常は飛ぶための器官や構造を表す語であるが、ここでは意志や想像力などの心理的な飛躍の能力を表すからである。心の翼は、飛行機の翼に似たものとして理解できるので、この意味の逸脱は、両者の類似性を利用していると言える。人は通常の意味を何らかの関係性にもとづいて拡張して解釈できるので、逸脱した表現でありながら、トロープはコンテクストに適合した意味を伝達する。

　トロープとして挙げられる文彩は先行研究の間で一致していないが、ここでは文彩を論じる Leech（1969: Ch. 9, 10）、Corbett and Connors（1999: 396–409）、Fahnestock（2011: Ch. 5）、Cockcroft and Cockcroft（2014: Ch. 7）のうち複数が取りあげている主要なトロープ 9 個を、類似性、近接性、対照

性、程度性のトロープに分けて示す**[2]**。

9.2.1　類似性のトロープ

隠喩（metaphor）は、類似性にもとづいて指示対象が属する概念領域を別の概念領域に引き継ぐ文彩である（Wales 2014: 265）。上述した心の「翼」は隠喩の例である。この隠喩の文体価値は、翼により空を飛ぶ物理的な行為の性質を、漠然とした心理過程の概念に引き継ぎ、具体的に描き出す点にある。

(3)　Float *like a butterfly*, sting *like a bee*. The hands can't hit what the eyes can't see.［蝶のように舞い、蜂のように刺す。見えなければ殴ることもできない。］

（Muhammad Ali, 1964; Float Like a Butterfly, *Busy Beaver Button Museum*; 2024 年 8 月 11 日閲覧）

　（3）のイタリックの箇所は、記述するように、あるいは想像を促すように 2 つの概念を比較する文彩（Wales 2014: 383）である**直喩**（simile）の例である。（3）はボクサーであるモハメド・アリと蝶、蜂を比較することで、自然な動きという共通点から両者を対応づけている。隠喩と直喩は、類似性による対応づけという共通の基盤をもつ。隠喩と直喩は第 10 章で詳しく論じる。

9.2.2　近接性のトロープ

　換喩（metonymy）は、実際に表そうと意図されるものの代わりに、その性質や特徴を表す語句を代用する文彩である（Corbett and Connors 1999: 398）。例えば（2）の第 9 行「言葉をこえよう」の「言葉」は言語圏境界を表し、その最も際立った要素だけが言語化されることで言わんとすることの全体が伝達される、換喩の例である。

　提喩（synecdoche）は類を表す表現で種を意味する、あるいは種を表す表現で類を意味する文彩である（瀬戸・宮畑・小倉 2022: 62）。例えば（4）は具体的な人物（ゴッホ）を表す上であえて抽象的な類（「動物」）の表現を用いる提喩の例である。

(4) 　病院付の牧師サルのテオへの手紙から推察すれば、自分の耳を切って女への贈物としたこの不思議な絵かきは、町中の好奇の的となり、退院して家に還って来ると、人々は「黄色い家」という檻に入れられた<u>奇妙な動物</u>を見物しに毎日集った。

(小林秀雄「ゴッホの手紙」『小林秀雄全作品 20』: 11–177, p. 119, 新潮社, 2004 年；小松原 2018: 33)

　換喩と提喩は、字義通りの意味と、逸脱した意味が、経験や認識のなかで近接しており、密接に関係づけられているという共通点がある。換喩はある存在とその性質、提喩はある存在とそのカテゴリーの関係を基盤としている。第 12 章では換喩と提喩を詳しく論じる。

9.2.3　対照性のトロープ

　文彩のなかには、反対関係にあるような概念の対照性を利用したものがある。コンテクストから要求される、話者が意図していると思われる意味に矛盾する語句の使用（Wales 2014: 240）を**反語**（irony）と言う。反語の典型例は、(5) のように「最低」と言うべきところで「最高」と言うなど、コンテクストで理解される意味と真逆の意味を表す語句を用いるものである。反語はしばしば皮肉（sarcasm）的に用いられ（ibid.）、反語を向ける人物に対する批判的な態度を示す効果をもつ。

(5) 　南条：あれっハッピーターン？　これ<u>最高</u>ですよ。大工にはハッピーターン。チッ総理に呼ばれたんだからよ　最低でもバームクーヘンとか出るかと思ったんですけどね

(三谷幸喜（監督）『記憶にございません！』東宝, 2019 年；山内 2023: 21–22)

　機知や魅力を生むような矛盾する表現の並置を**対義結合**（oxymoron）と言う（Wales 2014: 298）。例えば (6) の修飾部（例えば「夏に降り注ぐ」）と被修飾部（例えば「雪」）の結合は、現実世界では普通起こらない事態を指すという点で矛盾を含む。対義結合は、矛盾する語句を叙述や修飾の文法構造において結合する文彩であり、**逆説**（paradox）の形式としても用いら

れる。逆説とは矛盾した言い方であるように見えて、真実の一端を含んでいるような言説であり、言説全体の意味から特徴づけられる文彩である (Corbett and Connors 1999: 408)。(7) の「真実を理解するための偽り」という表現は矛盾するように聞こえるが、逆説的に芸術の本質を捉えている。

(6) 君は <u>真夜中にかかる虹</u>のように <u>昼間に輝く星</u>のように <u>夏に降り注ぐ雪</u>のように それはそれは新しかった <u>砂漠で観るシロクマ</u>のように <u>都会で観るオーロラ</u>のように <u>火星で観る生命</u>のように それはそれは美しかった

(歌詞，RADWIMPS「謎謎」『アルトコロニーの定理』
EMI Music Japan，2009 年）

(7) We all know that Art is not truth. Art is *a lie that makes us realize truth*.〔我々は芸術が真実ではないと分かっている。芸術とは真実を理解するための偽りである。〕

(Pablo Picasso, a letter of 1923 to Marius de Zayas; TOK RESOURCE.ORG;
2024 年 6 月 7 日閲覧）

9.2.4 程度性のトロープ

誇張法（hyperbole）とは、ある事柄を強調したり感情の昂揚を示したりする大げさな表現である（Corbett and Connors 1999: 403)。(8) ではベッドが大きいことを強調するために「たてよこ十マイル」という現実的ではないサイズで描写されている。これに対して、言わんとすることの印象を強調するためにあえて使用される控えめな表現を**緩叙法**（litotes）と言う (ibid., p. 404)。(9) は脳腫瘍という極めて重大な問題を「たいしたことはない」と述べている（ただし、出典の小説のコンテクストでは脳腫瘍があるというのは話し手の嘘で、この台詞は緩叙法以外のレトリックにも関わっている)。

(8) She〔=Phoebe〕likes it because it's the biggest room in the house. Also because it has this big old madman desk in it that D.B. bought off some lady alcoholic in Philadelphia, and this big, gigantic bed that's about *ten*

miles wide and ten miles long.［フィービーはその部屋が好きなんだよ、うちの中でそこが一番大きい部屋なもんだから。それから、その部屋にはD・Bがフィラデルフィアでどっかのアルコール中毒の女の人から買った、正気の沙汰とは思えないほど大きい机があって、たてよこ十マイルもありそうなものすごくでっかい巨大なベッドがあるからなんだ。］

(9) It *isn't very serious*. I have this tiny little tumor on the brain.［でもたいしたことはないんです。脳にちっちゃな腫瘍ができてるだけなんです］

(J. D. Salinger, *The Catcher in the Rye*, p. 62, 171, Penguin Books, 2010 [1951]；訳は野崎孝（訳）『ライ麦畑でつかまえて』：92, 246, 白水社, 1984 年)

　誇張法と緩叙法は、現実を故意にゆがめて表現するという点で反語に似ている（Leech 1969: 166）。誇張法は多すぎる言い方によって、緩叙法は少なすぎる言い方によって、反語は反対の言い方によって現実をゆがめる（ibid.）。(8) は大きさ、(9) は重大さの程度に関して、現実から外れた表現を用いている。これらの文彩は、使用状況のなかでの意味が理解されない場合その効果を失う（ibid., p. 167）。

9.3　スキーム

　スキームは形式に着目した文彩のカテゴリーである。ただし、表現形式に逸脱があれば、それにともなって意味にも逸脱がある（Leech 1969: 75）ので、個別の例がスキームにもトロープにも分類できることは多い。Corbett and Connors（1999: 379）にもとづいて、スキームは次のように定義できる。

定義 9.3 ⇨　スキームとは、通常の語句の配列パターンから逸脱した表現である。

　例えば (2) の第 8 行から第 10 行にみられる「X をこえよう」の繰り返しはスキームの例である。なぜなら通常は異なる内容には異なる表現が用いられるのに、ここでは同じ語が連続して使用されているからである。X に入る「海」「言葉」「昨日」はこの配列によって対比され、それぞれ地理的な境

界、言語的な境界、時間的な境界という異なる意味の対照性が際立つ。このスキームは慣習的でないという点では逸脱的であるが、むしろ表現の形式を整える技術が用いられており、それが内容の効果的な伝達に寄与している。

　Corbett and Connors（1999: 380–395）は、語の音韻（または表記）配列の逸脱である語彙レベルのスキームを、テクスト（または談話）の語配列の逸脱である構文レベルのスキームから区別している。Fahnestock（2011: 129–130）は、語彙レベルのスキームを**語形変異**（metaplasmus）としてまとめた Peacham（1577）にもとづき、語彙レベルのスキームを、付加、削除、置換の操作が、語頭、語中、語末のいずれに作用するかによって細分化している。例えば「あまり」を「あんまり」と言うのは語中音添加（epenthesis）の例であり、「やっぱり」を「やっぱ」と言うのは語末音削除（apocope）の例である。語彙レベルのスキームは概して音韻や表記の異形とみなせるもので、レジスターによる語形変化が担う文体価値といった観点から興味深い。例えば、語の文字や音を入れ替える音字換置（metathesis）は、「おーいお茶濃い茶」と言おうとして「コーイお茶」と言ってしまうような言い間違いや、「テレビ」を「テベリ」と言ってしまうような子供の言葉など、滑稽に聞こえる語形の逸脱（cf. Wales 2014: 257）である**マラプロピズム**（Malapropism）としてはよく見られるが、ナラティブやフィクションのなかで登場人物の人柄を表現する場合など以外には、これらを意図的に文彩として活用する機会は多くはない。

　構文レベルのスキームは、文体により顕著な影響を与える。Corbett and Connors（1999）は構文レベルのスキームを、反復、均衡、語順変更、欠落の4つの型に区分している。

9.3.1　反復のスキーム

　反復法（repetition）は、音韻、語句、文法構造などを繰り返す文彩の一般的名称である。反復は通常は冗長なものと考えられているが、レトリックの表現技術として重要であり（Wales 2014: 199）、言語の詩的機能を特徴づけるものである（Jakobson 1960）。Leech（1969: 74）がスキームを反復に限って論じたことからも示唆されるように、反復はスキーム全体の多くを占めている。

音韻レベルの反復のスキームとしては、韻文における音声的なエコーである**押韻**（rhyme）が挙げられる。ゆるやかな意味では押韻の一種とみなされる**頭韻**（alliteration）は、最初の子音が同じ 2 つ以上の語（cf. Wales 2014: 14）を言う。例えば（10）では h 音がくり返されている。これに対して**脚韻**（end rhyme）は、語頭音が異なり（通常はアクセントが置かれた）母音から語末までの音列が同じであるという対応をもつ 2 つの単位（ibid., p. 371）を言う。例えば（11）はヒップホップ音楽のラップ部分の歌詞の一節であるが、斜体箇所が示すように、広範囲にわたる脚韻がみられる。

(10) 　久方の　ひかりのとけき　春の日に　しつ心なく花のちるらむ
　　　　（紀友則，小島憲之・新井栄蔵（校注）『古今和歌集』巻 2，春下，84，p. 42,
　　　　　　　　　　岩波書店，1989 年；佐藤・佐々木・松尾 2006: 85）

(11)　His palms are *sweaty*, knees weak, arms are *heavy*
　　　There's vomit on his sweater *already*, mom's *spaghetti*
　　　He's nervous, but on the surface he looks calm and *ready*
　　　To drop bombs, but he keeps on *forgetting*
　　　What he wrote *down*, the whole crowd goes so *loud*
　　　He opens his *mouth*, but the words won't come *out*
　　　He's choking, *how*? Everybody's joking *now*
　　　The clock's run *out*, time's up, over ― *blaow*!
　　　　　　　（Lyrics, Eminem, *Lose Yourself*, Music from the motion picture *8 Mile*,
　　　　　　　　Directed by Curtis Hanson, Imagine Entertainment, 2002）

頭韻や脚韻は、アングロサクソンの詩においては、詩行を連結するために重要になるスキームである（Corbett and Connors 1999: 389）が、詩だけでなく、イディオム（*e.g.*, as *d*ead as a *d*oor nail; 器<u>用</u>貧<u>乏</u>）、早口言葉（*e.g.*, *P*eter *P*iper *p*icked a *p*eck of *p*ickled *p*epper; バ<u>ス</u>ガ<u>ス</u>爆<u>発</u>）、広告（*e.g.*, *G*uinness is *g*ood for you; セ<u>ブン</u>イレ<u>ブン</u>いい気<u>分</u>）などにもよくみられる（cf. Wales 2014: 15）。

語彙レベルの反復のスキームの 1 つである**首句反復**（anaphora）は、(12)

のように、連続する語句や節の始まりで同一語を反復する表現（Wales 2014: 20）である[3]。反対に、**結句反復**（epistrophe）は、(13) のように、連続する語句や節の終わりで同一語を反復する表現（ibid., p. 141）である。上述した (2) の第8行から第10行の「をこえよう」の繰り返しも、結句反復の例である。**前辞反復**（anadiplosis）は、ある文の最後の語を次の文の始まりで繰り返す表現（ibid., p. 18）である。(14) は形式的には完全な前辞反復ではないが、尻取りのように前のものをくり返しており、前辞反復の効果を持っている。

(12) *We shall fight* on the beaches, *we shall fight* on the landing-grounds, *we shall fight* in the fields and streets, *we shall fight* in the hills.［我々は浜辺で戦わねばならない、我々は着陸地で戦わねばならない、我々は野で町で戦わねばならない、我々は丘で戦わねばならない。］

(Winston Churchill, speech in the House of Commons, June 4, 1940; Corbett and Connors 1999: 390)

(13) すぐおいしい、すごくおいしい

(CM「チキンラーメン」日清食品，1986 年)

(14) うちの　なかには　テーブル　ひとつ
　　　テーブルの　うえには　はち　ひとつ
　　　はちの　なかには　みず　いっぱい
　　　みずの　なかには　さかなが　いっぴき
　　　おやおや　さかなは　どこいった
　　　ねこが　すっかり　たべたとさ

（ヘレナ・ズマトリーコバー（絵）いでひろこ（訳）『かあさんねずみがおかゆをつくった：チェコのわらべうた』: 18–19，福音館書店，1984 年）

同一ではないが類似した語句を反復するものとして、(15) のような、同一の語幹から派生した語、または同一語の異なる屈折形を繰り返す（Wales 2014: 329）**屈折反復**（polyptoton）がある。語順を変えて反復するものとして、AB、BA のように、語句を反対の順序でくり返す（ibid., p. 54）**交差配**

列法（chiasmus）がある。(16) では "what A can do for B" という構造が A と B を入れ替えてくり返されている。

(15) 来むと言ふも　来ぬ時あるを　来じと言ふを　来むとは待たじ　来じと言ふものを［くんのかい？こんのかい！こんの？くんの？いやこんのかい！］

（大伴坂上郎女『万葉集』巻 4, 527 番歌；訳は佐々木良『愛するよりも愛されたい　令和言葉・奈良弁で訳した万葉集 1』: 86, 万葉社, 2022 年）

(16) Ask not what *your country* can do for *you*, but what *you* can do for *your country*.［国が自分に何をしてくれるか問うのではなく、自分が国に何ができるかを問いなさい。］

（John F. Kennedy, Inaugural Address, January 20, 1961; Leith 2011: 282）

　意味的には異なるが音韻的に共通性を持つ語を反復するスキームがある。**異義反復**（antanaclasis）は、(17) の「折れ」るの反復のように、ある語を異なる意味でくり返す表現（Corbett and Connor 1999: 398）である。**類音法**（paronomasia）は、音が似ているが意味が異なる語を用いる表現（ibid., p. 399）である。類音法は駄洒落のように言葉遊びとして使われることが多いが、(18) の nature と nurture のように、論証のなかでも用いられる。この音韻的な最小対は、これが概念的にも最小対をなす 2 つの選択肢であるように見せる効果をもつ（Fahnestock 2011: 128–129）。実際 nature か nurture という二分法は、生成文法における言語習得の論争でも言及される概念的区分となっている（*e.g.,* Crain and Pietroski 2001）。第 13 章では、異義反復と類音法を中心に反復のスキームをより詳細に論じる。

(17) 気持ちだけ若いつもりでトライしてきましたが、いつの間にか完璧なおじさんだった中岡です。いつもスタッフさんに愚痴を言う僕ですが、怪我した時の悲しい顔を見たらそんな顔しないでほしいと思いました。いつも一緒に頑張ってきたスタッフさんとは一心同体！骨は<u>折</u>れましたが気持ちは<u>折</u>れていません。治ったらまた全力で体張らして

もらいます！

(ニュース「ロッチ・中岡、『イッテQ』のロケで右足骨折　全治2か月も『骨は折れましたが気持ちは折れていません』」『Sponichi Annex』2022年3月19日；2024年8月11日閲覧)

(18) There is no escape from the conclusion that *nature* prevails enormously over *nurture* when the differences of nurture do not exceed what is commonly to be found among persons of the same rank of society and in the same country.［同じ国、同じ社会的地位の人間に普通にみられるものを教育による違いが超えないかぎり、本性は教育を圧倒するのだという結論から逃れることはできない。］

(Francis Galton, *Inquiries into Human Faculty and its Development*, p. 241, Macmillan, 1883; cf. Fahnestock 2011: 128)

9.3.2　均衡のスキーム

均衡のスキームは、類似した文法構造を用いることで内容に調和をもたらす、構文レベルの反復と言える（cf. Leech 1969: 62–69）。同じ構造パターンの反復を**平行法**（parallelism）という（Wales 2014: 301–302）。**同型節反復**（isocolon）は平行法の一種で、構造上の類似性だけでなく、長さの上でも類似性があるものを言う（Corbett and Connors 1999: 382）。(19) は同型節反復の例で「AのかわりにBがある」という文法構造が5回繰り返され、AとBに入る語がそれぞれまとまったカテゴリーであるように表現している。

(19) そこには、理論<u>のかわりに</u>感傷<u>がある</u>。事実<u>のかわりに</u>雰囲気<u>がある</u>。正確さ<u>のかわりに</u>誇張がある。謙虚さ<u>のかわりに</u>自惚れがある。率直さ<u>のかわりに</u>韜晦（とうかい）<u>がある</u>。そして、それらのものが渾然一体となって、かれのエッセイのロマンティックな甘い味をつくりあげているのだ。

(花田清輝「世の中に嘆きあり」『政治的動物について』: 108–122, p. 116, 青木書店，1956年；佐藤・佐々木・松尾 2006: 63)

このように平行法は、同じ文法構造のスロットに同じ語句を入れることで、それらに同類性や対照性を与えるはたらきをもつ。平行法にはつねに、同一の要素（「AのかわりにBがある」）と対比される要素（「A」と「B」）がある（Leech 1969: 65）。対照法（antithesis）は語句を対照することで、効果的に概念を対照する（Wales 2014: 25）表現であり、平行法は対照法の主要な形式である。(19) は対照法とみることもできるが、構造の「過剰な規則性」（Leech 1969: 62）が対照性よりも際立っているように思われる。これに対して (20) は「AはB」という構造を反復する平行法の例でもあるが、「見た目」と「頭脳」、「子供」と「大人」を対比する対照法の側面が際立っている例である。第11章では、対照法を中心に、均衡のスキームを取りあげる。

(20) 　たった一つの真実見抜く
　　　見た目は子供、頭脳は大人
　　　その名は、名探偵コナン！
　　　　　　　　（青山剛昌（原作）アニメ『名探偵コナン』読売テレビ／トムス・
　　　　　　　　エンタテインメント，1996年）

9.3.3　語順変更のスキーム

通常の語順を変更する文彩は、一般に転置法（hyperbaton）と呼ばれる。倒置法（anastrophe）は通常の語順を倒置すること（Corbett and Connors 1999: 383–384）を言う。言語学では、倒置を意味する用語としては inversion がよく用いられる。例えば (21) は目的語の次に述語という平常の語順が倒置され、動詞句がヲ格名詞句に先行している。ここではさらに、並置された目的語句に平行法が用いられており、第2の「鳥籠の中に囚われていた」が第1の「ヤツらに支配されていた」の隠喩になっている点も興味深い。

(21)　その日人類は思い出した　ヤツらに支配されていた恐怖を……　鳥籠の中に囚われていた屈辱を……

（諫山創『進撃の巨人』第 1 巻，第 1 話「二千年後の君へ」，講談社，2010 年）

(22) If the grammar is, furthermore, perfectly explicit — *in other words, if it does not rely on the intelligence of the understanding reader but rather provides an explicit analysis of his contribution* — we may（*somewhat redundantly*）call it a generative grammar.［さらに、その文法が、もしも完全に明示的なものであるとするなら、言い換えれば、もしも、その文法が、わかりのよい読者の頭の働きに依存することなく、むしろこの読者が行なう貢献を明示的に分析してみせるものであるならば―われわれは（やや冗長な言い方になるが）それを生成文法と呼ぶことができる。］

（Noam Chomsky, *Aspects of the Theory of Syntax*, p. 4, The M.I.T. Press, 1965；訳は安井稔（訳）『文法理論の諸相』：5，研究社，1970 年）

　語順変更のスキームは、情報の提示順序の変更であると言える。**挿入法**（parenthesis）は、ある言語単位が通常の文の流れを妨げる位置に差し込まれる表現（Corbett and Connors 1999: 384）を言う。例えば（22）のダーシで囲まれた箇所、括弧で囲まれた箇所は、思考が急に脇道にそれたような印象を与えるが、その修辞的効果の 1 つは、著者の声、注釈を聞くかのような印象を与える（Corbett and Connors 1999: 385）ことである。

9.3.4　欠落のスキーム

　省略法（ellipsis）とは文脈から容易に理解される語句をわざと省く表現（Corbett and Connors 1999: 386）である。日本語の会話では言い切りを避ける表現がよく使用される（金田一 2011: Ch. 2）が、（23）には文意が曖昧になるほどの省略法が用いられている。

(23)　［芸者の駒子は泊まることがあっても、強いて夜明け前に帰ろうとはしなくなった。夜更けに島村が駒子を呼ぶと、十一時前の凍てつく夜に散歩をしようと言う。部屋に戻ると駒子はしょんぼりしてうなだれる。］
　　　「どうしたんだ。」
　　　「帰るの。」

「馬鹿言え。」
「いいから、あんたお休みなさい。私はこうしていたいから。」
「どうして帰るんだ。」
「帰らないわ。夜が明けるまでここにいるわ。」
「つまらん、意地悪するなよ。」
「意地悪なんかしないわ。意地悪なんかしやしないわ。」
「じゃあ。」
「ううん、難儀なの。」
「なあんだ、そんなこと。ちっともかまやしない。」と、島村は笑い出して、
「どうもしやしないよ。」
「いや。」
「それに馬鹿だね、あんな乱暴に歩いて。」
「帰るの。」
「帰らなくてもいいよ。」
「つらいわ。ねえ、あんたもう東京へ帰んなさい、つらいわ。」と駒子は火燵の上にそっと顔を伏せた。

（川端康成「雪国」『川端康成全集第五巻』: 263–388, p. 316, 新潮社, 1969 年；新字・新仮名遣いに修正）

　省略法には表現の経済性を得る手段という側面（Corbett and Connors 1999: 387）があり、復元できる文法構成素の省略（Wales 2014: 130）を中心に据える立場もある。しかし、その効果が顕著なのは、省略が通常以上に際立つ場合である。(23) の「じゃあ」「いや」のような言いさしの表現は、不必要な言葉を省くと言うよりは、「あえて言わないことによって言った以上のことをほのめかす」（野内 2007: 140）**黙説法**（aposiopesis）の例でもある。

9.4　本章のまとめ

　文彩は、言語の通常の方法から逸脱する技術を用いた表現である。通常は言葉の選択肢は言語体系のなかにあるが、文彩は言語体系を拡張することで新しい言葉の選択肢を作り出す。文彩は大きく分けるとトロープとスキームに分かれる。修辞学の無数の文彩用語は、新しい言葉を生み出す方法を示している。あり得る言語表現の数には際限がないが、無数に表現法があるからこそ、慣習を超えた創造的な意味伝達ができる。言語の慣習から逃れ出る手段という意味で、文彩は表現の創造性の源泉である。第 14 章では文彩の理論的重要性を論じる。

....

1 ── Corbett and Connors（1999: 379）では、言葉の綾（figures of speech）の定義が論じられている。Corbett and Connors（1999）によれば、クインティリアヌスは「文彩」を表す語として、ギリシア語をラテン語にした schema と本来のラテン語である figura をともに用いている（クインティリアヌス 2016: 9.1.1, p. 5；訳者注 1）が、これらは figures of speech に対応する。本書では英語の figurative language が figures of speech を含むものと考え（cf. Wales 2014: 161）、日本語では両者を区別せずに「文彩」と呼ぶ。

2 ── このうち、隠喩、換喩、提喩、反語は、16 世紀に Petrus Ramus と Omer Talon が取りあげてから、Burke（1945: Appendix D）が 4 つの「マスター・トロープ（master tropes）」と呼ぶなど、特に修辞学で注目されてきた文彩である（Fahnestock 2011: 101）。

3 ── 文法論では anaphora は、代名詞などが先行する語句と同じ内容を指す照応関係を意味する（Wales 2014: 20）。

第 10 章

類似性の文彩

統合のレトリック

　伝えたい思考の内容が特別なものであれば、それを表すための特別な表現法の工夫が必要になる。文彩とは、そのような表現法の工夫である。ある概念を表す表現がみあたらないとき、相手が知らないとき、その場にふさわしくないときなどに、別の概念を表す表現を使うことができることがある。この章で取りあげる隠喩（metaphor）をはじめとした文彩は、類似性（similarity）を利用することによって、一方を通じて他方を表現する文彩である。表現したい事柄への直通経路がない場合、表現したい事柄をそれに類似した事柄に統合する類似性の文彩は、意味の新経路を作り出す。このルート変更によって表現の景色はがらりと変わることがある。

　この章ではまず、隠喩および関連する類似性の文彩を用いる上でのレトリックの条件を考察する（10.1 節）。Cameron and Maslen（2010: vi）によれば、隠喩は考えを説明したり、気持ちを伝えたりするための重要な方法であり、人の思考と感情を反映する文彩である。10.2 節では、類似性の文彩が思考のプロセスを共有するロゴスの表現法となることを論じる。10.3 節では、類似性の文彩がパトスを引き起こす、感情喚起の機能について考察する。

10.1　隠喩・直喩・諷喩

　隠喩はトロープ（9.2 節参照）の一種であり、意味の逸脱をともなう表現である。隠喩は字義通りの意味から、それに完全にはあてはまらないが字義通りの意味に類似した意味へと、語の意味を変化させる（Lanham 1991:

100)。以下は、Wales（2014: 265）による隠喩の定義である。

> **定義 10.1** ⇨ 隠喩とは、類似性にもとづいて指示対象が属する概念領域を別の概念領域に引き継ぐ文彩である。

(1) Achilles: Let no man forget how menacing we are. We are *lions*! Do you know what's there, waiting, beyond that beach? Immortality! Take it! It's yours!［思い知らせてやれ。俺たちは獅子だ！知ってるか？あの岸に何が待ってるか。永遠の名声だ。つかめ、その手に！］

（Directed by Petersen Wolfgang, *Troy*, Warner Bros. et al., 2004）

　(1) は戦士をライオンに喩える隠喩の例である。出典の映画『トロイ (Troy)』は、古代ギリシアのトロイア戦争を元にした歴史戦争映画である。主人公のアキレス（Achilles）はギリシア神話に登場する英雄で、ホメロスの叙事詩『イーリアス』の主人公でもあり、無双の力を誇った。勇敢さ、凶暴さ、強さなどの類似性にもとづき、ライオンの隠喩を使用することで、ライオンの概念にまつわる特徴がアキレスら戦士達に引き継がれる。

　隠喩は指示対象の対応（例えば、ライオン＝戦士という対応）を作るだけでなく、関連する概念の集合、すなわち概念領域の対応（例えば、ライオン：獲物：狩り＝戦士：敵：攻撃という対応）を作るという特徴がある。ある概念領域を理解するために経由される概念領域（例えば、ライオンの概念領域）は**起点領域**（source domain）とよばれ、ある概念領域を通じて理解される対象となる概念領域（例えば、戦士の概念領域）は**目標領域**（target domain）とよばれる（Kövecses 2010: 4）。

　隠喩は修辞学や言語学で注目されてきた文彩である（14.3.3 節参照）が、**直喩**（simile）、**諷喩**（allegory）も隠喩との関係で研究されている。

(2) 　[…] the way that you stop a disease spreading is in the same way as if we have a *forest fire* and we want to stop the *fire*, *pouring water* on it immediately where the *fire* is doesn't actually work, you've got to get *downwind* of the *fire* and you *rob* it of *fuel*, you create a *fire break* by

cutting the trees down, so what that translates to in human terms is you know where the activity is, you stop those people transmitting, you stop them moving and giving it to other people, so you cut off the supply of *fuel* and *oxygen* to the *fire*［.］［病気の拡大を抑える方法は、山火事があって火を止めたい時と同じです。火があるところに直ちに水をかけるだけでは効き目がないと分かれば風下に移動して燃料となるものを除去し、木を切り倒して防火帯を作るのです。これを人間のことに翻訳してみるなら、人々の活動があるところを見つけて伝染を止め、他の人に病気を移さないように移動を止めるということです。そうすれば、火への燃料と酸素の供給を絶つことができます。］

（Chris Smith, *The World Tonight*, September 30, 2020, BBC Radio 4; Semino 2021: 55；斜体は筆者）

例えば、2020年から数年間にわたり世界的に流行した新型コロナウイルスの隠喩を収集する #ReframeCovid 構想の成果として、Semino（2021）は（2）のような、コロナ禍を山火事によって喩える事例を論じている。イタリックは隠喩の表現であるが、一部は直喩、ないしは諷喩の例ともみることができる。

直喩の特徴は、起点領域と目標領域を表す語句の比較が like や as などにより明示的に表現される点にある（田丸 2023: Ch. 2）。日本語では助動詞「ようだ」「みたいだ」が高い頻度で直喩に用いられる（菊地 2022: Ch. 3）。Cuenca（2015）、小松原（2023c）にもとづいて、直喩は以下のように定義できる。

定義10.2 ⇨ 直喩とは、異なる概念領域の指示対象をもつ語句を含む比較構文である。

この定義では、A as if B を広義の比較構文とみなせば、(2) の "the way that you stop a disease spreading is in the same way as if we have a *forest fire* and we want to stop the *fire*" は、disease と fire を比較する直喩の例である。

諷喩の特徴は、あるまとまりのテクスト全体が表面的な意味とは別の面で意味をもつ（Wales 2014: 14）点にある。Lanham（1991: 4）は、以下のよ

うに諷喩を定義している。

> **定義 10.3** ⇨ 諷喩とは、スピーチやパッセージの全体を通して展開された隠喩である。

　(2) の "*pouring water* on it immediately where the *fire* is doesn't actually work, you've got to get *downwind* of the *fire* and you *rob* it of *fuel*, you create a *fire break* by *cutting the trees down*" という一節は、感染症が話題であることが分かるような語句を含んでおらず、全体にわたって火の隠喩が展開されている諷喩の例であると言える。

　このように、直喩は使用される構文の明示性、諷喩は談話における展開に着目した文彩のカテゴリーであり、類似性にもとづいた意味の逸脱という特徴は隠喩と共通である。(2) における火と感染症の類似性にもとづいた隠喩、直喩、諷喩の文体価値は、危険と緊急性を伝え、コロナ禍が進行する段階の区分を示し、どのようにウイルスが伝染し、伝染のなかで個々の人間がどのような役割を担うのかを示し、感染拡大を抑えるための対策を明らかにし、医療関係者の役割を示す（Semino 2021: 54）という点にある。このように、類似性の文彩は、ある事柄に新しい意味づけを与えるというだけでなく、具体的な行動方針の決定などにまで影響し得る。

　以上のように、類似性の文彩は、潜在的には強力な修辞的機能をもっている。しかし、それを使うのが効果的かどうかはレトリックの条件（第 2 章）に応じて変わる。では隠喩、直喩、諷喩は、どのようなレトリックの条件で使用できる文彩なのだろうか。

10.1.1　未知性

　類似性の文彩は、話題となっている概念に加え、新たに別の概念を導入する表現である。もし話題が受信者にとって十分なじみのある事柄で、簡潔に表現できる慣習的な表現があるなら、あえて別の概念を持ち出す必然性は薄れる。この点で、類似性の文彩を使う条件の 1 つは、受信者にとって（場合によっては発信者にとっても）未知の事柄を表現することであると言える。Kövecses（2010: Ch. 2）は、よくある隠喩の目標領域として以下の概念領域を挙げているが、例として挙げた英語の隠喩は、日本語でも隠喩として翻訳できる。類似性の文彩は、このような抽象的で、捉えにくく、明瞭性を

欠く概念を表現する場合には特に適している。

(3)　［感情］She was deeply *moved*.［彼女は心動かされた。］
(4)　［欲求］She is *hungry for* knowledge.［彼女は知識に飢えている。］
(5)　［道徳］I'll *pay* you *back for* this.［この借りは必ず返す。］
(6)　［思考］I *see* your point.［話が見えてきた。］
(7)　［社会と国家］Being a *friendly* nation is very helpful.［友好的な国として振る舞うのは役に立つ。］
(8)　［政治］The *fight erupted* over abortion.［中絶に関する争いが起こった。］
(9)　［経済］Germany *built a strong* economy.［ドイツは強い経済基盤を築いた。］
(10)　［人間関係］It's a *budding* relationship.［関係はまだ萌芽的な段階だ。］
(11)　［コミュニケーション］You are *putting* too many ideas *into* a single sentence.［1文に多くの内容を詰め込みすぎている。］
(12)　［時間］Christmas is *coming up* soon.［クリスマスがもうすぐやってくる。］
(13)　［生と死］Granpa is *gone*.［おじいちゃんは逝ってしまった。］
(14)　［宗教］I wanted to do more to express my love and gratitude to the Good *Shepherd* who had sought and found a *stray sheep*.［迷える子羊を探し出してくれた良き羊飼いに、もっと私の愛情と感謝を表したかった。］
(15)　［事態と行為］She has *reached* her goals in life.［彼女は人生の目標に到達した。］

（Kövecses 2010: 23–27；(7) と (14) は筆者がコンテクストを追加）

10.1.2　既知性

　未知のものを未知のもので喩えても未知性は減少しないので、類似性の文彩を使用するには、基本的に、発信者と受信者が共有する既知の事柄が必要である。たいていの場合に既知性が期待できる概念領域として、私たちが身体を通じて見たりさわったりできるような事物や事柄に関する経験にもとづ

いた、身体経験の概念領域（Lakoff and Johnson 1980: Ch. 12）がある。例えば、(3) から (15) に用いられている、力と移動、食物摂取、金銭の授受、知覚経験、敵対と友好、建物の建築、植物の生長、容器と中身などの起点領域は、目標領域と比べて相対的に具体性が高く、多くの受信者にとって既知の事柄であることが期待できると言える。

(16) 大学を卒業してから、6年以上ディズニーシーで働いている。子ども連れの家族に毎日接し、「赤ちゃんが泣くのなんて、雨が降って地面がぬれるのと同じぐらい当たり前なこと」と受け止める。
（田渕紫織「『結婚と出産って、別のこと』産め圧力から解放されて見えた風景」『withnews』連載「平成家族」、2018年1月8日；2024年6月14日閲覧）

経験の共通性（3.3.2 節）のある事柄を起点領域として選択すれば、類似性の文彩は、理解を助けるだけでなく、受信者と同質的なエトスを表現することもできる。(16) の直喩は、「赤ちゃんが泣く」という人によってはなじみがない状況を、「雨が降って地面がぬれる」という誰でも経験したことがある状況と比較して表現し、受信者に親近感を持たせる表現であると言える。

10.1.3 　類似性

相手と共有している既知の事柄を見つけることができたとしても、それが表現したい未知の事柄の理解にうまくつながらなければ、類似性の文彩は成立しない。既知の事柄と未知の事柄の間には、類似性がなければならない。

(17) (...) they had a slender little girl with roses in her cheeks and a sparkle in her dark blue eyes.〔彼らにはバラ色の頬ときらめく紺の瞳をもつほっそりした少女がいた。〕　　　　　　　　　　　　　　　　　　（enTenTen21）

(18) ??They had a slender little girl with dandelions in her cheeks.〔彼らにはタンポポ色の頬をもつほっそりした少女がいた。〕

(17) の roses という隠喩は、少女の頬の色と（赤やピンクの）バラの色

の類似性によって理解できるイディオム的な表現である。これに対して、roses を dandelions に入れ替えた (18) はイディオム的な表現としては用いられず、コンテクスト無しには理解しがたいが、その理由は頬の色はタンポポの黄色には似ていないからである (cf. Kövecses 2010: 78–79)。

　アリストテレスは『詩学』のなかで、隠喩(ないしは比喩)を作る才能について「これだけは、他人から学ぶことができないものであり、生来の能力を示すしるしにほかならない。なぜなら、すぐれた比喩をつくることは、類似を見てとることであるから」(アリストテレス 1997: 22.1459a) と述べている。(17) のように慣習化した類似性の認識を利用することもできるが、慣習から外れた類似性を見つけ出すことができれば、新たな観点を導入することができる。例えば (2) は、慣習的に用いられる戦いの隠喩 (*e.g., fight against the coronavirus*) とは異なる起点領域を選択し、コロナ禍の新たな認識を示していることに文体価値があると言える。

　以上のように、表現したい話題が未知の事柄であり、それに類似した、受信者にとって既知の事柄を見つけられることが、隠喩、直喩、諷喩などの類似性の文彩の典型的な使用条件であると言える。

10.2　フレーミング

　では、隠喩はレトリックとして何の役に立つのだろうか。隠喩は、経験にさまざまな意味を与え、伝達する。隠喩は、ある概念の特定の側面を強調し、その概念の他の側面を覆い隠す (Lakoff and Johnson 1980: Ch. 3)。この隠喩の機能は、**フレーミング** (framing) との関係で論じられてきた (Burgers, Konijn, and Steen 2016、Boeynaems *et al.* 2017、Semino, Demjén, and Demmen 2018、Komatsubara 2023b, 2024)。フレーミングとは、「現実認識のいくつかの側面を選択し、コミュニケーションのなかでその側面に際立ちを与えることで、ある問題を定義し、因果関係の解釈、倫理道徳的な評価、解決方策の方針を誘引すること」(Entman 1993: 52) であり、社会学と心理学をはじめとしてフレーミングの研究は学際的に展開されている (Borah 2011)。

隠喩によるフレーミングの研究として、例えば Semino, Demjén, and Demmen（2018）は、イギリスのガン患者向けのウェブサイトに投稿されたテキストである（19）から（21）のような事例を分析している。

(19)　It's sad that anyone, but especially younger people like yourself, find themself with this *battle* to *fight*.［誰でもこの戦いに向かわなければならないというのは悲しいことですが、それがあなたのような若い人ならなおさらです。］

(20)　I feel such a failure that I am not *winning* this *battle*.［この戦いに負けつつあることが失敗であるように感じられる。］

(21)　Your words though have given me a bit more of my *fighting* spirit back. I am ready to *kick* some cancer *butt*!［あなたの言葉で闘志が戻ってきました。ガンなんか今にもやっつけられそうです。］

（Semino, Demjén, and Demmen 2018: 633–634）

　これらの隠喩、諷喩は、すべて一貫して病気の経験を戦いとしてフレーミングしている。患者は戦士であり、病気は敵である。治療や延命は勝利であり、回復しないこと、死ぬことは敗北である。これらの表現は、危険と困難に立ち向かう勇気が必要であることを示唆しており、病気の経験の理解と伝達をフレーミングしている。このような思考、認識、感情への影響力は、隠喩によって持ち込まれた戦いについての慣習的な知識がなければ存在しなかったものである。この点で、隠喩は、困難な経験を別の経験から捉え直すことで、その経験に新しい意味を与える機能をもっていると言える。

　5.1.2 節で触れたように、修辞学では、類似性はどのような話題にも適用できるトポスとして位置づけられてきた。類似性にもとづく文彩は、発信者が受信者とともに思考するロゴスの方法になる。直接的なデータや論拠が見つからない場合には、隠喩、直喩、諷喩を用いて、それに類似した事柄について論じればよい。容易に理解できる事柄が提示されると、問題は単純化されて鮮明になり、判断は容易になる（香西 1996: 122）。その以下では、隠喩が定義や類推に使われる例を取りあげて、類似性の文彩が論証の手段になる

ことを示す。

10.2.1　定義

　話題となっている事柄の定義的特性が何であるかについて発信者と受信者の意見が分かれる場合、**定義**（definition）の争点が生じる（5.1.2 節）。香西（1996）は「ある語の使い方を、他人にも受け入れさせようとするような定義の仕方」（ibid., p. 31）を説得的定義とよんでいる。レトリックとして考えるなら、「それは何なのか？」という問いへの答えは、いかなる状況にも適用できるような本質的な定義である必要はなく、「個人の価値観や信念、理想、経験などが表現されている」（ibid., p. 46）ような、発信者が注目したい側面を明確に示す定義であれば事足りる。

　野内（2002: 177–182）は、議論のなかでの定義は部分的な同一性、すなわち類似性にもとづくと述べている。その着眼点が新しい場合には、定義の言語表現は、それ自体が文彩になり得る（ラウスベルグ 2001: 234）。慣用から外れた文彩としての定義の例として、隠喩のフレーミング機能を利用した定義が挙げられる。(22) や (23) のような隠喩を用いたフレーミングは、大豆やアボカドの特定の成分に対して選択的に際立ちを与え、栄養豊富な食物というカテゴリーの成員としての定義づけを与える。例えば (22) のブログ記事では、この定義にもとづいて、大豆を肉の代わりのように料理に使うことができると論じられている。アボカドの他のあり得る定義づけとしては、例えば「ワニナシ」（alligator pear）と呼ばれることがあるが、この呼び方は、(23) の「森のバター」という呼び方では背景化されるアボカドの触感、色、形などに際立ちを与える。このように隠喩を用いると、問題となる物事の定義を暗黙の内に規定することができる。

(22)　ドイツでは大豆を「畑の<u>肉</u>」と称し、アメリカでは「大地の黄金」［と］呼んでいる。大豆はもちろんのこと、こうしたネーミングがつくほど豆類には、栄養成分が凝縮されている。

（「豆（大豆）はなぜ『畑の肉』と呼ばれるのか？」
『料理王国』公式ウェブサイト, 2021 年 6 月 9 日；2024 年 6 月 14 日閲覧）

(23)　「森の<u>バター</u>」とも呼ばれ、植物とは思えないほどの濃厚な風味。そ

れもそのはずで果肉の約 20 ％が脂肪。

（ニュース「アボカド　森のバターはオレイン酸」
『日本食糧新聞』293 号 01 面，2019 年 12 月 1 日；2024 年 6 月 14 日閲覧）

　隠喩による定義は、客観的な定義が容易にはできない、10.1.1 節で挙げたような概念を論じる上では特に有効である。(24)はポップソングによくみられる恋愛の隠喩的定義の 1 つである。この「シーソーゲーム」の隠喩は、恋愛関係にある 2 人のどちらか一方の気持ちが重く、釣り合いが取れた状態はほとんどないという点に際立ちを与えている。恋愛を歌うポップソングのレトリックには、受信者が言葉にできない恋愛の経験を理解できる言葉にして表現するという狙いがあると考えられるが、(24)のような隠喩はその手段として用いられている。

(24)　恋なんて言わばエゴとエゴの<u>シーソーゲーム</u>
　　　Ah... いつだって 君は曖昧なリアクションさ
　　　友人の評価はイマイチでも　She So Cute
　　　Ah... 順番を待ってたんじゃつらい　勇敢な恋の歌

（歌詞，Mr. Children「シーソーゲーム 〜勇敢な恋の歌〜」『BOLERO』
トイズファクトリー，1995 年）

10.2.2　類推

　フレーミングは、**類推**（analogy）を促す。類推とは、知りたいことを、それとよく似た既知のことにたとえて考えることである（鈴木 2020: 114）。初めて出会うものを知覚したり、全く知らなかったことを教えてもらったりするとき、それが何かに似ているとか、このような関係に対応するという示唆が与えられることで、類推によって急速に理解が促進されることがある（Holyoak and Thagard 1989, 鈴木 2020）。例えば(21)では、病気を敵としてフレーミングすることで、治療は闘志をもって臨む戦いであり、病気は積極的な攻撃によって打ち倒すことができる対象として、類推的に理解される。

類似性の文彩は、類推を喚起する機能をもつ。隠喩の多くは類推を喚起し（Gentner 1983: 162, 谷口 2003: Ch. 7）、諷喩も類推を導くレトリック方略である（Hirakawa 2020: Ch. 1）。直喩は隠喩と共起して、類推を展開することがよくある（Wales 2014: 384）。例えば（2）の火の隠喩による類推によって、コロナウイルスという未知の存在に対処する方法が具体的に理解できる。

　類似性の文彩による類推は、起点領域から目標領域へと様々な性質を引き継ぐため、価値の争点、すなわちその特性は何かを推論する手段として使用できる。例えば（25）は、直喩と隠喩の組み合わせによって、若者が秘めた才能と未来の可能性を「原石」に喩えている。この石の喩えは「雫」に対する2つの評価を示す。第1に、現段階では外から見ただけでは価値があるかどうか分からないという評価、第2に、今後の努力によって価値が現れる可能性があるという評価である。第1の評価は自分の今の作品には価値がないと信じる雫の考えに同調している。第2の評価は、第1の評価からの類推によって導かれ、未来への希望を示している。

(25)　［中学3年生の雫（しずく）ははじめての小説を無我夢中で書き上げた。聖司（せいじ）の祖父司朗（しろう）は、最初の読者として雫の小説を読み終え、上手く書けなかったと泣き崩れる雫に語りかける］
　　　司朗：そう。雫さんも聖司も、その石みたいなものだ。まだ磨いてない自然のままの石……。私はそのままでもとても好きだがね。しかし、バイオリンを作ったり物語を書くというのは違うんだ。自分の中に原石を見つけて、時間をかけて磨くことなんだよ。手間のかかる仕事だ。
（近藤喜文（監督）柊あおい（原作）『耳をすませば』
スタジオジブリ，1995年）

　類推は、未知性を含む事柄に注意を引きつけ、理解を促進するだけでなく、相手の判断や行動に影響を与える効果をもつことがある（Thibodeau and Boroditsky 2011）。(26)の隠喩は、大学院生の心構えを説明しており、

次のような類推を導く。大学院生は「レストランの客が出された料理を美味いと感じるように、単に論文を読んで理解したり、覚えたり、すばらしいと感じたりするだけでは不十分である（...）研究素材（＝料理素材）選び、その検討（＝調理）の仕方、そして見せ方（＝盛り付け）を一人で考えていく」（鈴木 2020: 116–117）必要がある。この隠喩は、レストランでコックがする仕事からの類推で、大学院生がなすべきことは何かという抽象的な方針の争点に対して、具体的な行動の方針を示している。

(26)　［大学院の新入生に向かって］君たちはレストランの客ではなく、これからはコックになるのだ。　　　　　　　　　　（鈴木 2020: 116）

　人間を目標領域とする隠喩は、その人物の特性、価値観、行動傾向などの性質の類推を喚起することがある（cf. 多門 2007）。例えば (27) の「肉食系」という隠喩を用いた男性の分類は、異性愛を前提として恋愛関係に対する積極性の観点から男性を定義づける。この隠喩の背景にあるのは、男性：女性：恋愛＝肉食動物：獲物：狩りという一連の類推である。「草食系」は「肉食系」と比べて「異性をがつがつと求める」（森岡 2008: 207）ことはなく「異性と肩を並べて優しく草を食べることを願う」(ibid.) が、草食動物が食べる草が恋愛関係において何を意味するかは明らかではない。この点で「草食系男子」という隠喩は「草」を食べるということではなく、「肉」を食べないという男性の傾向を示していると言える。

(27)　肉食系男子や草食系男子は今や当たり前のように知られている言葉ですが、他にもたくさんの○○系男子が生まれています。
(28)　アスパラベーコン系男子は、野菜を肉で巻いた料理でたとえられた通り、外見は強そうで積極性がありそうなのに、内面は草食系で恋愛には消極的というギャップの持ち主です。
(29)　ロールキャベツ系男子は、アスパラベーコン系男子と真逆の食べ物系男子です。お肉を野菜で包んだ通り、見た目は草食系男子かのような穏やかな印象があるのに、意外と肉食寄りの性格で、好きになったら

自らどんどんアプローチしていきます。
（ブログ「【○○系男子診断】あなたは何系男子？」『ハッピーライフ』
2021 年 2 月 18 日；2024 年 6 月 14 日閲覧）

　ひとたび印象的な隠喩が定着すると、その起点領域が拡張され、さまざまな類例が創造されることは珍しくない。「肉食系」と「草食系」の対比からの派生で生まれた拡張表現である（28）の「アスパラベーコン系」や（29）の「ロールキャベツ系」は、「草食系」と同様男性の行動傾向や性格を示す隠喩である。これらの隠喩は（27）の喩えを拡張したようにみえるが、（27）では何に関心を向けるか、すなわち何を食べるかを前景化する隠喩であったのに対して、（28）（29）では「肉」や「草」は男性自身の構成要素（料理の材料）となっている点で、起点領域と目標領域の対応は変容している。これらの拡張例は、言語化しにくい人間の特性を多面的に捉える上で、ゆるやかに起点領域を共有しつつ自由に展開された類推を反映している。

　類似性の文彩が喚起する類推は、受信者にとって未知であることを既知であるかのように表現することができるため、論理的な厳密性にしばられることなく、さまざまな争点でロゴスを作り出す方法として使用できる。

10.3　イメジャリー

　類似性の文彩は、具体的な経験をもとにした概念領域を新たに導入することで、その経験に伴うイメージを引き継ぐことがよくある。言語によって喚起されるイメージを**イメジャリー**（imagery）と言う（Yu 1996: 343）。

　類似性の文彩が喚起するイメジャリーには、視覚的なイメージだけでなく、聴覚、嗅覚、圧覚のイメージも含まれる（Lakoff 1987b, 鍋島 2011: Ch. 5）が、その特に重要な側面としては、実体がつかみにくい存在を実体化するはたらき（10.3.1 節）と、体感しにくい現象を現前化するはたらき（10.3.2 節）が挙げられる。受信者が抱くイメジャリーを構成するのは具体的な経験であり、その経験には感情が結びついている。類似性の文彩は、起点領域に結びついた感情を喚起するので、パトスを引き出す手段になる（4.2.3 節参

照)。

10.3.1 実体化

佐藤・佐々木・松尾（2006: 572）は、ある存在のカテゴリーを変換する文彩を論じるなかで、非物体的な存在をあたかも実体があるかのように捉える表現を**実体化表現**（hypostatization）と呼んでいる。その典型例は、「アイデアを分けてくれる」「心の上っ面」のような心理的存在を物理的存在として実体化する表現である。(30)における洗濯の隠喩は、悪い役人を一掃することで不正のない社会を実現することを意味すると同時に、「日本」という社会的な存在に、汚れた衣服という実体のイメジャリーを与える。このイメジャリーには汚れた衣服への抵抗感と、それを洗濯することで得られる、清潔な衣服への好感という2つの感情が結びついており、汚れたものが綺麗になる、この「せんたく」を是非すべきであるということの、感情的な動機づけ（5.2.3 節参照）になっている。

(30)　(...) 日本を今一度せんたくいたし申候事ニいたすべくとの神願ニて候。[日本をもう一度洗濯しようということを神様にお願いしたい気持ちです。]

　　　　　　　　（坂本龍馬「手紙：010　文久三年六月二十九日　坂本乙女あて」
　　　　　　　　宮地佐一郎（編）『龍馬の手紙』: 75–88, p. 78, 講談社, 2003 年）

実体化表現は、人間という社会的存在を表現するためにも用いられる。特に、人間を物に見立てる表現を**擬物法**（depersonification）という（野内 2005: 119）。物を人間に見立てる擬人法（4.2.3 節参照）が物に対して人間的な感情を投影するのに対して、(31)のように、人間を貶めることも多い（ibid.）。

(31)　[「彼女ができない」と嘆きながら、いかに自分がダメな人間であるかを語り続ける男性に対して]
　　　傘売る時に「この傘穴だらけで雨の日にも全然使えないんですけど買ってください」って言うんか？それで買ってもらえると思うのは消

<u>費者</u>にも失礼やろ。

　この恋愛における行動についての助言では、男性の価値と傘の価値の類似性にもとづいて、男＝傘、困難＝雨、女を守る＝傘を使う、女＝消費者、交際する＝買う、といった恋愛を商売に喩える類推がはたらく。この隠喩が喚起する「穴だらけ」の傘という価値のない道具のイメジャリーは、それを「買ってください」と言うことの不誠実さを強調し、自分が「ダメな人間」であるが彼女は欲しいということは、同じように不誠実であることを受信者が理解させるはたらきを担っていると言える。

10.3.2　現前化

　隠喩は、眼前彷彿とさせる描写をする**現前化**（enargia）の方法（4.2 節参照）の 1 つである。現前化は多面的な現象を単純化する。(32) は直喩を用いて男を「ガム」として擬物化し、諷喩によってガムを食べるというイメジャリーを喚起することで、複雑な男女の人間関係を単純化している。男女のしがらみは手に負えないほど複雑であることも多いが、ガムを捨て、新しいガムを食べることは単純な身体行為であるため、この文彩を用いた助言は「元カレ」を忘れて次の相手を探すことの単純さ、自然さを強調していると言える。

(32)　くみちゃん、仕事、仕事！え？元カレの事が忘れられなくて、仕事に集中できない？はっ…ダメウーマン！いい？「元カレの事が忘れられない」？じゃあ、質問です！クミちゃんは、味のしなくなったガムをいつまでも、いつまでも、噛み続けますか？新しいガム、食べたくない？男は<u>ガム</u>と一緒！<u>味がしなくなった</u>ら、また新しい<u>ガム</u>を<u>食べれ</u>ばいい！だって！地球上に男は何人いると思っているの？……35 億、あと 5000 万人。

（ブルゾンちえみ with B「キャリアウーマン」YouTube@user-qj9vi4sx4c, 2017 年 2 月 16 日；2024 年 6 月 14 日閲覧）

　隠喩の起点領域は、複雑すぎて理解できないよう現象に、感情と結びつい

た具体的な経験のイメジャリーを与えることがある。例えば（2）の山火事の隠喩は、恐怖を伴う山火事の経験に関する記憶に訴える（Semino 2021）。(20) の戦いの隠喩は、敗北の挫折感を喚起する（Semino, Demjén, and Demmen 2018）。捉えがたく複雑な経験を現前化させる諷喩の例としては (33) が挙げられる。この表現は隠喩としては、人生経験を表すものとして解釈できる。ここでは「アスハルトの道」と「砂浜」が、「母さん」が考えるつまらない人生と意義深い人生の対比として示されている。砂浜の上に一歩一歩残る「足あと」の視覚的イメージは、自分の力で何かを行う苦労を現前化し、満足感や達成感を伴う経験として、感情的に価値づける効果をもつ。

(33) アスハルトの道は安全だから誰だって歩きます。危険がないから誰だって歩きます。でもうしろを振りかえってみれば、その安全な道には自分の足あとなんか一つだって残っていやしない。海の砂浜は歩きにくい。歩きにくいけれどもうしろをふりかえれば、自分の足あとが一つ一つ残っている。そんな人生を母さんはえらびました。あなたも決してアスハルトの道など歩くようなつまらぬ人生を送らないで下さい。

(遠藤周作「影に対して」『影に対して：母をめぐる物語』: 7-85, p.77, 新潮文庫，新潮社，2023年)

このように、類似性の文彩は、ある思考のプロセスを表現しつつ、そのなかに感情を上乗せするために用いられる。使用する起点領域は、直接的には目標領域と関わりのないものでもよく、類似性を見出すことさえできれば、さまざまなイメジャリーを選択することができる。特定の感情を伴う経験を起点領域として選択すると、類似性の文彩はパトスを引き出す方法になる。

10.4　本章のまとめ

隠喩、直喩、諷喩に共通していることは、伝達した目標領域の概念が未知

性を含んでおり、それに類似した、受信者にとって既知の事柄を起点領域として使用するということである。これらの類似性の文彩は、思考と感情の伝達に役立つ。類似性の文彩によってある起点領域を導入すると、目標領域の概念がフレーミングされ、その定義や価値を規定する類推が喚起されるため、類似性の文彩は、受信者とともに思考するロゴスの方法になる。また、類似性の文彩が導入する起点領域は、基本的に具体的な経験にもとづいたものであるため、その経験にまつわる感情を喚起する、パトスの方法にもなる。類似性の文彩は起点領域を経由して目標領域を表現することで、その起点領域が備えている知識、推論、感情などを目標領域に統合し、かえって直接的な表現よりも多くのことを伝達する。

第11章

対照性の文彩
分離のレトリック

　伝えたい内容をはっきりと際立たせ、他の意味と混同されないようにすることで表現は明晰になる。ある語の意味は、別の語の意味との差によって決まるので、対照性（contrast）を作り出して意味の差を強調すると、ある語の意味の正確な範囲を定めることができる。この章で主に取りあげるのは、形式の均衡性を利用して対照性を表現する**対照法**（antithesis）である。第9章で取りあげた反語や対義結合などの対照性のトロープと異なり、対照法には論理的な矛盾はない（佐藤・佐々木・松尾 2006: 461）。対照法は、言いたいことと対照的なことを挙げ、それとは違うのだと述べることで受信者の認識を整理し、言いたいことを他の事柄から分離して強調する。

　この章では、まず11.1節で、対照法の特性と、その使用条件を考察する。対照法の構造と機能は汎用性が高く、他の文彩と組み合わせることで相乗効果を発揮する。11.2節と11.3節では対照法と結合する文彩を取りあげ、文彩の結合が、表現しにくい意味を明確化し、強調する効果を生み出すことを論じる。なお、本章の一部は小松原（2024）にもとづいている。

11.1　対照法・平行法・交差配列法

　対照的な概念を並列する表現（Corbett and Connors 1999: 382）である対照法はスキーム（9.3節参照）の1つとして位置づけられてきたが、意味にも強い影響を与える。Wales（2014: 25）にもとづいて、対照法は次のように定義できる。本章では対照法によって対照される表現に斜体、下線の強調を施す。

定義 11.1 ⇨ 対照法とは、語句を対照することで、効果的に概念を対照する表現である。

(1)　That's one *small* step for *a man*, one *giant* leap for *mankind*.［一人の人間にとっては小さな一歩だが、人類にとっては大きな飛躍だ。］

(Neil Armstrong, as he stepped on the moon, July 20, 1969; YouTube@abcownedtelevisionstations, 2019 年 7 月 18 日；2024 年 6 月 20 日閲覧)

　(1) は人類で初めて月面着陸を果たしたアームストロング船長による名句である。並列的な構文構造によって small/giant, step/leap, man/mankind という 3 つの語の対が対照され、それによって、月へ最初の一歩を踏み出したことに関する 2 つの見方、すなわち第 1 に、一人の男（つまりアームストロング）にとっては小さな一歩であるという見方、第 2 に、全人類にとっては大きな飛躍であるという見方が対照されている。アームストロング個人の経験は、人類の偉業を強調するために引き合いに出されている。同じ事柄に対する 2 つの見方が分離され、一方との比較を通じて他方の意義が強調される。

(2)　The *older* one *grows*, the *more* one *learns*.［老いるほど、多くを学ぶ。］
(3)　The *nearer* the *church*, the *farther* from *God*.［教会に近いほど、神からは遠い。］
(4)　The *more haste*, the *less speed*.［急がば回れ。］　　　（山梨 2009: 261）
(5)　頭隠して尻隠さず
(6)　木を見て森を見ず
(7)　仏作って魂入れず　　　　　　　　　　　　　　　　　　（土屋 2020: 67）

　対照法は形式の均衡性を用いる文彩であり、ある事柄の特定の側面を強調する上で役立つ。対照法は (1) から (7) のように、ことわざ、格言、警句、名言にその例が多く（野内 2002: 103）、(8) から (10) のような広告の表現にもよく利用される（cf. 佐藤 1981: 103–104）。以下の例では、対照法

を隠喩（例えば「想いをぶつけて」）と組み合わせている。このように、対照法は他の文彩と組み合わせることで、形式や意味を際立たせるために使用することもできる（対照法と隠喩の結合については 11.3.1 節を参照）。

(8)　想いをぶつけても。荷物はぶつけない。
(9)　チームワークは固めても。ドア付近では固まらない。
(10)　心は乱れても。列は乱さない。
　　　　（「マナー啓発活動」『阪急電鉄』公式ウェブサイト；2024 年 6 月 20 日閲覧）

　対照法は、機能的にも構造的にも、汎用性の高い文彩だと言える。具体的には、対照法が使用できるのはどのような状況なのだろうか。以下では、漠然性、共通構造、対照性の観点から、対照法のレトリックの条件を考察する。

11.1.1　漠然性

　対照法は、伝えたい内容を他の事柄と比較する文彩である。他の概念と比較する利点は、着眼点を明確にし、特徴を相対化できることである。逆に言えば、そのような相対化が必要ない場合には、対照法を使う必然性はない。対照法を使用する条件の 1 つは、意味の輪郭が不明確である、注目したい側面が一般的には認識されにくいなど、伝えたい内容が漠然としていることである。例えば (1) における「人類の飛躍」は、これだけでは話のスケールが大きく、漠然としている。これが「小さな一歩」と表裏一体であることを対照法によって示すことで、人類の飛躍が身体行為と結びつき、具体化される。

　対照法で比較される A と B のうち、伝えたいのは一方であり、もう一方は伝えたいことを際立たせるために引き合いに出されるにすぎない。antithesis には「対照法」という意味のほかに「アンチテーゼ」という意味があるが、アンチテーゼとはテーゼに対する反対命題を意味する。Mann and Thompson (1987: 8) によれば、対照法で引き合いに出されるのはテーゼであり、発信者の目的は、テーゼがアンチテーゼと一致しないこと (incompatibility) を示すことで、受信者のアンチテーゼへの関心を強める[1]。

反対のものを提示すると、主要なアイデアがより際立つため、対照法は述べたいことを強調する手段になる（Quinn and Rathbun 1996: 13–14）。例えば(1)のテーゼは、アームストロング船長の経験を小さな一歩であるとみなす見方であり、これに対するアンチテーゼは、これを大きな飛躍であるとみなす見方である。(1)は、テーゼの理解を通じてアンチテーゼに際立ちを与えている。

　本書では、この対照法の特徴を、隠喩の起点領域と目標領域になぞらえて、対照法の伝達目的となっている概念（アンチテーゼ）を**目標極**（target pole）、目標極を伝達するための引き合いに出されている概念（テーゼ）を**起点極**（source pole）と呼ぶ。対照法は、起点極との比較を通じて目標極を際立たせる文彩であると言える。例えば(11)は、「私」（前田敦子）が嫌いな人がいるということを強調したいわけではない。これを起点極とした対照法によって、女性アイドルグループの「AKB」を嫌いにならないでほしいという、それ自体は漠然とした「お願い」にすぎない目標極が、前田敦子の自尊心をかけた願いとして強調される。

(11) 　もちろん、私のことが、嫌いな方もいると思います。ひとつだけお願いがあります。私のことは嫌いでも、AKBのことは嫌いにならないでください。

（スピーチ，前田敦子「AKB48 第3回選抜総選挙 2011」YouTube@xanxsu1，2011年6月14日；2024年6月20日閲覧）

　目標極となる概念だけを表現しても説得力がない場合、起点極を巧みに選択することで、対照法が「感じかたの組み替え」（佐藤 1981: 124）の手段になることがある。(12)は、臆病だから飛行機に乗るのがこわい作家が屁理屈をつける（ibid.）例である。対照法を取り払った(13)では、飛行機に乗るのがこわくない読者にとっては一般的な事実を述べているにすぎず、その危険性は漠然としか伝わらないと考えられる。飛行機を新幹線と対照的なものとして位置づけるのはフェアでないとも言えるが、これを平行法の形式に入れることで対照法に仕立て、飛行機の危険に際立ちを与えている。

(12)　　時速二百キロで走っている<u>新幹線</u>が故障すると、次第にスピードがのろくなり、最後はレールの上で、じわーっと停ってしまう。

<u>飛行機</u>が空を飛んでいる最中に故障した場合、次第にスピードがのろくなり、最後には空中でじわーっと停ってしまうことはない。この場合は落ちるのである。

（筒井康隆「事故」『狂気の沙汰も金次第』: 321–323, p. 322, 新潮社, 1976 年；佐藤 1981: 124）

(13)　飛行機が空を飛んでいる最中に故障した場合、落ちるのである。

　（1）のように接続表現を用いない場合もあるが、多くの場合、（18）の接続詞 but や、（11）の接続助詞「も」のような、対照接続表現（antithetical conjunct）を伴う（Wales 2014: 25）。英語の対照接続表現の例としては but の他にも on the contrary, by comparison, on the other hand（Wales 2014: 25）, rather than, instead of, however, yet, not, more than, without（Mann and Thompson 1987: 18）などがある。これらの接続表現は、対照法における起点極と目標極の非均衡性を明示する文法形式であると言える。

11.1.2　共通構造

「A であり B である」「A ではなく B」のように、2 つの概念についての認識を並列して表現することが対照法の特徴であるが、無関係なものを比較することはできない。対照法で比較するのは、「多くの点で同じであり、いくつかの点で異なると認識される」（Mann and Thompson 1987: 8）2 つの概念である。その共通点を表現する、文法と語彙の共通構造が見つかることが対照法の第 2 の条件である。例えば（1）の one small step for a man と one giant leap for mankind には、それが 1 つの行為であり、特定の大きさをもった移動であり、誰かにとって意義があるという共通点があり、これが one A B for C という共通の構文構造によって表現されている。

　この共通構造はたいてい、**平行法**（parallelism）（9.3.2 節）か**交差配列法**（chiasmus）（9.3.1 節）の形式をとる（Mayoral 2001: 28）。同じ構造の反復である平行法は受信者の注意を引きつけ、同じ統語的位置に置かれた同じ文法カテゴリーの語句の差異を際立たせる（Fahnestock 1999: 49–50, Mayoral

2001: 28)。例えば（14）（15）（16）は同じ比較の言い換えだと言えるが、この順に対照性は強くなる。その理由は（14）には平行法が用いられておらず、（15）には対義語がゆるやかな平行法の中で用いられており、（16）では you have A-thing to B という明確な平行法が対義語を比較しているからだと言える。

(14) You have a lot to gain by winning, and if you lose, it won't cost you anything.
(15) You have *everything* to *win*, and you will *lose nothing*.
(16) You have *everything* to *win* and *nothing* to *lose*. 　(Fahnestock 1999: 49–50)

　AB、BA という形式をもつ交差配列法の形式は、順序だけが異なる同じ語句の反復であるという点で、概念の共通性を表す構造である。交差配列法を用いた対照法としては、第 9 章（16）の John F. Kennedy による ask what A can do for B や（17）の「とは A を欠いた B である」が挙げられる。交差配列法の特徴は、A と B よりも、AB と BA の対照性が際立つという点にある。例えば（18）はウルトラブックスが他の製品と同じようにノート PC というカテゴリーに入るということと、同じノート PC というカテゴリーでもウルトラブックスと他の製品には差があることを強調している。（19）は幅広い知識を身につけることと、何かの専門家になることの対照性を、共通の語句と対称的な語順によって表現している。

(17) 機知とは三段論法を欠いた思想であり、彼らの所謂「思想」とは思想を欠いた三段論法である。
　　　　　　　　(芥川龍之介「侏儒の言葉」『芥川龍之介全集 7』: 151–266, p.196,
　　　　　　　　　　　筑摩書房，1989 年；佐藤 1987: 243)
(18) *Ultrabooks* are *laptops* after all, but not all *laptops* are *ultrabooks*.［ウルトラブックスも結局ノート PC、しかしすべてのノート PC がウルトラブックスだというわけじゃない。］　　　　　(Harris et al. 2018: 161)
(19) Try to learn *something* about *everything* and *everything* about *something*.［す

べてのことについて何かしら、また何かについてはすべてを学ぶよう努めよ。〕 　　　　　　　（Thomas Huxley; Brainy Quote; 2024 年 6 月 20 日閲覧）

11.1.3　対照性

　形式的に対照性が表現されていても、その内容に意味的な対照性がなければ、一方が他方を際立たせる効果は期待できない。対照法の第 3 の条件は、比較される概念に対照性があることである。『アレクサンドロスに贈る弁論術』（Rhetorica ad Alexsandrum）では、形式の面と意味の面の両方で対照性があるのが完全な対照法であるとされる（アリストテレス 1968: Ch. 26）。意味的な対照性をもつ対照法の典型例としては、例えば（1）の small/giant のように、対義語（antonym）を用いる場合が挙げられる（Wales 2014: 25）。

　何が対照的な言葉であるかについての認識は、言語のなかで慣習化している。例えば「生の反対は？」と問われると、人は自動的に「死」という答えが浮かぶ（佐藤 1981: 122–123）。対照法の効果は、起点極によって生み出された語彙的な予測（expectation）を目標極が裏切る場合には失われることがある（Fahnestock 1999: 47; Green 2023: 3）。例えば（20）では wise/foolish の対が、fail/succeed の対とともに対照性をもつのに対して、（21）では fail からの予測が裏切られるため、対照法として不完全な印象を与える。（22）はこの予測を逆手に取ったユーモアで、「Twitter」と対照的な SNS プラットフォームである Instagram を強く予測させる平行法の位置にあえて「島根県」を入れて裏切ることで、対照法を破綻させている（この比較が Twitter のモチーフである鳥から「鳥取」への連想にもとづいている可能性はある）。

(20)　The *wise fail* and the *foolish succeed*.
(21)　The *wise fail* and the *foolish* do much better.　　　　（Fahnestock 1999: 47）
(22)　どっちかって言うと、どっちかって言うとそのー、<u>面白さとか、ユーモアセンスみたいなやつ</u>が評価されやすいのが、<u>Twitter</u> ですよね。でそれとは逆に、主に写真とかを投稿して、どっちかっていうと<u>綺麗だな美しいなっていうの</u>が評価されやすいのが、<u>島根県</u>ですよね。

どっちが島根だっけってなる人多いんで。こっちが島根です、覚えて帰ってください。え、逆でしたっけ？え、こっちが島根？こっちがTwitter？鳥取は？お願いしますー。

(サツマカワRPG「漫談」YouTube@yesrpg3888, 2020年3月19日；2024年6月20日閲覧)

(22) は、対照法として機能することを狙いとした表現ではないが、共通構造からいかに強く対照性が予測されるかを示している。共通構造による予測を利用することで、慣習化された語句の対照性を強めるだけでなく、新しい対照性を作りだすこともできる (cf. 瀬戸・宮畑・小倉 2022: 288)。例えば (1) の step/leap はともに移動を表す名詞であり、man/mankind はともに人間を表す名詞であるため、これらは対義語とは言えないが、対照法によって2つの概念が分離され、その差異に際立ちが与えられている。(23) では「書きちらす」と「書かする」という、文を書くという点では共通している述語を、対照法によって概念的に分離し、それぞれに対照的な評価（「よし」「うるさし」）を与えている。(24) は食べものとしては肉と魚といったゆるやかな対照性しか持たない「ブタ」と「シャケ」の生活様態を対照法で表現することで、この2つが「逆」であることを説得的に示している。

(23) 手のわろき人の、はばからず文（ふみ）書きちらすは、よし。見ぐるしとて、人に書かするは、うるさし。［筆で書く文字の下手な人が、遠慮なく手紙をどんどん書くのは、よい。みっともないと思って、他人に書かせるのは、いやみなものだ。］

（吉田兼好（著）西尾実・安良岡康作（校注）「第三十五段」『新訂 徒然草』: 70, 岩波書店, 1928年；佐藤 1981: 103）

(24) ［いつもと逆の行動をして弱気な自分を変えようとしていたF・Fが、昼食に何を食べるか迷っていた際に］
配膳係のおばちゃん：ブタの逆はシャケだぜ。ブタはゴロゴロした生活だがシャケは流れに逆らって川をのぼるッ！
F・F：気に入ったーーッ！

(荒木飛呂彦『ジョジョの奇妙な冒険 Part6 ストーンオーシャン』69: 113, 集英社，2001 年)

以上を要約すると、典型的な対照法の使用条件は、漠然とした事柄を伝達するときに、それと対照性をもつ事柄を引き合いに出すことができるような、言語的な共通構造を見つけ出すことができることだと言える。

11.2　意味関係の画定

11.1 節で触れたように、対照法は他の文彩と共起することがある。複数の文彩を同時に使用することができれば、より強い効果を生み出すことができる。Harris et al.（2018: 160）によれば、どの文彩が結合するかの傾向は、その機能がどの程度一致するかの傾向と相関する。つまり、使用の動機が一致する文彩は共起するということである（Harris 2013: 595）。

対照法の基本機能は、2 つの語句のあいだに対照的な意味関係（semantic relation）を生み出すことである。この機能が必要となるのは伝えたい事柄が漠然としている場合であるが、そのような状況として、ある表現が何と対比されているかが十分明らかでない場合（11.2.1 節）や、使用したい表現とその類義表現が漠然と同じ意味で理解されているという場合（11.2.2 節）が挙げられる。

11.2.1　堆積法

堆積法（accumulation）とは「本質的には同じことを別の言葉で連続して述べる」（Quinn 2010［1982］: 65）表現であり（25）のような表現が挙げられる。

(25) Shallow: I will not excuse you. You shall not be excused. Excuses shall not be admitted. There is no excuse shall serve. You shall not be excused.［なんとしてもなりませんぞ。不承知でござるな。ああ、言訳など聞く耳もたぬ。なりませんとも、なりませんとも］

(Shakespeare, *Henry IV*, Part 2, 5.1.5; Folger Shakespeare Library;

2024 年 6 月 21 日閲覧；訳は中野好夫訳『ヘンリー四世：第二部』: 162, 岩波書店, 1970 年；Quinn 2010 [1982]: 66)

　堆積法の主な機能はある事柄を強調することであるため、対照法と機能が似ており、堆積法と対照法は同時に使われることも多い。(25) のような類義表現で同じ事をくり返す堆積法とは異なり、対照法を用いた堆積法ではあることを断定して反対のことを否定する (Quinn 2010 [1982]: 67)。ある事柄の裏側まであえて述べることで、印象深く、分かりやすい表現になることがある (Bain 1890: 196)。例えば (26) に関して、「ちいさな」子猫だと言えば、大きくも、中くらいでもないことは含意されるが、あえてこの含意を対照法で言語化することで、子猫の小ささを印象深く表現している。

(26)　となりの　うちには　こねこが　いました。
　　　この　こねこは、おおきな　こねこでは　ありませんでした。
　　　ちゅうくらいの　こねこでも　ありませんでした。
　　　ほんの　ちいさな　こねこでした。
　　　そして　この　こねこは、とても　いたずらな　こねこでした。
　　　（バーナディン・クック（文）レミイ・チャーリップ（絵）まさき　るりこ（訳）
　　　『いたずらこねこ』福音館書店，1964 年）

　通常の堆積法では、(25) のように、くり返しの回数は恣意的に決められるのに対して、断定と反対の否定を対比すると「たった 2 つの項で完全性の感覚が生じる」(Quinn 2010 [1982]: 67)。(27) の 2 文は論理的には同値であるとは言えないが、平行法によって同じ事実の表と裏を述べているような印象が生じ、勉強すると何をしたいか分かるということの意義が、勉強しないと何をしたいか分からないということとの対比によって強調される。

(27)　勉強するから、何をしたいか分かる。勉強しないから、何をしたいか分からない。

（北野武；『はっとさせられる言葉たち』

2020 年 4 月 21 日；2024 年 6 月 21 日閲覧）

11.2.2　類義区別

　堆積法が、対照的なものを比較してその同一性を強調するのに対して、**類義区別**（paradiastole）は、似通ったものを比較してその差異を強調する（佐藤・佐々木・松尾 2006: 388）。例えば（28）のように、「愛」と「恋」は類義語であると言えるが、（29）はこの類義語の差異を強調する類義区別の表現であると言える。

(28)　太郎は花子を愛していたし、彼女も彼に恋をしていた。
(29)　太郎は花子を愛していた、しかし彼女のほうは彼に恋をしていたのである。
(30)　彼は損得によって決断したのではない、愛憎によって動いたのだ。

（佐藤 1981: 116；下線部は原文では二重括弧）

　（29）は「A は B { を / に } C していた」という平行法の構造をもつため、対照法の例でもある。類義区別に対照法を用いて、混同されやすい 2 つの類似概念を分離することはよくある。対照法は、通常理解されている類義語や対義語の意味関係を談話やテクストのなかで再規定する効果をもつことがある。例えば（30）では「愛」と「憎」という対義語がセットになり、「損得」と対照されることによって、「愛」と「憎」には感情という共通点があることが暗示される。この例は、類義語を対義語のように見せる（29）の類義区別とは対照的に、対義語を類義語のように見せる点で興味深い。

(31)　Emma: I *love* you, Dexter. So much. I just *don't like* you anymore. I'm sorry.［愛してる、デクスター。とても。もうただ楽しいだけではいられないの。ごめんなさい。］

（Directed by Lone Scherfig, *One Day*, Random House Films, Film4 Productions, and Color Force, 2011）

(32)　1 人でも成立するのが恋　2 人必要なのが愛

　　　　理由作って会うのが恋　理由もなく会えるのが愛
　　　　伝え方に悩むのが恋　伝えなくても伝わるのが愛
　　　　奪うのが恋　与えるのが愛
　　　　一瞬で生まれるのが恋　一生育むのが愛
　　　　すぐに消えるのが恋　ずっと残るのが愛
　　　　恋も愛も大切にしたい。
　　　　　　　　　　（X@i_baku2020，2021 年 6 月 23 日；2024 年 6 月 21 日閲覧）
（33）　恋が着せ、愛が脱がせる。　　　（広告，眞木準（制作）伊勢丹，1989 年）

　対照法による共通点の明示は、似通ったものの比較の着眼点を示すことがある。例えば（31）は友人であったデクスターに愛を告げる際、like の否定を起点極、love を目標極として際立たせることで、愛の深さを強調している。（32）は平行法、押韻、結句反復など、音韻、語彙、文法レベルの反復による対照法を用いて、恋と愛を比較する着眼点を多数提示している。（33）は対照法だけでなく換喩（第 12 章参照）も結合した類義区別の例である。用いられている平行法は「A が B せる」という構造で比較的シンプルであるが、ここでは「恋」と「愛」がそれぞれ、恋している人、愛している人を換喩的に表しており、恋と愛の違いが、人が服を着る（恋をしている人は服を着飾る）ことと服を脱ぐ（愛し合うようになると服を脱ぐ）ことの違いとして対照されている。恋と愛の概念的な対照性が、ここでは衣服にまつわる身体行為の対照性という観点から具体化されており、服飾品を扱う百貨店のキャッチコピーとしての効果を生み出している。

　以上のように、対照法を用いた堆積法、類義区別は、言わんとすることが何と対比されており、何から区別すべきかを示すことで、伝えたい意味を明確化し、強調することに寄与する。

11.3　意味変化の整理

　対照法は、構造の面でも機能の面でも、多くの状況に応用できる特性を持っており、11.2 節で示したように他の表現法と組み合わせて使うことが

できる。以下では、隠喩、直喩、逆説が対照法と結合する例を取りあげる。これらの文彩は、字義通りの意味を逸脱するトロープであり、場合によっては、意味の劇的な変化に受信者の理解が追いつかないことがある。これらと共起する対照法はトロープの複雑な意味をときほぐし、理解しやすいかたちに整理するはたらきを担う。

11.3.1 隠喩と直喩

隠喩（metaphor）（第 10 章参照）は伝えたい内容とは別の概念を持ち出して、両者を類似性にもとづいて統合する文彩であるが、両者をつなぐ類似性が分かりにくい場合には、2 つの概念の比較の着眼点を際立たせる対照法の機能が役立つ。例えば（34）では対照法を用いて「和食」が「引き算」に、「洋食」が「足し算」に喩えられているが、この隠喩はそれだけでは何が類似しているのか伝わりにくい。続くテキストではさらに対照法を用いて「和食」を「水墨画」に、「洋食」を「油絵」に喩える**直喩**（simile）が用いられている。この対照法は、和食と洋食を素材、調味料、風味の足し引きによって比較していることを強調する効果をもち、これによって「引き算」「足し算」の隠喩の理解を助けるはたらきを担っている。

(34) 和食は引き算。「出汁を引く」「アクを引く」「湯引きする」
洋食は足し算。「スパイスを足す」「ワインを足す」「ハーブを足す」
和食は、「引き算」の美学。そこには、余計なものを「引く」ことで本質をシンプルに「引き」たてる、「水墨画」のような味わいがあります。洋食は、「足し算」の美学。それは、何度も絵具を「足し」重ねることで奥行きを生み出す、「油絵」のような味わいです。

(広告，味の素；『朝日新聞』北海道版，2015 年 3 月 21 日朝刊)

直喩は比較構文を用いる文彩であるため、形式的に対照法と重なることがある。特に A：B ＝ C：D という類推関係を明示する（35）のような表現は、対照法を用いた直喩の形式をもつと言える。ここでは「慢性の病気」という一般的な事柄を起点極として引き合いに出すことで、「慢性の寿命」という新たな隠喩的概念が目標極として提示され、生の持続性に関する独自の

見方が表現されている。

(35) 「姉さんもこんなじゃ何時ああなるか分らないよ、健ちゃん」
　　彼女は仏壇から眼を放して健三を見た。健三はわざとその視線を避けた。
　　心細い事を口にしながら腹の中では決して死ぬと思っていない彼女の言い草には、世間並の年寄と少し趣を異にしている所があった。慢性の病気が何時迄も継続するように、慢性の寿命が又何時迄も継続するだろうと彼女には見えたのである。
　　　　（夏目漱石「道草」68『漱石全集第十三巻』: 3–230, pp. 151–152, 岩波書店，
　　　　　　1957 年；新字・新仮名遣いに修正；佐藤 1981: 126）

　隠喩は語に新しい意味を与える文彩であるが、その意味が慣習化して、語の多義性（polysemy）に組み込まれることがよくある（籾山 2021: Ch. 4）。隠喩にもとづく語の多義性は言葉遊びの資源になる（第 13 章参照）。(8) の「想いをぶつけても」、(9) の「チームワークは固めても」、(10) の「心は乱れても」の下線部は慣習化した隠喩であるが、同じ動詞が隠喩の意味と字義通りの意味で反復されており、形式的には対照法であると言えるが、意味的には明確な対照性があるわけではない。このような見せかけの対照法を用いた言葉遊び（13.3 節）による広告の例としては、さらに (36) が挙げられる。これらが示すように、対照法は洒落を用いた言葉遊びを分かりやすく示す手段として使用されることがある。

(36) 「待って待って！待って待って待って！」［バスが出発する］
　　世間は冷たいが　N ウォームは温かい
　　［くしゃみをした勢いで会議資料を破り、同僚から白い目で見られる］
　　視線は冷たいが　N ウォームは温かい
　　「ただいま！」［妻と娘が無視する］
　　家族は冷たいが　N ウォームは温かい
　　　　　　　　　　　　　　　　（CM「N ウォーム」ニトリ，2016 年）

11.3.2　逆説

　堆積法の対照法は、ある事柄と、その反対の事柄の否定を述べることで、完全性の感覚を生じさせる効果をもつ。(37) や (38) はこの点で対照法を用いた堆積法の例であると言えるが、11.2.1 節でみた例とは異なり、目標極が常識から逸脱するような主張であるため、矛盾したような言い方で真実の一端を示す**逆説**（paradox）（9.2.3 節参照）の例でもあると言える。例えば (37) では、対照法なしに、人は誕生を嘆くべきだということだけが提示されても逆説的な意味は伝わりにくい。ここでは、人は死を嘆くべきだという常識的な見方を起点極として示すことで、人は生を嘆くべきだ（すなわち、生きるというのは辛いことだ）という目標極の真実味を強調している。

(37)　A man should be mourned at his *birth*, not at his *death*.［人はその死を嘆くのではなく、その生を嘆くべきである。］

(Charles-Louis de Montesquieu; Quinn 2010 [1982]: 68)

(38)　Nous plaisons plus souvent dans le commerce de la vie par nos *défauts,* que par nos *bonnes qualités*.［世間の付き合いでは、われわれは長所よりも短所によって人の気に入られることが多い。］

(François de La Rochefoucauld, *Reflexionou sentences et maximes morales*, 90, p. 34, 5th edition, chez Claude Barbin, 1678；訳は二宮フサ（訳）『ラ・ロシュフコー箴言集』, p. 35, 岩波書店, 1989 年；香西 1993: 22)

　対照法は意外性のある主張を理解しやすく、名句らしく整え、発信者が機知に富んだ人物であるように見せる効果をもつ（Corbett and Connors 1999: 383）ことがある。(37) や (38) の対照法は、モンテスキューやラ・ロシュフコーのエトスを、異質なすぐれた存在として描き出す効果をもつと言える。

　対照法を用いた逆説が風刺に用いられることもある（Wales 2014: 25）。Harris and Marco（2017: 211）は (39) のツイートが簡潔で要を得た、説得推論の論証であると述べている。この対照法は、女性は X でないと攻撃され、X だと攻撃されるという、X が攻撃の原因だとすれば両立し得ない 2 つ

の状況の対照性を強調している。この逆説は、X（すなわちヒジャブを着ること）が攻撃の原因となっているわけではなく、女性はつねに攻撃されるのだという結論を導く。問題はヒジャブを着るという女性の行動にあるのではなく、女性の行動を支配しようとする男性の行動にあるのだという批判の説得力を増す上で、この対照法による逆説はロゴスに寄与している。

(39) Women in *Middle East* attacked for *not wearing* hijab. Women in the *West* attacked for *wearing* hijab. It's almost like women aren't the problem.［中東の女性はヒジャブを着ていないと攻撃される。西欧の女性はヒジャブを着ていると攻撃される。問題は女性ではないみたいだ。］

(X@omarsakrpoet, 2016 年 12 月 4 日；2024 年 6 月 21 日閲覧；
Harris and Marco 2017: 211)

 以上のように、対照法は、複雑なトロープの意味変化を整理し、理解しやすくするはたらきを担うことがある。対照法にしばしば使用される平行法の形式は、さまざまな語彙を入れて使うことができ、文彩のテンプレート構造として利用することができる。

11.4　本章のまとめ

 対照法は、構文の共通構造によって、意味の対照性を示す文彩である。たいていの場合、比較される 2 つの概念のうちの一方が伝えたい目標極で、もう一方はそれを強調するために引き合いに出される起点極として機能する。対照法は構造的にも機能的にも汎用性があるため、他の文彩との組み合わせで使用されることが多い。対照法には、堆積法のなかで完全性の感覚を与える効果、類義区別において概念を分離して認識させる効果、隠喩や直喩において独創的な類似性を際立たせる効果、逆説において 2 つの事柄の矛盾を提示する効果などがあり、さまざまなレトリックの条件で柔軟に使用できる基礎的な文彩であると言える。

----

1 ── Mann and Thompson（1987）による対照法のアンチテーゼとテーゼの考察は、修辞構造理論（Rhetorical Structure Theory; RST）（Mann and Thompson 1988）の核項（nucleus）と付随項（satellite）の概念を背景にしている。あるテクストにおいて、核項とは発信者の主な目的を表す部分であり、付随項とはその補足材料となる部分である（Mann and Thompson 1987: 3）。修辞構造理論は、修辞学とは直接的には関係づけられていない（Green 2023: 4）が、対照法をテクスト全体の目的（すなわち、レトリックの課題）と結びつけて論じている点で興味深い。

第12章

近接性の文彩

凝縮のレトリック

　「通常の語法」から逸脱する文彩は、思った以上に私たちの生活のなかに入り込んでいる。語彙を字義通りに使ったり、文法を規則正しく使ったりすることは、コミュニケーションのなかで絶対視されるわけではなく、字義通り、規則通りの語法にこだわらないことが、話の内容を効果的に表現することにつながることもある。この章でとりあげる**換喩**（metonymy）をはじめとした近接性の文彩は、字義通りの言葉を切りつめ、意味を凝縮する表現法である。

　まず12.1節では、近接性の文彩として換喩と提喩を挙げ、その使用条件を考察する。12.2節では、これらの文彩がもつ伝えたい内容の全体を暗示する効果が、字義通りには表現し得ないこと、表現しにくいこと、表現したくないことを表す役割を担うことを論じる。12.3節で取りあげるのは、近接性の文彩がもつ負の側面であり、これらの文彩を使用することによって、偏見や不快感が暗示される例を考察して、近接性の文彩を使用する際に注意すべきことを述べる。

12.1　換喩・転喩・提喩

　換喩はトロープの一種であり、字義通りの意味からの逸脱を含む。その特徴は、言わんとすることの全体を伝えるために、際だった性質や特徴だけに部分的に言及する（Langacker 1993, Radden and Kövecses 1999）ことである。Corbett and Connors（1999: 398）によれば、換喩は次のように定義される。

定義⇨ 12.1　換喩とは、実際に表そうと意図しているものの代わりに、その性質や特徴を表す語句を用いることである。

(1)　I say to the House as I said to Ministers who have joined this government, I have nothing to offer but *blood*, *toil*, *tears* and *sweat*. ［この政府に参加してきた人々に言ったように議会にも申し上げます、私が差し出せるものは、血、労苦、涙、そして汗だけです。］

(Winston Churchill, Inaugural speech in the House of Commons of the Parliament of the United Kingdom, May 13, 1940)

　(1) は戦時下のイギリスで首相を務めたウィンストン・チャーチルの就任演説の一節である。血 (blood)、労苦 (toil)、涙 (tears)、汗 (sweat) という表現は、全力を尽くす仕事を表す換喩の例である。汗をかき、涙を流し、労苦をいとわず、場合によっては血を流してでも成し遂げるということは、全力を尽くすという行為の特徴であり、これらの際立った特徴が言わんとすることの全体を暗示的に示している。

　換喩の理解は、ある存在とその特徴という2つの概念のあいだの関係を理解することにもとづいており、隠喩と同じように、「起点」と「目標」の対応関係として特徴づけられる (Barcelona 2003: 245)。本書では、換喩の伝達目的となる存在を**目標要素**（target element）、目標要素の関連する性質や特徴を**起点要素**（source element）とよぶ。例えば (1) の汗は換喩の起点要素、仕事は目標要素である。

　換喩の起点要素と目標要素の関係は多様である（小松原 2023b）。例えば、作者で作品を表す「漱石（>作品）を読んだ」、生産者で産物を表す「トヨタ（>車）を買う」、容器で内容物を表す「毒が入った小瓶（>毒）を飲もうとする」、服飾品で人を表す「ピンクのスーツ（>人）が言った」、場所で人を表す「京都（>議員）が提案する内容」、部分で全体を表す「手（>人）が足りなくなってくる」などの例が知られている (Nate 2001b: 496, 小松原 2023b: 1–2)。特に、事態の発端でその帰結を暗示する「［お金を下ろしに］ATM 行ってくる」のような例や、あるいは逆に事態の結末でその前提を示

す「[十分に食べて] お腹が膨れる」のような原因と結果（cause/effect）の換喩は、特に転喩（metalepsis）と呼ばれてきた[1]。

　換喩との関係で論じられてきた文彩として、カテゴリーの伸縮に関わる提喩（synecdoche）が挙げられる。提喩は通常期待されるカテゴリー化のレベルの上、または下に行くことで通常の用語法から逸脱する（Nerlich and Clarke 1999: 207–208）文彩である。カテゴリー（類）の名前でその成員（種）を指す「食後には甘いもの（>菓子）が食べたくなる」のような例や、カテゴリーの特定の成員（種）の名前によってカテゴリー（類）全体を表す「今日のごはん（>食事）はスパゲッティ」のような例がある。提喩は次のように定義される（瀬戸・宮畑・小倉 2022: 62）。

> **定義 12.2** ⇨ **提喩とは、類を表す表現で種を意味する、あるいは逆に、種を表す表現で類を意味する表現である。**

　換喩、転喩、提喩は、隠喩（第 10 章）のように概念領域をそらすことなく、伝えたい概念の特定の側面に際立ちを与えて伝達する機能を備えている。以下の例はすべて涙を暗示する文彩であるが、(2) は換喩、(3) は転喩、(4) は提喩を用いた表現の例である。換喩は、涙を流すという経験の典型的な特徴（すなわち、悲しみの感情を抱くこと）に焦点を当てた表現であるが、転喩と提喩も、伝えたいことの特徴（すなわち、頬が濡れること、目の奥に熱を感じること）に言及しているという点は換喩と共通である。

(2) 　あの人を想う時、悲しみが溢れてくる…それは、あの人への変わらぬ愛情であり温もりの涙。

　　　　　　　　　　　　　　（『龍華霊園』公式ウェブサイト；2024 年 6 月 25 日閲覧）

(3) 　平日の雨の中、東京でこんなにキッズの人が来てくれるなんで本当に感激です。僕の頬が濡れてたのは雨だけのせいじゃありません。

　　　　　　　　　（「『THE ODAIBA 2019』大盛況！」『テレビ西日本』公式ウェブサイト，
　　　　　　　　　　　　　　　　　　　　　　2019 年 8 月 26 日；2024 年 6 月 25 日閲覧）

(4) 　患者の前で泣いたことがないわたしは、目の奥から、熱いものが溢れてくるのがわかった。

　　　　　　　　　　　　（「在宅医として必要なこと」『医療法人社団ゆみの』公式ウェブサイト，

2012 年 7 月 28 日；2024 年 6 月 25 日閲覧）

　以上のように換喩、転喩、提喩は、伝達内容を逐語的に表現するのではなく、概念的に関連性のある際立った事柄だけを表現することで、言いたいことの焦点を作り出し、凝縮した意味伝達を可能にする。このような文彩は、どのようなレトリックの条件で使用できるのだろうか。以下では、換喩に注目して、近接性、不必要さ、際立ちの観点から、その使用条件を考察する。

12.1.1　近接性

　換喩は、概念の**近接性**（contiguity）を利用した文彩である（Dirven 2003, Barcelona 2003）。ここでいう近接性とは、記号論で言う指標記号（index）にあたる（Wales 2014: 268）関係性であり、ある状況の経験や知識における連想関係（cf. Jing-Schmidt 2021: 136）を言う。例えば（1）の換喩の意味を理解するには、働くことには、汗をかき、涙を流し、苦労を重ねること——場合によっては血を流すこと——が伴うという経験（ないしは知識）が必要である。換喩を用いる第 1 の条件は、発信者と受信者が、起点要素と目標要素の近接性を形成する経験や知識を共有していることである。提喩の場合は、分類における近接性、すなわちある事柄をカテゴリーに分類したり（例えば、お菓子は甘いものという分類）、あるカテゴリーの模範的な例を挙げたり（例えば、食事といえばごはんという例示）する経験を考えれば、この条件は自然に拡張できる。この点で、換喩と提喩は近接性の文彩として位置づけられる。

　近接性は経験から形成される連想関係であり、感覚、知覚、認識、感情、思考などのあらゆる経験が換喩の基盤になる。例えば日本語の質感や様態を表すオノマトペは、オノマトペが表す特徴をもつ物体の換喩として用いられることがあるが、ある物体を見たり、触ったり、使ったりする身体経験から形成される近接性にもとづいた例が多くみられる。（5）の「モコモコ」は見た目とさわり心地、（6）の「シャカシャカ」はこすれ合う音、（7）の「プチプチ」はそれをつぶす時の音、（8）の「コロコロ」や（9）の「パタパタ」は道具の使用の様態が起点要素になっているが、これらが換喩として成り立つのは、目標要素となる物体との物理的相互作用の経験が共有されているか

らである。逆に、例えば（8）（9）の換喩は、目標要素である掃除用具を使ったことがない人には通じないことが予想される。

(5) 　赤子が冬場に<u>モコモコ</u>（＞モコモコした上着）を着てベビーカーで移動しているのを見るのが大好き

　　　　　　　　　　　　　（X@tomoe_1129，2020年10月30日；2024年8月11日閲覧）

(6) 　まだ少し寒くて　長袖の<u>シャカシャカ</u>（＞ウィンドブレーカー）を着て　ジョギング

　　　　　　　　　　　（X@lovelynarichan，2022年5月10日；2024年8月11日閲覧）

(7) 　<u>プチプチ</u>（＞エアキャップ）でぐるっと包んで送って頂きましたよ。

　　　　　　　　　　　　　　　　　（『Yahoo! 知恵袋』；BCCWJ: OC14_01040）

(8) 　［美容院で服についた髪の毛を取るために］<u>コロコロ</u>（＞粘着テープの掃除用具）使いますか？

(9) 　ついでに PC 周辺を<u>パタパタ</u>（＞掃除用具）で掃除しながら現状復帰してんだけどほこり溜まってて

　　　　　　　　　　　（X@ayayayaya_915，2019年7月30日；2024年8月11日閲覧；小松原 2023b: 15）

12.1.2　不必要

　換喩は、発信者と受信者に共有された連想を利用する（Cockcroft and Cockcroft 2014: 219）文彩である。換喩は隠喩のように新しい直観の経路を開くことはないが、よく通り慣れた経路を取ることによって、既に知られたことへの素早い直観を容易にし（Leech 1969: 153）、複雑な情報を扱いやすくする隠れた近道（hidden shortcuts）である（Littlemore 2015）。例えば（1）の内容は、「汗を流し、涙を流し、血を流して職務を全うする」のように、反復の文彩を用いて述べることもできるが、換喩を用いると、言葉数を減らすことで同じ内容を凝縮して伝達できる。

　換喩を使用する第 2 の条件として、必ずしも目標要素を字義通りに述べなくともよいということが挙げられる。未知の事柄を伝えるには、別の概念領域を導入したり（第 10 章）、別の語句と対比したり（第 11 章）するのが

効果的である。これに対して、既知の事柄はすべて言い尽くす必要はない。このような場合には言葉を切りつめる換喩が使用できる。例えば、(10) から (13) の「黒板」は黒板に書かれた文字を表す換喩の例であるが、これらをすべて「黒板に書かれた文字」と表現するのは、正確ではあっても、冗長である。この換喩はいわば情報が映し出される場所と言えるものに言及しているが、同様の条件を満たせば、「{テレビ／スマホ／パソコン}を見る」などのように、情報媒体を示す語は、情報それ自体を表現する換喩として機能する。

(10) 理科の時間、物理の授業で、教師が黒板を消したとき、恩蔵少年ははっとした。　(木村文哉『武道的身体のつくり方』; BCCWJ: PB57_00092)
(11) 学校で黒板が見えにくくなって前の方の席に移動した。
(12) 黒板を書く上で気をつけていること。
(13) 黒板を写している間、思考はほぼ停止している。

12.1.3　際立ち

換喩を含む文は1語か2語を挿入するだけで字義通りの文にパラフレーズできることがよくある (Leech 1969: 152)。例えば (10) の「黒板」は「黒板の字」とパラフレーズすれば字義通りの文になる。この点で、換喩は不要な語句の省略とみられることも多いが、語を付け加えたパラフレーズは、換喩がもつイメージの直接性や洞察を失う (ibid.) ため、換喩は単に語数を縮減しただけの表現ではない。例えば、Take a *bottle* [ボトルを取ろう]; What an excellent *dish* [最高の一皿だ]; Try a *bowl* [どんぶり食べてみて] (Fahnestock 2011: 103) のような容器で内容物を表す換喩は、一見すると目立った文体価値はないように思われるが、容器の物理的な実在性を際立たせ、消費される量を焦点化する (ibid.)。また (14) や (15) のような日付で重大事件を表す換喩は、その事件に歴史のコンテクストを与え、時間経過や歴史的意義を問うように目標要素をフレーミング (10.2 節) している。

(14) 3月11日（＞東日本大震災の記憶）を風化させない 〜私たちにでき

る防災対策〜　　　　　（『柏市』公式ウェブサイト；2024 年 6 月 28 日閲覧）

(15) But the memory of *the morning of August 6, 1945*（>the atomic bombing in Hiroshima）must never fade.

(Barack Obama, Speech in Hiroshima, May 27, 2016)

　夏目（1957 [1907]: 68–73）は換喩の有無による文体価値の差異を論じて、例として苦悩する王の描写を挙げ、シェイクスピアによる換喩表現である（16）と、デフォーによる換喩を用いない表現である（17）を比較している（鳶野 2014: 7–8）。

(16) Uneasy lies *the head that wears a crown*.［冠を戴（いただ）く頭（かしら）は安きひまなし。］

(William Shakespeare, *Henry IV*, Part II, Act 3, Scene 1；
訳は夏目 1957 [1907]: 68)

(17) Kings frequently lamented the miserable consequences of being born to great things, and wished they had been placed in the middle of the two extreme, between the mean and the great.［高貴の身に生れたる不幸を悲しんで、両極の中（うち）、上下の間に世を送りたく思うは帝王の習いなり。］　　（Daniel Defoe, *Robinson Crusoe*；訳は夏目 1957 [1907]: 68)

　夏目漱石の批評によれば、(17) について「この男［＝デフォー］の書き方は長いものは長いなり（...）に書き放してみじんも煎じ詰めたところが」（夏目 1957 [1907]: 72）ない「知恵のない叙法である」(ibid.) のに対して、(16) のシェイクスピアによる戴冠した頭部の換喩は、あいまいな知識しかもたない、王という存在に多くある部分のうちで「ここが明瞭に見えれば全体を明瞭に見たと同じ事になる」(ibid., p. 71) ような、注意を向けるべき際立った部分はどこかを示している。
　換喩の第 3 の条件は、起点要素となる概念の際立ち（salience）が高い（Langacker 1993, Radden and Kövecses 1999）ことである。換喩に関わる際立ちは、ある存在が他の存在を認知するためにどれほど役立つかという点に

関わる (cf. Langacker 1993)。例えば（1）の目標要素である全力を尽くす首相の仕事と、例えば政務に関わる書類とのあいだには近接性があるが「私が差し出すことができるのは書類だけだ」と言ってしまうと、全力を尽くすと言うことは適切に伝達されない可能性がある。全力を尽くす仕事という概念を認知する上で、汗は書類と比較すると際立ちが高い。「私が差し出すことができるのは汗だけだ」と言うことで、全力を尽くす人間の姿がありありと想像でき、その身体感覚が焦点化される。

以上のように、換喩の使用条件は、表現したいのが字義通りに表現する必要がないような事柄であり、それとの近接性が受信者と共有されているような際立ちの高い概念を見つけられることである。この条件は提喩にも自然に拡張できる。

12.2　背景化とポライトネス

換喩は、何かのよく知られた気づきやすい側面を取りあげて、その全体や他の側面を表す (Lakoff 1987a: 77)、言葉の暗示的な意味を引き出す文彩である。換喩の目標要素は必ずしも字義通りに表現する必要がない（12.1.2 節）が、そのコミュニケーション上の動機は状況によって異なる。以下では目標要素が容易に言語化できない（12.2.1 節）、談話上回避したい（12.2.2 節）といった場合に注目し、目標要素を概念的に迂回（conceptual bypassing）するために換喩が用いられる (Jing-Schmidt 2021: 139–140) ことを論じる。

12.2.1　濫喩

濫喩（catachresis）とは、適切な用語が利用できないためそれが必要となるような比喩を言う (Nate 2001a: 88)。例えば「椅子の足」や「飛行機の翼」は隠喩的ではあるが、字義通りの表現には容易にはパラフレーズできない濫喩でもある。隠喩だけでなく換喩も、濫喩としての役割を担うことがある。例えば、オークションで Sold to the *red hat* by the door［ドアのそばの赤い帽子の方に売れました］のように言う場合や、サービス業で The *ham sandwich* is by the window［ハムサンドは窓際だよ］のように言う場合は、正確な行為者が誰であるか特定できなくとも、その人のことを指すことができるとい

う利便性が換喩にはある（Wales 2014: 268）。

　名前が特定できない人物は、その人物がもつ知覚的特徴で表現するしか手立てがないことがある（鳶野 2014: 11–12）。例えば（18）の「顔」は名前が分からない人物の、また（19）の「頭」は個人の特性が問題にならない人物を指す換喩であり、「名もなき登場人物」（ibid., p. 11）のための濫喩であると言える。（20）は「場面に彩りを添えているのみで、小説において重要な役割を果たすものではない」（ibid., p. 12）市中の人々が濫喩によって表現されている。

(18)　ここいらじゃ見かけない顔（＞人）だね。
　　　　　　（浅田次郎『地下鉄に乗って』; BCCWJ: LBl9_00086; 小松原 2023: 7）
(19)　単に頭数が揃ったって駄目だし、逆に個性派揃いってだけでも駄目。
　　　　　　（山本弘人『共済で日本を変える男 EXA 社長・中川博迪の挑戦』; BCCWJ: PB52_00211）
(20)　茶屋の小僧が臼を挽きながら笑う。旗振の着るヘル地の織目は、埃が一杯溜って、黄色にぼけている。古本屋から洋服が出て来る。鳥打帽が寄席の前に立っている。
　　　　　　（夏目漱石『虞美人草』14, p. 232, 岩波書店, 1939 年; 鳶野 2014: 11–12; 新字・新仮名遣いに修正）

　目標要素の特定は可能であるが、目標要素の直接的な表現が専門的すぎる、詳細すぎるといった理由から実用性をもたない場合も、換喩は濫喩と似た機能を担う。(21) から (23) の smell of N という形式における名詞 N は、指示対象が空気中を漂う嗅覚物質ではなく、その匂いと近接性をもつ概念であるという点で換喩の例であると言える。目標要素である嗅覚物質の化学的な名称は存在するが、そのような専門用語は分かりにくく、特定するには専門的すぎる（Jing-Schmidt 2021: 141）ため、換喩はそのような専門用語を迂回して表現するように用いられていると考えられる。

(21)　Fruit flies drawn to sweet smell of *youth*.［果実蠅は甘い若さ（＞若い人）

の匂いに引き寄せられた。］

(22) So this is my interpretation of what Canadian Whiskey would have looked like in the 1860s. That's the smell of ethyl acetate, that's the smell of *age*. ［1860年代もののカナディアン・ウイスキーがどんな感じかと言えば、これは私の意見ですが、つまり酢酸エチルの匂い、老い（＞熟成したウイスキー）の匂いです。］

(23) The room still secrete a faint odor of alcohol, a stifling and sweet smell of *disease*. ［その部屋にはまだアルコールの香り、重苦しく甘い病（＞病人）の香りが少し残っています。］

(Jing-Schmidt 2021: 137)

12.2.2　婉曲語法

　近接性の文彩が用いられる場面には、目標要素の言語化を回避すべきコミュニケーション上の理由があるという場面もある。なかでも類の提喩は、あまりに多くの、あまりに特定性の高い事物を導入することを回避するための手段として用いられる（Nerlich and Clarke 1999: 207；cf. Dirven 2003: 101）、語彙レベルの文体の表現性（8.3.1節）に関わる文彩である。

　類の提喩はまた、死、病気、性、排泄、犯罪、差別など、あまりはっきりと口にしたくない対象を指す場合の、**婉曲語法**（euphemism）として用いられることがある。婉曲語法とは、不快なものや、不道徳なもの、社会的にタブーとされているものを喚起するような語句の代わりに、より不快感の少ない礼儀正しい表現を用いることであり（Wales 2014: 146）、ポライトネス（politeness）への配慮を反映した表現である（ibid.）。例えば、排泄することを「用を足す」、月経を「生理」と表現するなど、類の提喩は婉曲語法の手段であり（Nerlich and Clarke 1999: 207, 野内 2000: 33, 小松原 2018: 35–36, 瀬戸 2024: 138–140）、相手の感情を害することを避ける機能を担っている。

　(24) の「事実」という語は、出典作品の主人公である春琴の妊娠を、提喩を用いた婉曲語法で示している。春琴には定まった付き合いのある人や夫があるわけではないが、お腹が大きくなるにつれ周りの人達は春琴が妊娠しているのではないかと推測する。このコンテクストでは「事実」は、この推

測の確証を意味する、妊娠の間接的な描写になっている。(25) では、直接的な表現を、婉曲語法を目的として提喩に言い換えたことを（ややわざとらしく）語り手自身が説明している。

(24) まさかとは思ったけれども内々気を付けてみるとどうも怪しい、人眼に立つようになってからでは奉公人の口がうるさい（…）深く追求しかねるので腑に落ちないながら一箇月程捨てておくうちに最早や<u>事実</u>を<u>蔽(おお)い隠せぬ</u>迄になった。

(谷崎潤一郎『春琴抄』pp. 33–34, 新潮社, 1987 年; 小松原 2018: 35)

(25) 全身にまばゆい喝采を浴びたこの幸福な瞬間がなかったとしたら、彼はとうの昔に首でもくくって――いや、これは失礼。極めて小数の人達しか知らない<u>悪い言葉</u>を私はうっかり用いたのである。

(坂口安吾「村のひと騒ぎ」『坂口安吾』: 21–43, p. 22, 筑摩書房, 2008 年;
小松原 2018: 35)

(26) はタブーを取り沙汰する会話で、提喩による婉曲語法が効果的に使用されることを示している。出典作品の主人公である「瀬川」は、近世の封建的身分制の最下位におかれた身分である穢多(えた)の血筋であるという素性を隠して生活していた。(26) は、その素性についての噂が同僚の間に流れ、瀬川が穢多であるかどうか議論している場面での台詞であり、下線部は「穢多」という差別用語を回避するために使用された極めて抽象度の高い表現である。

(26) 「他でも無いんですがね、瀬川君は――まあ、<u>近頃世間で噂のあるような素性(すじょう)の人</u>に相違ないという説と、いやそんな<u>馬鹿なこと</u>が有るものかという説と、こう二つに議論が別れたところさ」

(島崎藤村『破戒』p. 316, 新潮社, 1954 年)

以上のように、抽象度を過剰に上げる提喩を用いた婉曲語法は、それ無しには相手の感情を害するような事柄の直接的な表現を回避するという点で、

負のパトスを避け、ポライトネスを保つ機能を担っている。

12.3 前景化とインポライトネス

　換喩や提喩が言語化するのは、際立ちの高い起点要素だけである（12.1.3 節）。このことから、近接性の文彩は起点要素となる概念の特性だけに受信者の注意を引きつけ、目標要素についての理解をそれ以上問題にせず単純化し（Jing-Schmidt 2021: 147）、目標要素のステレオタイプ化をしばしば伴う（Cockcroft and Cockcroft 2014: 219）という側面をもつ。この側面は、いわば近接性の文彩の負の側面であり、効率性や意味の凝縮といった正の側面の裏側にあるものとして、使用の際に十分考慮する必要がある。以下では、特に人物を表す換喩と提喩に注目して、近接性の文彩がその人物をステレオタイプ化し（12.3.1 節）、場合によっては、偏見を表出するインポライトネスの効果をもつ（12.3.2 節）ことを論じる。

12.3.1 ステレオタイプ

　換喩は際立った特性だけに言及し、その他のすべての性質を背景化、あるいは無視するため、その社会集団の理解を過度に単純化する。換喩的なラベリングがくり返し用いられると、人種的、地理的、社会経済的、政治的な特徴に関して**ステレオタイプ**（stereotype）との連想が形成される（Jing-Schmidt 2021: 142）。

　例えば、フィクションのなかで用いられる、身体部位や服装などの外見的要素の換喩は、目に見えない人間の性格や社会集団の特性を示す（cf. Cockcroft and Cockcroft 2014: 219）。(27) の一連の人物描写は、身体や外見の特徴を述べているのであるが、「油気のない髪」「横なでの痕」「皸だらけの両頬」は、娘の「田舎者」らしさの指標記号として機能しており、「霜焼けの手」は、娘が寒い中の水仕事などをしていることを、「三等の赤切符」は娘が貧しいことを暗示している。

(27)　それは油気のない髪をひっつめの銀杏返しに結って、横なでの痕のある皸だらけの両頬を気持の悪い程赤く火照らせた、如何にも田舎者ら

しい娘だった。しかも垢じみた萌黄色(もえぎいろ)の毛糸の襟巻(えりまき)がだらりと垂れ下った膝の上には、大きな風呂敷包みがあった。その又包みを抱いた霜焼けの手の中には、三等の赤切符が大事そうにしっかり握られていた。

(芥川龍之介「蜜柑」『芥川龍之介全集 3』: 31–36，p. 32，ちくま文庫，筑摩書房，1986 年)

　(27) は物語の序盤の描写であるが、この描写は娘の外見的特徴と貧しい田舎娘というステレオタイプとの連想を形成し、この意味づけが物語の中盤、(28) で再び言及される「霜焼けの手」の解釈に影響を与えている。(28) の「あの霜焼けの手」は娘の換喩であるが、この起点要素の選択は、娘を霜焼けの手をもつ人物として前景化し、その特徴から連想されるステレオタイプと、話者の娘に対する否定的な感情とを結びつける効果をもたらしている[2]。

(28)　(...) この小娘は、わざわざしめてある窓の戸を下そうとする、──その理由が私には呑みこめなかった。いや、それが私には、単にこの小娘の気まぐれだとしか考えられなかった。だから私は腹の底に依然として険(けわ)しい感情を蓄えながら、あの霜焼けの手が硝子戸を擡(もた)げようとして悪戦苦闘する容子(ようす)を、まるでそれが永久に成功しない事でも祈るような冷酷な眼で眺めていた。

(同上，p. 34；小松原 2021: 134)

　(27) からも示唆されるように、ある服装は特定のステレオタイプを連想させることがあり、服装の換喩は、目標要素への態度や評価を暗示することがよくある。(29) のブルージーンズの換喩は、グランディ氏が、その状況で相手がジーンズを着てくるということに対して否定的な態度を取っていることを暗示する。(30) のスーツの換喩は、夜の仕事に就く語り手が抱く、スーツを着る人（典型的にはスーツを着て日中働くビジネスマン）に対する負の感情が見て取れる。

(29) Mrs. Grundy frowns on *blue jeans*.［グランディ氏はブルージーンズに眉をひそめた。］
(Lakoff and Johnson 1980: 35)

(30) The best part of working at night is that the *suits* have gone home.［夜の仕事の最高なところは、スーツはもう家に帰ってるということ。］
(Bank of English; Littlemore 2015: 5)

12.3.2　偽悪語法

　負の感情をあらかさまに表出する換喩は、**偽悪語法**（dysphemism）となることがある。偽悪語法は、婉曲語法とは対照的に、通常予想される礼儀正しい表現の代わりに、不快な語句をあえて用いることを言う（Wales 2014: 147）。

　例えば（31）の女性を足として擬物化（depersonalization）して非人間化する換喩は、偽悪語法と言えるほどに女性に対する侮蔑的な態度を表出している。Littlemore（2015: 24）によれば、この換喩は女性を性的な対象として捉える侮辱的な男性的視点を示している。Demjén and Hardaker（2017）が調査したフェミニスト活動家への誹謗中傷のツイートのなかにみられる、女性器によって女性を表す換喩も、この種の偽悪語法の例であると言える。

(31) I couldn't bear the way men regarded me as just *a pair of legs*［男が私をただの一組の足と見ているのに我慢がならないのです。］
(Bank of English; Littlemore 2015: 24)

　人を換喩によって表すと、ある社会集団の特性、価値観、目的、振る舞いなどにもとづいて、内集団から外集団が区別され、内集団が肯定的に、外集団が否定的に特徴づけられる（Jing-Schmidt 2021: 144）ことがある。例えば（31）の換喩は、身体的特徴にもとづいて女性を否定的に特徴づけている。(32)では、「ピンク色の洋服」という換喩が、西洋に憧れる人を否定的に特徴づけている。出典作品のコンテクストでは、問題のピンクの洋服を着る女性は、典型的な日本人的身体特徴を押し隠すために西洋的装飾によって着飾る人として描かれている。「ピンク色の洋服」の換喩は、この女性に

対する話者の侮蔑的な態度を表出する、インポライトネス（impoliteness）の効果をもつ偽悪語法の表現であると言える（小松原 2025）。

(32)　ピンク色の洋服は、せいの高い、肉感的な長い両腕をムキ出しにした太った女で、豊かなと云うよりは鬱陶しいほど沢山ある、真っ黒な髪を肩の辺りでザクリと切って、(...) そして何処までも純日本式の、浮世絵にでもありそうな細長い鼻つきをした瓜実顔の輪郭でした。
(...)
「ふん、威張るなよ！　あのピンク色の洋服（＞ピンク色の洋服を着た女）と踊ってる恰好なんざあ、あんまりいい図じゃなかったよ」
　　　　　　（谷崎潤一郎『痴人の愛』pp. 131–137，新潮社，1947 年；小松原 2025: 15）

　(33) は、ランキングにおける順位を起点要素とした換喩を用いた偽悪語法である。「F ラン」とは F ランク大学の略語で、入試と教育の水準が低い大学を言う。どの大学が F ランク大学であるかを客観的に規定する定義は存在しないため、この換喩は濫喩（12.2.1 節）でもある。ランキングの順位は大学に対するステレオタイプの形成に関与しており、ランキングの最下位であることを際立たせる「F ラン」の換喩は、目標要素の学生に対する否定的評価を直接的に表出すると言える。

(33)　「F ラン = 就活で不利」「F ラン（＞ F ラン大学の学生）は負け組」そんなイメージを持つ人も多くいることでしょう。F ラン以外の大学出身の就活での成功率の高さからどうしても F ラン大学出身の厳しさを感じやすいと思います。
　　　（ブログ，廣瀬舞「F ラン就活生は負け組じゃない！勝ち組として就職する秘訣教えます」『個別就活サポートキャリチャン』2022 年 6 月 3 日；小松原 2025: 20）

　換喩はある部分に焦点を当てるが、どの部分に焦点を当てるかには選択の余地がある。そのため、換喩を用いるということは、他の部分ではなく、あえてその部分を選んだのだということを暗示する。本節で考察した例は、そ

の暗示が目標要素をステレオタイプ化し、負の感情と結合し得ることを示している。

12.4　本章のまとめ

　近接性の文彩の特徴は、言わんとすることと経験的に近接した、際立った特徴をもつ概念を言語化することで、伝えたい事柄を言わずにすませるということである。起点要素となる概念は前景化され、目標要素となる概念は背景化される。目標要素が背景化されるという特性から、言えないもの、言う必要がないもの、言いたくないものを伝達する上で、近接性の文彩は役に立つ。しかし、起点要素が前景化されるという特性から、目標要素をどのような観点や価値観から見ているかということが示され、目標要素をステレオタイプ化する可能性が近接性の文彩にはある。換喩をはじめとする近接性の文彩は、一見すると文字通りの意味として見過ごしてしまう表現のなかに含まれている、日常の社会生活のなかで広範に利用されている文彩である。近接性の文彩は、ある言葉から喚起される経験や知識を利用して、少ない言葉数で多くのことを伝える凝縮されたコミュニケーションを可能にする。その一方で、感情、価値観、態度、評価などが（特に負の方向で）暗示され得ることには十分な注意を払う必要がある。

....

1 ── 修辞学で metalepsis という用語は、第1に、原因と結果の代用（Fahnestock 2011: 103）、第2に二重の換喩（Quinn 2010 [1982]: 54）という2つの文彩に対して用いられるが、本書では第1の用法で用いる。

2 ── 小松原（2021: 135）は（28）の例への注釈として以下のように述べている。「霜焼けの手」は同短編作品で3度言及されている。1度目は（27）に示した物語の冒頭で、娘の田舎者らしさを描写する表現、2度目は（28）に示した物語中盤で、トンネルにさしかかろうとしているのに窓を開けようとする娘の行動の描写のなかの表現、3度目は終盤のクライマックスで、車窓から見送りに来た弟たちに蜜柑を投げ与える描写のなかの表現である。2度目と3度目は、「あの霜焼けの手」というア系指示詞を伴う表現であり、間接的に1度目の描写に言及している。また、同作品では、娘に対する語り手の評価が、物語のクライマックスで悪い方から良い方に劇的に変化する。これに伴って「霜焼けの手」が喚起する意味も、変化することになると考えられる。

以上の小松原 (2021) の指摘にもとづいて、(28) の負の評価機能をもつ換喩は、3度目で娘への正の評価を際立たせるための文体的技巧としての役割を担っている言える。

第 13 章

同形性の文彩
希釈のレトリック

　逆説的であるが、言葉の逸脱は常態化している。慣用的な語法から外れることで表現に彩りをもたらすことは、コミュニケーションの基本とさえ言えるかもしれない。慣用的な語法とは、いわば文体の平均によって算出された文体であり、個別のコミュニケーションで用いられる文体にはこの平均からの偏差が多かれ少なかれある。この章でとりあげる洒落（pun）をはじめとした同形性（意味は異なるが形式は同じであるという性質）にもとづく文彩は、「意味を伝える」という言語の基本機能から逸脱し、形式に注意を引きつける。形式が焦点化されることで、1つ1つの言葉が伝達する意味は稀薄になり、言葉の総量に対する情報の濃度は希釈されるが、この希釈された意味伝達の様式が、かえってコミュニケーションに豊かさをもたらすことがある。

　機知を示し、笑いを引き起こす洒落は、天賦の才能をもつ人のひらめきによる特殊な表現のようにみえる。しかし、他の文彩と同じように、洒落にも修辞学的に分析できる言語特性と使用条件がある（小松原 2016: 118）。本章ではまず、13.1 節で同形性の文彩の使用条件を考察する。13.2 節では、ロゴスの観点から、同形性の文彩が言葉の詩的な価値に注意を引きつける、ある種の論理性を生み出すことを論じる。13.3 節では、同形性の文彩が言葉遊びとして使われ、受信者のパトスに影響を与える例を考察する。

13.1　異義反復・類音法・兼用法

　一般的に、ある語の意味はあいまいである。しかし十分なコンテクストが

あれば、意味の範囲はある程度は画定されるので、このあいまい性はさほど問題にならない（Wales 2014: 201）。これに対して、洒落はあえて、2つ以上の意味をほのめかすために同じ形式を用いる（ibid., p.349）。洒落は情報伝達という言語の基本前提からは逸脱しているが、これによってユーモアや機知の効果が生じ（ibid.）、相手の攻撃意欲はそがれる（ルブール 2000 [1990]: 54）。

洒落にはいくつかのタイプがある。同一の語形を反復する**異義反復**（antanaclasis）は、Wales（2014: 349）にもとづいて次のように定義できる。

定義 13.1 ⇨ **異義反復とは、同じ形式の語句を異なる意味でくり返すことである。**

(1) どんなときもうまいすしを、腹<u>一杯</u>。うまいすしで、心も<u>一杯</u>。さあ、すしで、笑おう。（CM「すしで、笑おう」あきんどスシロー, 2020年）

異義反復には、多義語（polysemous word）や同音異義語（homonym）が利用される（Wales 2014: 349）。例えば（1）は「一杯」が多義語であることを利用した異義反復の例である。「ゴミ箱が一杯」のような物理的意味と、「胸が一杯」のような心理的意味が用いられるコンテクストは基本的にはまったく別であるが、ここではすしを食べるという場面で2つの意味が因果関係（すなわち、たくさんのすしで食欲が満たされて満足感を覚えるという関係）によって関連づけられている。同じ形式が、同一のコンテクストで異なる意味を表していることが、文彩としての面白みになっている。

語形が完全に同一でなくても、形式の類似性があるだけで洒落になることがある。洒落の1つである**類音法**（paronomasia）は、Corbett and Connors（1999: 399）によれば、次のように定義される。

定義 13.2 ⇨ **類音法とは、音は似ているが意味は異なる語を用いることである。**

(2) は、「しわ」を「合わせ」ることを意味する「しわ合わせ」という造語と「しあわせ」の音の類似性にもとづく類音法の例である。両手のしわを合わせるとは、ここでは仏教の礼拝の作法である合掌を指し、宗教的な幸福

感につながる点で「しあわせ」と関連している。意味的には関係がない「しわ合わせ」と「しあわせ」という似た形式の表現が、同一のコンテクストで関連づけられることから、洒落が生まれている。

(2) ［少女が合掌して］おてての<u>しわ</u>と<u>しわ</u>を<u>合わせ</u>て<u>しあわせ</u>、南ー無ー　　　　　　　　　（CM「お仏壇のはせがわ」はせがわ，1985 年）

異義反復、類音法と異なり、同じ形式をくり返さない**兼用法**（syllepsis）は、Wales（2014: 407）によれば次のように定義される。

> **定義 13.3** ⇨ **兼用法とは、ある語を同じ発話のなかで 2 つの意味で用いることである。**

（3）は press という動詞の目的語が grapes と clothes の 2 つであることから、（ブドウを）圧搾するという意味と、（服を）アイロンがけするという意味の 2 つを同時に表している、兼用法の例である[1]。第 2 文にあるダクロン（Dacron）とはポリエステル繊維の商標であり、汚れやすいブドウ圧搾にも使えて、アイロンがけは不要であるということから、第 1 文の兼用法の 2 つの意味が第 2 文によって関連づけられている。

(3) There is a certain kind of woman who'd rather *press* grapes than clothes. For this woman, Peck & Peck presents a collection of dresses with Dacron. ［ズボンよりブドウをプレスするのが好きな女性もいる。そんな女性のために、ペック・アンド・ペックのダクロンを使ったドレスのシリーズを。］
　　　　　　　　　　　（Advertisement for Peck & Peck, *The New Yorker*, April 9, 1966, p. 31;
　　　　　　　　　　　Corbett and Connors 1999: 400）

以上のように、異義反復、類音法、兼用法などの洒落は、言葉のなかにあるあいまいではあるが普通は結びつかないような複数の意味を、1 つのコンテクストのなかに同居させ、意外性や面白さを引き出す文彩である。このような文彩を有効に使うことできる条件とはどのようなものだろうか。以下で

は、同形性の文彩の使用条件を、異義反復に焦点を当てて考察する。

13.1.1　同形性

洒落は、**同形性**（homonymy）によって、2つの言葉を結びつける。同形性とは、同じ形式をもつが異なる意味をもつ（Wales 2014: 201）語の関係をいう。(1) の「一杯」や (3) の press のように完全な同形性にもとづく場合と、(2) の「しわ合わせ」と「しあわせ」のように部分的な同形性にもとづく場合があるが、同音性、ないしは類音性があることは、その表現が洒落になるための必須の条件である（滝浦 2005: 401）。

ギロー（1979）によれば、洒落などの同形性の文彩を含む言葉遊びは、一般的に、「遊ぶもの」と「遊ばれるもの」が同時に用いられているという特徴をもっている。遊ばれるものとは「正常の、予期された、論理的な」（ibid., p. 51）表現であり、遊ぶものとはそのような論理や言語規範に関して「多かれ少なかれ突飛なもの」を言う（ibid.）。例えば (2) では「しわ合わせ」という突飛な新造語が遊ぶもので、「しあわせ」という標準的な語が遊ばれるものである。ここでは、遊ぶものを**起点形式**（source form）、遊ばれるものを**目標形式**（target form）と呼ぶ。起点形式を持ち出すことによって言葉に遊びが生じ、目標形式の言葉が際立つ。

同形性は、起点形式と目標形式の「接合点」（滝浦 2005: 401）になり、突飛なものと予期されたものに関連性を与える。言い換えると、突飛な起点形式が使用できるのは、正常な目標形式との間に同形性があるからである。例えば (1) では、すしで「腹一杯」と言うのは予期される表現であるが、これ無しに「すしで心が一杯」とだけ言うのはやや狙いが理解しにくい言い回しである。この表現が文彩としては適切であるのは、先行する「腹一杯」との同形性があるからである。(4) は切実な訴えのなかで用いられる異義反復の例であるが、hang separately（別々に首を吊る）という、インパクトのある突飛な表現の使用が可能であるのは、これが hang together（団結する）という目標形式と同形性をもつためである。

(4)　We must, indeed, all *hang* together or, most assuredly, we shall all *hang* separately.［我々はともに手を取らなければならない、さもなければ

我々は確実に分かれて首を吊ることになる。]

(Benjamin Franklin, at the signing of the Declaration of Independence in 1776; Corbett and Connors 1999: 399)

13.1.2　退屈

　洒落は、あるコンテクストのなかでは語はただ1つの意味を表す、という意味伝達の大原則から逃れる表現である。この逸脱は、言葉自体に話者や相手の注意を引きつけ、伝えたい内容をより強いインパクトをもつように再構成する (Carter 2016: 97)。言葉遊びの研究文脈で、ギロー (1979: 158) はすぐれた洒落は、作者の機知、独創性、博識、言語技術を示し、通常の表現法よりもうまく事柄を言い表すと述べている。

　洒落があって機知や笑いが生じるという状況の対極にあるのは、面白みのない退屈な話が続く状況である。しかし、洒落のような逸脱的な表現法の効果は、淡々と意味を伝える字義通りの表現があるからこそ発揮されるので、そのまま伝えたのでは退屈で面白くないということは洒落を用いる条件の1つであると言える。例えば、第11章で挙げた、対照法のマナー広告の例 (8) (9) (10) は異義反復の例でもあるが、伝達の目標となっているのは「荷物はぶつけない」「ドア付近では固まらない」「列は乱さない」という一般的な電車のマナーに関する注意喚起である。このような注意喚起は大切ではあるが、ここで異義反復が有益なのは、これらが常識的で、面白みにかける表現だからである。同様に (1) では「心も一杯」という起点形式を付加することで、すしで「腹一杯」という、これだけでは新鮮さを欠く内容がより強いインパクトをもつように再構成されている。

(5)　　［大学生協の「ひとことカード」のやりとり］
　　　Q: どうやったら自我って捨てられますか？　　投稿者名 TOEIC900点
　　　A: 収集日一覧を見ても、いかなる曜日にも自我は捨てられないようです。ルールを破れば、近所の方々もご立腹かと思われます。年の瀬、大掃除の季節ですが、吐き出すのは部屋のホコリぐらいにして、自我のホコリはどうぞお持ち続け下さい。　担当　白石

(白石昌則『生協の白石さん―お徳用エディション』: 22, 講談社, 2008 年)

　Carter（2016: 96）によれば、会話のなかで用いられる洒落は面白さと笑いを生み出し、社会的な結束力を強める役割に担う。例えば（5）では「自我は捨てられるか？」という突飛な質問に対して、回答者で生協職員の「白石」さんは、「捨てる」の異義反復を用いて切り返しており、「捨てられない」という常識的な回答に面白みが出ている。この回答はこれを読んだ人の感情的反応を引き出すだけでなく、事務的な対応を取ってもよいところで利用者を楽しませようとする生協職員としての評価を高めることにも寄与すると考えられる。

13.1.3　意味

　洒落によって持ち出された起点形式による脱線が、目標形式との間に連想や対照といったなんらかの関係をもち得る（滝浦 2005: 412）と人は面白みを感じるが、意味上の関係がなければ形式上の比較は根拠のないものとなる（ギロー 1979: 153–154）。同形性の文彩の第 3 の条件は、全体としてテキストや発話が一貫した意味をもつということである。

　この条件は、13.3 節で論じるような「遊び」のモードでは必要ないが、そのような場合を除けば、コンテクストから脱線しただけの洒落は非協調的と受け取られる（滝浦 2005: 412）可能性が高い。例えば（5）の回答の第 2 文までの前半は脱線が際立っているため、この箇所だけではふざけた回答だと思われる可能性もあるが、第 3 文の「ホコリ」の異義反復によって、掃除の文脈と自我の文脈が関係づけられ、質問と回答の意味的な一貫性が保たれている。このような込み入った意味的関連づけは、作者の機知と創造性を示す。これに対して（1）のように、すしを食べてお腹が満たされ、心も満たされるといった分かりやすい因果関係にもとづく異義反復の例は多い。例えば（6）は酒を「飲む」前に漢方を「飲む」という、時間的な前後関係を利用した異義反復の例である。

(6)　上司に弱いが　胃は強い
　　　漢方かんぽかんぽ　漢方かんぽかんぽ　漢方かんぽかんぽ　漢方

「<u>飲む</u>前に<u>飲む</u>」大正漢方胃腸薬
（CM「大正漢方胃腸薬」大正製薬，1989 年；YouTube@ChronoSakua，2011 年 2 月 6 日；2024 年 8 月 4 日閲覧）

　以上から、異義反復の使用条件は、面白みのない退屈な事柄を伝達するときに、意味的な一貫性を保ったまま、慣習的な表現と同形性のある突飛な表現を見つけ出すことができることだと言える。この条件は、類音法、兼用法にも自然に拡張できる。

13.2　詩的ロゴス

　意外なようだが、洒落は詩と深く関係している。Jakobson（1960）は、ある言語表現の内容ではなく、その表現の形式自体を焦点化する言語機能を「詩的機能」と呼び、類音法を言語の詩的機能を担う表現の 1 つとして挙げている。意味を背景化し、形式を前景化する言葉の詩的機能が顕著になるほど、言葉の価値はその意味ではなく、その形式によって決まるようになる。

　洒落は馬鹿馬鹿しさを出すためだけでなく、エトス、パトス、ロゴスに関するレトリックの「真面目な」目的のために用いられることがある（Cockcroft and Cockcroft 2014: 227）。特に、受信者の思考を促す洒落には注意を向ける価値がある。洒落によって形式が前景化され、その形式のつながりがある種の「ほんとうらしさ」になり、人を説得する論証として機能することがある（ルブール 2000 [1990]: 55）。これをここでは「詩的」ロゴスとよぶ。

　以下では洒落を用いた地口答、語源論法、懸延法にみられる詩的ロゴスを取りあげ、洒落が、言葉の通常の価値（すなわち、意味を伝達するという価値）ではなく、詩的な価値（すなわち、その形式をもつという価値）へと注意を向けるように言語の着眼点を変化させることを論じる。

13.2.1　地口答

　地口答（asteimus）とは、洒落を用いてふざけて問いに答える形式（Lanham 1991: 25, 池田 1992: 219）である。（5）の「どうやったら自我って

捨てられますか？」という問いに「収集日一覧を見ても、いかなる曜日にも自我は捨てられないようです」という異義反復で答えるのは地口答の例である。

　（7）はなぜ現在を present と言うのかという問いへの答えとみれば、同形性を論拠として主張を述べる、地口答と同じ特徴をもつ兼用法の表現であると言える。昨日が歴史（history）、明日は神秘（mystery）、今日はギフト（gift）であると言うのはこじつけにもみえるが、洞察を含む主張にも思われる。これを前提として認めて、ギフトをプレゼント（present）と言い換えれば、今日がプレゼントとよばれる理由が説明されたように感じられる。洒落に利用される形式の偶然の一致は「そこに必然的なものがあるのかもしれないという感触、『であるとすれば、これは単なる偶然ではない』という考えをわれわれの心中に生み出す」（ルブール 2000［1990］: 55）。（7）は「今日という日はギフト」なのだという本質めいた隠喩をもとにして、present の語源を論証していると解釈できる。

(7)　Oogway: Yesterday is history, tomorrow is a mystery, but today is a gift. That is why it is called *present*.［昨日はヒストリー。明日はミステリー。今日という日はギフト。だからプレゼントと言うんだよ。］

　　　　　　　　　　　　（Directed by John Stevenson and Mark Osborne, *Kung Fu Panda*, DreamWorks Animation, 2008）

　（8）は詩的ロゴスによってもじり（13.3.2 節参照）の正当性を裏づけようとする例である。lessen（減らす）と lesson（授業）は同音異義語であり、意味的には関連がない。しかし、出典作品の不可思議な世界では、グリフォンが受けたのは、実際に毎日時間が減って行くという奇妙な授業であることから、lesson ではなく lessen と呼ぶのは妥当だと述べている。

(8)　"That's the reason they're called *lessons*," the Gryphon remarked: "because they *lessen* from day to day."［「だからこそ時限というんだろ」グリフォンがいった。「毎日、時間が減（げん）ずるから時減（じげん）とい

うわけだ」]

(Lewis Carrol, Alice's Adventures in Wonderland, *Alice's Adventures in Wonderland and Other Stories*: 1–74, p. 56, Canterbury Classics, 2013；訳は柳瀬尚紀訳『不思議の国のアリス』，pp. 136–137，筑摩書房，1987 年)

　以上のような地口答は、形式的には論証の表現であるが、同形性にもとづく論理を言葉遊び（13.3 節）として楽しめるよう提示する、意味の論理を離れた言葉の世界にいざなう詩的なロゴスの表現であると言える。

13.2.2　語源論法

　Fahnestock（2011: 132）によれば、ある語の起源に遡って、その起源を意味解釈や定義に用いることを、**語源論法**（etymological argument）と言う。語源はフランス語で étymologie であるが、この語自体が語源論法の例になる（ルブール 2000 [1990]: 55）。「ある者たちはいう。étymologie という語の起源は二つのギリシャ語にある。一つは『真正の』を意味する形容詞 étymon であり、もう一つは、『言葉』を意味する logia である。語源とは"だから"語の真正なる意味のことであり、意味が慣用によって変質していくさまをいうのではない、と」（ibid., p. 55；傍点を引用符に修正）。

　語源論法は、表現とその語源の同形性にもとづいた論証である。(9) でクローデルは、フランス語の「生まれる」と「共に生まれる」の間に成り立つ意味的構成が、「出生」と「共同出生」（＝「認識」）の間にも成り立つという類推（10.2.2 節）にもとづいて、出生とは認識であるという、詩的ロゴスにもとづく存在の哲学を展開している。

(9) 　われわれは単独では生まれない。生まれること naître（ネートル）それはすべてのものにとって、共に生まれること co-naître（コ＝ネートル）である。すべての出生 naissance（ネサンス）は或る connaissance（コネサンス）（共同出生＝認識）だ。
　　（ポール・クローデル「詩法」『世界文学大系 51：クローデル・ヴァレリー』：161–215, p. 174, 齋藤磯雄訳, 筑摩書房, 1960 年；ルブール 2000 [1990]: 56）

語源論法の特徴は「日常的なレベルで分かりきったものとして符号化している語そのものに眼が向けられ、そこから新しい意味が引き出されている」（池上 1982: 86）という点にある。その意味が語源に一致するかどうかは、レトリックとしては本質的なことではない。このことは「正しい」説明には納得せず、類音法の詩的ロゴスに満足感を覚える（10）のような子どもとのやりとりにおいて顕著である。

（10）　子どもは、ある年頃になると「どうして<u>ネズミ</u>はネズミというの」といった質問をして大人を困らせます。「ネズミと言うことになっているからネズミと言うのだよ」と「正しい」説明をしてやっても、子どもはけっして満足しません。「暗いところで<u>寝ない</u>で、じっと<u>見ている</u>からだよ」とでも答えてやれば、納得して幸福そうな顔をします。

（池上 1982: 84）

13.2.3　懸延法

　懸延法（suspension）は、結末を先送りにして受信者の期待感を高める文彩である（野内 2005: 146）。懸延法は配列論に主に関わる文彩であり、論証の不可欠要素を言わずにおき、際立ちを高めるという点に特徴がある。
　洒落を用いてある言葉の意味をあいまいなままにしておくことで、後になるまでその意味が画定されないようにしておく（11）のような表現は、同形性を利用した懸延法の例であると言える。

（11）　朝日奈央：実は私、<u>クロ</u>なんです。「加工なしでも、すっぴん綺麗すぎ〜」ってたくさん「いいね」が欲しくて。でも、ほんとは、<u>盛って</u>ます。毛穴が気になるところに<u>黒のもっちり泡</u>を。
（CM「ディープクリア洗顔パウダー『実はクロ』篇」ファンケル，2021 年）

　（11）の冒頭の「クロ」は、すっぴん風に見せて実は写真を加工している（「盛って」いる）ことをほのめかしている。この流れでは「ほんとは、盛ってます」はカミングアウトのように聞こえるが、実は「黒のもっちり泡」を

「盛る」という意味であることが最後に明かされる。この結末からは「クロ」ではなかった、つまり美しい白い肌は加工ではなかったということが、説得推論の結論として導かれる。

(12) 坂本金八：「腐ったミカンが 1 個あると、箱のミカンが皆腐ってしまう。だから腐ったミカンは、早めに放り出す。」これが荒谷二中の、論理です。しかし、人間辛い目にあって、あっちこっちぶつけてたら、そら風通し悪くなってどっか腐ってきますよ。でも、人間の精神が腐りきるなどということは絶対に無いんです！

(小山内美江子（原作）ドラマ『3 年 B 組金八先生』第 2 シリーズ第 5 回「腐ったミカンの方程式 その 1」, 1980 年 11 月 7 日，TBS)

　(12) の論証のベースにあるのは、不良の生徒は「腐ったミカン」であるという隠喩である。「荒谷二中」の論理では、この隠喩は生徒の人格を否定する。これに対して「金八先生」は隠喩の解釈を修正し、「腐ったミカン」と言われている生徒達の表面に現れた態度が腐敗（「なめくさる」「いばりくさる」など）しているだけだという話者が示したい意味を明かすことで、その精神は腐敗していないのだと生徒を擁護している。

　以上のように、地口答、語源論法、懸延法などのなかで利用される同形性による論証は、意味的な評価基準を背景化し、言語の詩的機能を際立たせることで、ある種のロゴスとして機能することがある。

13.3　言葉遊び

　同形性の文彩の条件のうち、意味の条件（13.1.3 節）は**言葉遊び**（wordplay）ではあまり重要ではなくなる。言葉遊びに共通するのは「既成の言語（…）が一部破壊されて（…）新しい創造が起こる素地が作られている」（池上 1982: 14）ということである。言葉遊びは「論理と言語体系の破壊者、（…）言語と伝達の攻撃者」（ギロー 1979: 158）でもあるが、ひとたび言葉遊びが「遊び」として理解され、受容されれば、コミュニケーション

の協調性を強化することもある（滝浦 2005: 414）。Carter（2016）は言葉遊びを、対人関係において社会的な絆を深める手段であると考えた。本節では、言葉遊びとして用いられる文彩の文体価値を考察する。

言葉遊びの基盤は言語の慣習であるため、言葉遊びは言語文化に固有の形態をとる（滝浦 2005: 396）。本節で取りあげる、駄洒落、もじり、むだ口は、西洋の修辞学には見つからない、日本語の言葉遊び独自の用語である[2]。

13.3.1　駄洒落

「愚にもつかない」（鈴木 1959: 889）洒落、ナンセンスな洒落を**駄洒落**という（cf. 野内 2000: 167）。駄洒落も洒落である以上は詩的機能をもつので、駄洒落では記号の形式（音や文字）に価値がおかれる。「布団が吹っ飛んだ」という駄洒落は「布団が飛んで行ってしまった」と同じ内容を表すが文体価値は異なる。「布団」と「吹っ飛んだ」の部分的な同形性が、これが言葉遊びの表現として成立する理由のすべてである。

(13)　「それともなに、うぶな阿良々木（あららぎ）くんは、私のチャーミングな<u>私服</u>姿に見とれちゃって、<u>至福</u>の瞬間てわけ？」
　　　その駄洒落はともかくとして、確かに、見とれてしまった。
　　　　　　（西尾維新（原作）新房昭之（監督）アニメ『化物語』第3話「まよいマイマイ其ノ壹」、シャフト、2009年；小松原 2016: 124）

駄洒落と評価される表現であっても、実際の話のなかに持ち込まれるときには、完全に無意味であるわけではなく、たいてい部分的には意味が通る。(13)は「私服」を見て「至福」というのは大げさで突飛であり、言うべき内容をゆがめて異義反復を作り出し、会話に遊びの要素を取り入れている。語り手の「阿良々木」はこれを「駄洒落」とみなしているが、しかし同時に「見とれてしまった」ことも認めており、部分的には状況と整合性がある。

(14)　［カラオケ店の受付で］
　　　伊達：1人なんだけどいける？
　　　富澤：相部屋ですけど大丈夫ですか？

伊達：やだよ。スナックじゃないんだからさ。いや<u>1人にしてくれ</u>よ。

富澤：何かあったんすか？よかったら話聞きますよ。

伊達：いやそういうつもりでね、1人になりたいわけじゃない。

(コント，サンドイッチマン「カラオケ」2015 年,
YouTube@grapecompany，2017 年 4 月 3 日；2024 年 7 月 5 日閲覧)

　駄洒落は、言わんとすることに対して突飛なことを提示する「遊ぶもの」（13.1.1 節）であり、ユーモアのパトスを引き出す手法になる。(14) の「伊達」の「1人にしてくれ」という言葉は、カラオケを個室にしてくれという意味で発話されているが、コンテクストが無ければ、何かあって誰とも会いたくない気分だという含意を伝える転喩（12.1 節）のようにも見える。この解釈のあいまい性による異義兼用とも言える意図的な食い違いは、コントのボケとして、観客のパトスを引き出す機能を担っている。

13.3.2　もじり

　完全な洒落は言語体系のなかにある同形性を利用するのに対して、もじりは言語体系から逸脱した新表現を創出する（小松原 2016: 151）。もじりとは、ある既存の表現と類似の音あるいは同一の音を有する別の表現を作ること（籾山 2020: 187）を言う。(15) では「少しずつ」をもじった「すこっちずつ」という新表現が、「スコッチウイスキー」との類音法を作っている。

(15)　その日は朝はやくからゴール前の桟敷（さじき）にでんと腰をすえ、魔法びんにつめた<u>スコッチウイスキー</u>を、<u>すこっちずつ</u>やりながら、ボートが見えてくるのを待っていた。

(井上ひさし『ブンとフン』新潮社，1987，p. 36；小松原 2015: 38)

　もじりは言葉の遊戯性を明示する（小松原 2015）ため、起点形式と目標形式の同形性による関連づけに際立ちが与えられる。(16) は「お仕事」をもじった「推し事」という新造語が、「推し」（強い支持や憧れ）と「お仕事」の同形性が強調され、両者の関係性、すなわち「推し事」のために「お

仕事」をするのだという因果関係がほのめかされる。

(16) 自分は何のために稼いでるんやろう……<u>推し事</u>のためかな……

　機知のある言葉遊びは、相手の批判的態度を緩和する（cf. ルブール 2000［1990］: 54）。英語のもじりの例である（17）は、Max（マックス・ビアボーム）が登山を断って述べた言葉遊びのコメントである。anti-climb Max（登山反対のマックス）は、修辞学では漸降法（6.3.2 節参照）、すなわち強い事柄から弱い事柄に移っていくことを意味する anticlimax（拍子抜け）のもじりである。このもじりは、後になって登山を断るなんて拍子抜けだ、という相手からの潜在的な批判をユーモラスにかわす表現になっている。

(17) ［アルプス登山を断って］Put me down as an *anti-climb Max*.［私を登山反対でがっかりさせるマックスだと書いておいて下さい。］

(Max Beerbohm, *in Lake*, p.183；池田 1992: 192)

13.3.3　むだ口

　むだ口とは、相手のことばじりを取って、それを洒落にして茶化したり、自分の言おうとすることばをまともに言わず、途中から洒落にしておどける表現を言う（鈴木 1959: 930）。洒落を作るためだけにむだな要素を付け加えるむだ口は、言葉遊びのなかでも特に遊戯性が強い。例えば、籾山（2022: 36–38）は、人間の何らかの状態・行為に関することを人名のように言うむだ口に注目し、「平気の平左衛門」（平気）、「余裕のよっちゃん」（余裕）、「やけのやん八」（やけ）、「やるきなしお」（やるきなし）、「冗談はよし子さん」（冗談はよして）のような例を挙げている。

　遊戯的なコミュニケーションが求められるジャンルでは、むだ口はパトスを引き出すためによく用いられる。(18)は「ラーメン」「つけ麺」と「イケメン」との同形性を強調する類音法によるむだ口の例であるが、ここでは芸人のギャグとして機能している。

（18）どうもはじめまして、わたくし店長の
　　　<u>ラーメン、つけ麺、僕イケメン</u>
　　　狩野ですどうぞよろしく、よろしくどうぞ
（コント，狩野英孝「イケメンラーメン屋」YouTube @TMMAlt,
2017 年 10 月 25 日；2024 年 7 月 5 日閲覧）

（19）寅さん：いいかい？はい、並んだ数字がまず一つ。ものの<u>はじまり</u>が一ならば、国の<u>はじまり</u>が大和の国、島の<u>はじまり</u>が淡路島、泥棒の<u>はじまり</u>が石川の五右衛門なら、スケベエの<u>はじまり</u>がこのおじさん！っての。笑っちゃいけないよスケベエってわかるんだから目つき見りゃ、ね？続いた数字が二だ。ほら二冊こうやってまけちゃおう。
（渥美清「渥美清の啖呵売（一）」『渥美清ベスト〜泣いてたまるか・
男はつらいよ〜』クラウンレコード，2011 年）

　リズムのよいむだ口は言語の詩的機能を引き出す。(19) は「男はつらいよ」シリーズで繰り返される「寅さん」の啖呵売(たんかばい)（ごくあたりまえの品物を、巧みな話術で客を楽しませ、いい気分にさせて売りさばく商売手法）の口上である。商品を「一つ」紹介するということを「はじまり」に結びつけ、異義反復をテンポ良くつなげていく話術は、むだ口ではあってもパトスを引き出し、客を楽しませる。

　以上で考察した言葉遊びの例は、13.2 節で考察した例と同様、意味よりも形式に価値をおく表現である。しかし、言葉遊びにおける同形性の文彩は、論証を真剣に作り出すためでなく、むしろ論証の真剣さを取り除くために利用され、受信者のパトスを引き出すために用いられている。

13.4　本章のまとめ

　同形性の文彩は、言葉の意味よりも形式の価値に注意を引きつける表現法である。コンテクストから予期される目標形式に対して、それと同形性をもつ突飛な起点形式が持ち出されると、平凡な内容がより印象深い仕方で再構成される。同形性は言語の詩的機能を引き出し、形式のつながりを前景化す

る。完全にコンテクストと無関係な起点形式が使用されることは多くない。情報伝達の濃度を希釈しつつ、話の本筋を見失わずに、同形性の文彩を取り入れることで、直線的な話の流れに遊びが生じる。この遊びは、相手の気分を変え、ある種の論理性を生み出すこともある。

....

1 ── 兼用法の典型例として、くびき語法（zeugma）の形式が挙げられる。くびき語法とは、2つの名詞が1つの述語に支配されているが、そこに意味の差異があるものを言う（Wales 2014: 442）。(3) は press の目的語が接続詞 than で並立されているため、くびき語法の例でもある。くびき語法の成立条件については小松原（2019）を参照。
2 ── 洒落は言葉遊びの一部にすぎない。谷川他（1990）に収録されている「ことば遊びのコレクション」には、以下のような言葉遊びが掲載されている。
- 早口ことば「鴨米嚙みゃ小鴨粉米嚙む、小鴨米嚙みゃ鴨粉米嚙む。」
- ファトラジー：意味のない支離滅裂な詩。「我妹子が額に生ふる双六の牡の牛の鞍の上の瘡」[大意：わが妻の額に生えている双六盤の、逞しい雄牛の鞍の上のできもの]（『万葉集』巻十六）
- 字謎：文字を分解して機智を楽しむ遊び。「上を見れば下にあり。下を見れば上にあり。母の腹を通りて、子の肩にあり。」（一という字）
- 回文：上から読んでも下から読んでも同じで、一応意味を持っている文。「白波の高き音すら長浜はかならず遠き潟のみならじ」（藤原隆信）
- 物名：あらかじめ決められた名詞を、一首の和歌の中に隠して詠み込む遊び。「をみなへし──白露を玉にぬくとやささがにの花にも葉にも糸をみな経し」（朱雀院の女郎花合の時に、をみなへしといふ五文字を、句のかしらにおきてよめる　つらゆき）
- 折句（acrostic）：五文字の言葉を各句の頭に置いて和歌を作る遊び。[人に琴を借りようとして折句で「琴賜へ」と詠んだもの]「ことの葉もときはなるをとたのまなむまづは見よかしへては散るとや」（小野小町）

第 14 章

レトリックの言語科学

　本書ではこれまで5章を使って、文彩の使用条件とその効果を論じてきた。多種多様な文彩は、現在に至るまで多くの研究者の興味を引き続けてきたものの、第1章でみた修辞学の研究プログラム全体からみると、5部門のうちの1つである文体論の、さらにその一部分である。この点で本書の構成はアンバランスなようであるが、この最終章では、修辞学が言語科学としての独自性を保つ上で、文彩という概念が重要であることを論じる。

　まず14.1節では、第10章から第13章で論じた文彩の共通点に注目することで、文彩という概念を再考する。14.2節では、文彩の修辞的効果は何かという問いを設定することで、文彩を探求する修辞学のアプローチを示す。14.3節では、この文彩研究のアプローチを、第1章で述べた「言語科学としての修辞学」という理論的枠組みのなかで検討する。文彩を語用論の研究テーマとして位置づけ、隠喩がたどったような研究進展の可能性が、他のあらゆる文彩にもあることを述べる。

14.1　文彩の図式

　第10章から第13章では、起点（source）となる概念と目標（target）となる概念の関係性が、それぞれ類似性、対照性、近接性、同形性となるような、文彩の4つのタイプを取りあげた。この4つの文彩に共通している図式的な特性は、目標概念を、起点概念との関係でとらえるという過程である。このような過程がレトリックとして利用されるのはなぜなのだろうか。

　言語の「通常の方法」からの逸脱という文彩の定義は、「通常の方法」で

は意味を伝える上で十分ではないと言っているように聞こえる（Meyer 2017: 143）。目標概念を表すのに、慣習的な表現ではなく、あえて起点概念の表現を用いるのは、間接に表現することで問題になっている事柄に新しい視点を示すことができるからである（Meyer 2017: 145）。文彩を用いるのは、「同じ概念内容を表現する場合でも、新鮮な表現を選択することによって、これまでになかった新しい視点からの解釈がもたらされる」（小松原 2016: 16）からである。佐藤（1981）は、この文彩がもたらす「新しい視点」を具体化して、「すぐれた表現がしばしば常識から逸脱した姿を見せたのは、多くの場合、常識的なことばづかいでは的確に語りえぬことがらを何とか語ってみせようとする苦心の結果であっただろう」（ibid., pp. 12–13）と述べ、「発見的な認識は、やむをえず常識からやや逸脱した表現を必要とする」（ibid., p. 13）と述べている。文彩は人間の認識を反映する（佐藤 1978, 1981, 瀬戸 1988, 1997）。文彩とは、普通の方法によっては表現できないような、普通ではない事柄が目標概念である場合に、起点概念を介してこれを伝える表現法だと言える。

　以上は、発信者の視点からみた文彩の特性であるが、受信者の視点からみるとどうだろうか。文彩は「言語構造の普通の用い方と実際の用い方の違いから生じる」（Perelman and Olbrechts-Tyteca 1969: 169）が、この違いは、文彩が効果的なものとして受け取られると「消滅する」（ibid.）。言い換えると、受信者にとって適切な効果をもつものとして話の全体が受容できるのであれば、たとえ部分的にみると逸脱的にみえる表現法であっても、妥当な表現法として理解される。文彩は「物事の見方を変化させる」（ibid.）効果をもつ。そのため、文彩による変化が起きた後の「新しい状況ではその表現法はおかしくない」（ibid.）表現として受け取られる。Perelman and Olbrechts-Tyteca はこのような文彩の特性を要約して、文彩は「普通のことから普通でないことへ踏みだし、そしてそこから新たな普通に至る」（ibid., p. 171）ことを可能にする言語使用であると述べている。

　以上を踏まえると、文彩とは、通常ではない方法（起点概念）によって、通常ではないこと（目標概念）を伝え、それが異常であるようには見えないように状況や認識を変化させる効果をもつ言語表現であると言える。このよ

うな効果が求められる状況では、文彩の使用が役に立つ。例えば、第 1 章では修辞的疑問文の例を挙げたが、これも 1 つの文彩である。その使用が意識的であるにせよ、無意識的であるにせよ、文彩はコミュニケーションのなかで現実に変化をもたらす影響力をもつ表現法である。

14.2 修辞的効果

以上で述べた文彩の一般的な特性は、個別の文彩にはどのように現れているのだろうか。第 10 章から第 13 章で論じたように、本書で取りあげた 4 つの文彩の特性は、表 14.1 のように要約できる（この要約は限られた範囲の文彩の検討にもとづくものであり、文彩すべての体系的な特徴づけを意図したものではない）。

表 14.1 文彩の 4 つのタイプ

文彩のタイプ	類似性	対照性	近接性	同形性
起点概念	起点領域	起点極	起点要素	起点形式
目標概念	目標領域	目標極	目標要素	目標形式
代表的文彩	隠喩	対照法	換喩	異義反復
主な課題	未知性	漠然性	不必要	退屈
主な効果	意味の統合	意味の分離	意味の凝縮	意味の希釈

「主な課題」の行は、それぞれの文彩が特に役立つレトリックの課題（2.2.1 節）のタイプを示している。内容が未知であるとき、漠然としているとき、特に言う必要が無いとき、退屈であるときには、通常の表現よりも文彩が役に立つ。

「主な効果」に関して、言語表現の効果（effect）とは、一般的に、その言語表現を用いた後に、その使用が原因となって引き続いて起こることを指す。類似性の文彩は、目標領域と似た起点領域を対応づけて意味を統合する。対照性の文彩は、目標極を起点極と比較して、両者の意味を分離する。近接性の文彩は、目標要素の要所となる起点要素だけを述べて意味を凝縮する。同形性の文彩は、目標形式と意味的な落差のある起点形式を結びつけて

意味を希釈する。このような効果が生じると、文彩の逸脱性は創造性として受容される。

ただし、表 14.1 の効果は抽象的な要約にすぎず、言語使用のコンテクストのなかではずっと具体的な意味合いをもつ（小松原 2018, 2021；cf. 大森 2004）。本書では、以下のように**修辞的効果**（rhetorical effect）を定義する。

> **定義 14.1** ⇨ 修辞的効果とは、文彩がもたらす受信者の思考、感情、行動への影響力である。

レトリックの「効果」は複雑かつ漠然としていて、何が効果で、何が効果でないのかを分けるのが難しい。この定義は、次の 2 点で、効果に関する議論の範囲を限定している。まず、第 1 章で定義したように、レトリックは現実に何らかの変化をもたらすような言葉であるが、ここでいう修辞的効果とは、この変化を媒介する受信者（すなわち、レトリックの対象）へのはたらきかけを指す。また、すべての言語表現はコミュニケーションにおいて受信者に何らかの影響を与えると言えるが、ここで言う修辞的効果とは、文彩の表現法を用いた場合の特殊な影響力を指す。

文彩の種類は多いが、受信者にはたらきかけるレトリックの方法の種類は基本的に、エトス、パトス、ロゴスの 3 つである（第 2 章）。したがって、レトリックの影響力も 3 つに分けて考えることができる。以下では、次の 3 つの修辞的効果の観点から、第 10 章から第 13 章で考察してきた文彩の事例分析を行うことで、文彩を発想論の枠組みから再考する。

- エトスへの効果：ある人に対する理解への影響力
- パトスへの効果：ある人の感情的反応への影響力
- ロゴスへの効果：ある人の思考のプロセスへの影響力

14.2.1　エトスへの効果

エトスは「この人を信用して下さい」「私は面白い人です」といった直接的な表現では、たいていの場合良くならない。文彩の使用によるエトスへの効果は、ある人物の人柄、性格、信頼性などに関する理解を暗黙の内に作りあげ、コミュニケーションの土台を形成する。

(1)　友人の子に「G20」って何？って聞かれたので、「少年漫画でよく見

る机にずらりと強キャラが並んで、世界の命運について語る会。ちなみに強キャラ達は宿命や因縁やら関係図がある上に、決め台詞を用意して来てる。」って言ったら、TV を食い入るよう見てた。少年よ、歴史の先端にいる喜びを噛み締めろ…

(X@jinisonishi, 2019 年 6 月 28 日；2024 年 2 月 21 日閲覧)

　類似性の文彩の特徴は、受信者にとって目標領域が未知のものであるということに寄り添い、発信者と受信者が共有する起点領域の言葉を用いて表現することにある。(1) の隠喩は、受信者である「友人の子」に対して、二重の意味でエトスへの効果をもつ。第 1 に、この隠喩は、少年漫画の世界を理解の起点にすることで、語り手の経験の共通性（3.3.2 節）を焦点化して、語り手の親近感を高める。第 2 に、「G20」に出席する政治家は、この隠喩によって少年漫画の重要なキャラクターとして理解されるため、その発言には重みが出る。

(2)　後輩医師：でも！わたしが大学で学んだマニュアルでは…
　　　Dr. コトー：僕は医者にマニュアルなんかないと思ってる！僕らは病気を診るんじゃない、人を診るんです。

(ドラマ『Dr. コトー診療所』第 4 話「病気を診るな、人を診ろ」
2003 年 7 月 24 日，フジテレビ放送)

　対照性の文彩は、常識を踏まえつつも革新的な考えをもつ人物としてのエトスを作りあげる効果をもつことがある。「病人を診る」「病気を診る」という表現は換喩としては同じ状況を表すので、病人と病気は密接に関係したものとして一般的に理解されているが、(2) のような対照法は、常識的な起点極である「病気を診る」との比較を通じて、目標極である「人を診る」という概念を病気から分離し、際立たせる。この対照法は、ただ病気を治すことに専念する医師とは違う、患者ひとりひとりの生活を守ろうとする「Dr. コトー」の姿勢を伝える。また対照法は他の文彩との組み合わせで用いられることがよくある（小松原 2024）が、この対照法は「病気ではなく病人を

みる」というナイチンゲールの言葉の暗示引用（allusion）でもあり、看護の理念をもった医師という人物像を間接的に示している。

(3)　手のひらで震えた　それが小さな勇気になっていたんだ
　　　絵文字は苦手だった　だけど君からだったら　ワクワクしちゃう
　　　返事はすぐにしちゃダメだって　誰かに聞いたことあるけど
　　　かけひきなんて出来ないの　好きなのよ ah ah ah ah
　　　恋しちゃったんだ　たぶん気づいてないでしょう？
　　　星の夜願い込めて cherry　指先で送るキミへのメッセージ
　　　　　　　（歌詞，YUI「CHE.R.RY」『CAN'T BUY MY LOVE』STUDIOSEVEN
　　　　　　　　　　　　　　　　　　　　　　　　　　　　Recordings，2007 年）

　近接性の文彩の解釈のなかで、発信者の出身、性別、年代、所属などに固有の経験や知識が喚起されると、それが発信者のエトスに影響をおよぼす。例えば (3) は 2007 年に発表された J-POP ソングの歌詞であるが、手のひらで「震えた」という転喩は、手に持った携帯のバイブレーションがメールの着信を知らせたことを示している。「返事」という提喩は（口頭の返事ではなく）メールの返信の意味であり、発表年を考えると「指先」の換喩は、ケータイを指先によって操作し、メールによって送る文章を指している。これらの近接性の文彩は、ケータイのメール使用に慣れ親しんでいることに加えて、好きな人と（電話や手紙ではなく）主にメールによってやりとりしており、常にケータイを身につけている若者という語り手のイメージを喚起する。

(4)　「ママ。僕、大人になったら研究者になりたいな。」「そんなの無理よ。
　　　どちらかにしなさい。」
　　　　　　　　　　　（X @IkuoMizuuchi，2012 年 2 月 14 日；2024 年 2 月 21 日閲覧）

　同形性の文彩は、即興的に用いる場合に、機知のある人物としてのエトスを作りあげる。(4) の「大人にな」るという表現は、子の発話では字義通

りには年齢を重ねることを意味するが、「ママ」の切り返しでは、子どもっぽさがなくなるという意味のイディオムとして、異義兼用的に理解されている。後者の発話は地口答（13.2.1 節）のようになっており、このコンテクストでは「研究者」は子どものような純粋さ（？）をなくさない人を意味するので、研究者になり、かつ大人になるのは「無理」である。全体としては(4) はジョークであり、語り手の機知を演出するとともに、ユーモアがあって、皮肉っぽい人柄を間接的に示している。

14.2.2　パトスへの効果

　文彩を用いて伝えたい目標概念が、特に強い感情を喚起しないような内容であっても、これを表現するために感情と結びついた起点概念を選び出すことができれば、憤怒、憐憫、恐怖、歓喜などの受信者の感情的反応を引き起こす、パトスへの効果を生み出すことができる。

(5)　子どもは本来本が好きなはずですが、いまは子どもと本の間にいろんなものが割り込んでくる。その邪魔ものはあの手この手を使い、実に巧妙な手段で押しかけてきますから、それをどう退治するかが大きな課題になっています。本は決して押しかけて来ない。こちらが手を出さない限り、本はひたすら読み手を待っているだけです。

　　　　　　（中川李枝子『子どもはみんな問題児。』pp. 110–111，新潮社，2015 年）

　類似性の文彩は、起点領域が現前化の効果をもつ具体的な概念であるとき、その起点領域が引き出すパトスが、目標領域にもそのまま引き継がれる（10.3 節参照）。例えば「コンピュータウイルス」「政治の腐敗」「言葉の暴力」のような否定的な感情に結びついた概念を起点領域とする隠喩は、目標領域に対してもそのような感情を抱かせる効果をもつ。(5) の隠喩は、子どもが本を読まなくなる原因になる、ゲームなどの「邪魔もの」を擬人化し、「X が割り込んでくる」「X が押しかけてくる」「X を退治する」といった表現における X への否定的な感情を「邪魔もの」に投影している。

(6)　井上：古くてもクサくてもええから、ロマンチックなことをしたげた

ら、女性はキュンってくんねんて。
石田：ほんまかいな。でも、なんかその、女性の気持ちが分かれへんからさ、ちょっと味わいたいからロマンチックなこと言ってみてや。
井上：ああええよ。
石田：オレ女性やるわ。
井上：ま、例えばで言うたらデートの帰りとかにな、小雨が降ってきて「見て、<u>空が泣いてる</u>」。
石田：<u>泥に笑われてる</u>で。
井上：誰がや。

　　　　　（漫才，NON STYLE「モテる男はつらいよ」YouTube@nonstyle4271，
　　　　　　2020年4月11日；2024年2月13日閲覧）

　対照性の文彩は、平行法によって新奇的な表現を生み出し、言葉遊び（13.3節）によるユーモアの効果を生み出すことがある。(6)は漫才の一節であり、「井上」がロマンチックでクサい「空が泣いてる」という隠喩を使うに対して、「石田」が「泥に笑われてる」という新奇表現で茶化して、そんな台詞には「キュン」とは来ないことを暗示している。ここでのユーモアは擬人法ともじり（13.3.2節）を利用しているが、この新奇表現の成立は、自然物を表す名詞が主語、感情を示す動詞が述語となる平行法が基盤となっている。

(7)　<u>お正月を写そう　フジカラーで写そう</u>
　　　　　　　　　　　（CM「フジカラープリント」富士フイルム，1981年）

　近接性の文彩は、言葉が表す概念の特定の性質だけを際立たせるので、その性質が感情に関係する場合は、目標要素に対するパトスに影響をおよぼす。例えば外見上の特徴、性格、趣味などを揶揄する換喩を使った「チビ」「デブ」「ハゲ」「メガネ」「陰キャ」「オタク」といった、相手を貶める呼称のインポライトネス（12.3節参照）は、換喩の起点要素から喚起される負

のパトスを利用している。(7) の「お正月」の換喩の起点要素は、お節料理や年賀状を囲む家族団らんの愉快さといった正のパトスと結びついており、目標要素となる写真は、楽しい思い出の記録として解釈される。

(8)　「試着していいんですか？」「どうぞ、ご GU に」
(X@dave_spector, 2022 年 1 月 9 日；2024 年 7 月 17 日閲覧)

　言葉遊び（13.3 節）に用いられる同形性の文彩は、「遊び」という行為から喚起される感情が、文彩が生み出すパトスと深く関係している。(8) の発信者である、日本を拠点に活動をしているアメリカ人タレントのデーブ・スペクターは、SNS で駄洒落をよく発信している。(8) の駄洒落（13.3.1 節参照）は、直接的には閲覧者を楽しませるパトスを引き出す効果をもつが、継続的な発信は 14.2.2 節で論じたエトスへの効果もあると考えられる。

14.2.3　ロゴスへの効果

　伝えたい事柄の論証は、レトリックの重要な方法であるが、字義通りの論証を行うだけでは、受信者に十分納得してもらえないことがある。そのような場合に、文彩は受信者の理性に訴え、思考を助けるロゴスへの効果を発揮することがある。

(9)　日本では一般的な小皿に取り分けて食べる方法は、イタリア人にとっては滑稽で「あり得ないこと」。本来は個々に注文し、各人が自分のピッツァを最後まで 1 人で食べるのがスマートです。決してシェアはしません。何種類かを分け合うと、味が混ざってわからなくなり、精神的にも満たされないからでしょう。日本人がうどんを食べるときに普通はシェアしないのと同じです。
（「ウイングチップ」『ピッツァ食堂 WINGTIP』公式ウェブサイト；
2024 年 7 月 17 日閲覧）

　類似性の文彩は、類推を喚起し、起点領域の説得推論をそのまま目標領域に引き継ぐことで、伝えたい未知の目標領域についての思考の枠組みを与え

る効果をもつ（10.2 節参照）。類推によって未知の事柄を概念化する機能は、直喩の中心的な機能の 1 つでもある。(9) は、イタリア人はピッツァを取り分けないという、日本ではなじみのないイタリアの食文化の慣習を、日本人はうどんを取り分けないことを引き合いに出す直喩で説明している。

(10)　悪い形式というのは、われらが変える必要を感じそして自らわれらが変える形式のことだ。また善い形式というのは、それ以上に改良することができずに、われらがくり返し模倣する形式のことだ。
　　　　　　　（ポール・ヴァレリー『ヴァレリー文学論』, p.22, 堀口大學（訳),
　　　　　　　　　　　　　　　　　　　　　　　　　　角川書店, 1989 年）

　対照性の文彩は、一見すると気づかれないような違いを明らかにして、理解できるようにする上で役立つ。例えば (10) の対照法は、「悪い形式」と「善い形式」という非常に抽象度の高い概念を比較して、その差を明らかにしている。この対照法は、その形式を変える必要があると感じるか、そして実際にそれを変えるのかという観点から対比することで、「善い形式」の知的な理解を明瞭にし、言わんとしていることの輪郭を画定する効果をもつ。

(11)　ちょっと男子！真面目にやってよ！！
　　　　　　　　　　　　（『ピクシブ百科事典』; 2024 年 8 月 11 日閲覧）

　近接性の文彩は、目標要素のある側面だけに注目をあつめ、目標要素についての理解を単純化、あるいはステレオタイプ化して定義づけることがある（12.3 節参照）。(11) は、『ピクシブ百科事典』によれば、アニメ作品などでしばしば、真面目な女子生徒のキャラクターが、不良やオタクの男子生徒複数に対して使うとされる言い回しである。(11) の「男子」が話者のよく知るクラスメートだとすると、これは類で種を表す提喩の例であると言える。この提喩は、目標要素となる人物を、「女子」との比較で「男子」としてカテゴリー化して定義し、少数の人物がクラス活動に協力的でないこと（例えば、掃除をしない、歌の練習をしない、など）を過剰に一般化し、男

子全員の特性であるかのように非難する表現であると言える。

(12)　ソフトバンクって打線は<u>強い</u>のに回線はなんで<u>弱い</u>の？
　　　　　　　　（X@_blossom__lily，2020年11月25日；2024年8月11日閲覧）

　同形性の文彩は、言語の詩的機能を利用したロゴスへの効果をもつことがある（13.2節参照）。(12)は異義兼用を対照法と組み合わせて、ソフトバンクのインターネット回線の安定性について批判している。「打線は強いのに」という箇所を取り去っても批判としての意味は変わらないが、ここでは野球の「打線」とインターネットの「回線」のどちらにも「強い」「弱い」という形容ができることにもとづいて、打線が強いならば回線が強いはずだという推論が成り立つかのような言い回しになっている。この詩的なロゴスは論理的に妥当性があるわけではないが、回線が弱いことの意外性や不満を際立たせ、批判を際立たせる効果をもつ。

14.3　文彩の語用論

　以上のように、「修辞的効果」という観点からみると、文彩は文体論の領域に収まらない広がりをもった研究テーマであると言える。文彩の修辞的効果とは何かを問うことは、文彩がどのように使われるのかを問うことである。この問いは、レトリック研究の大きな課題であり（中村 1993: 77）、修辞学の研究プログラム全体に関係している。本節では、修辞学における文彩の理論的位置づけを再考する。

14.3.1　修辞学

　修辞学は、固有の学術領域として国際的に研究が進められている。主要な論文誌としては *Quarterly Journal of Speech*（the National Communication Association, 1915-）, *Rhetorical Society Quarterly*（the Rhetoric Society of America, 1968-）, *Rhetoric Review*（Taylor & Francis, 1982-）, *Rhetorica*（Johns Hopkins University Press, 1983-）, *Philosophy and Rhetoric*（Penn State University Press, 1968-）などがあり、「社会的行為主体が互いの理解、態度、行動に影

響を与える上で記号がどのように使われているかの研究」（Liu and Zhu 2011: 3404）という共通のフレームから、レトリックが多面的に探求されている。例えば、Rhetoric Review のポリシーによれば、修辞学には、その歴史、理論、実践、批評を中心とする研究から、哲学、カルチュラル・スタディーズ、教養・高等教育の観点に立った研究、演説、文学、ライティングなどに着目した研究が含まれる。

　このような学際性は修辞学の魅力の1つであるが、逆に言えば、これは修辞学という研究分野の自律性の低さを示しているとも言える。本書でこれまで示してきたように、修辞学は独自の概念と理論的枠組みをもっている。しかし、国内でも国際的にも、「修辞学」や「レトリック」を冠した学会や論文誌の規模はそれほど大きくはない。本書の狙いは、この実情を踏まえた上で、修辞学を言語科学として位置づけ、言語コミュニケーションの理論としての修辞学の意義を再考することであった（1.2.3節参照）。言語学を中心とする言語科学の諸分野は規模が大きく、多種多様なアプローチが共存する。修辞学に言語科学からの水路を拓き、研究領域をつなぐことができれば、その研究領域の活力を修辞学の領域に引き入れることにつながる。そうすれば言語科学と修辞学の接触領域として、広い意味での修辞学のなかに、言語科学としてのレトリック研究という分野が形成できる。では、言語科学のなかに修辞学との距離が近い領域があるとすれば、それはどこだろうか。

14.3.2　語用論

　狭い意味でのレトリック、すなわち文彩を特別視する修辞学の問題は、そのような研究がしばしば、文彩をコンテクストから切り離して、分類整理するだけに終わってしまうという点にある（Perelman and Olbrechts-Tyteca 1969: 171）。レトリックの課題は、思考、感情、行動への影響を介して何かしらの変化を引き起こすことである。そのためには、話全体を漫然と伝えるのではなく、争点となることに注意を引きつけ、そこに新たな意味づけを与える必要がある。文彩は「通常の方法」よりもむだなく魅力的に、ある特徴や論点に受信者の注意を引きつけることができる（9.1節参照）。しかし、言語表現が「通常の方法」にしたがっているかどうかは、コミュニケーションの環境と前後文脈によって決まる（ibid.）ので、ある表現が特定の文彩と

して成立するかどうかを事前に決めることはできない（Perelman and Olbrechts-Tyteca 1969: 169–170, 伊藤 2020: 5）。この言語使用のコンテクストに依存した文彩の特性と機能は、「コンテクストにおける言語使用の研究」（Huang 2017: 1）である**語用論**（pragmatics）のテーマであると言える。

　広い意味での語用論は「行動の諸様式における言語使用との関係で認知、社会、文化にもとづいて言語現象を捉える総合的視点」（Verschueren 1999: 7）として定義される。この定義は、本書でこれまでの議論から示されるように、修辞学にも当てはまる。人間行動、状況のコンテクスト、その背景にある価値観に関心を向ける点、対人コミュニケーションの創発と共同構築を考察する点など、語用論と修辞学には多くの共通点がある（Illie 2018: 92）。

　隠喩をはじめとした文彩は、語用論の研究でもしばしば言及されてきた（Grice 1975, 小泉 1997）。特に関連性理論（Sperber and Wilson 1995）のアプローチでは、推論の観点から、皮肉、修辞疑問文、隠喩、換喩、提喩、誇張法、緩叙法、くびき語法といった、いくつかの文彩の解釈が研究されてきた。その一方で、修辞学それ自体は語用論の確立した分野とはみなされていない。Huang（2017: 4–12）は、広義の語用論のアプローチとして、認知語用論（cognitive pragmatics）、心理語用論（psychopragmatics）、計算語用論（computational pragmatics）、臨床語用論（clinical pragmatics）、神経語用論（neuropragmatics）、中間言語語用論（interlanguage pragmatics）、社会語用論（sociopragmatics）、文化語用論（cultural pragmatics）、異文化語用論（intercultural pragmatics）、組織語用論（institutional pragmatics）、対人関係語用論（interpersonal pragmatics）、ポストコロニアル語用論（postcolonial pragmatics）、変異語用論（variational pragmatics）を挙げているが、ここには修辞学は入っていない。

　しかし、これらの語用論の多様なアプローチのなかには、レトリックに言及しているものがある。その際立った例として、Culpeper（2021: 20）が社会語用論のルーツの1つと考える Leech（1983）は「語用論の修辞学的モデル」（ibid., p. 11）を提案した。Leech の言う修辞的効果（rhetorical force）とは「信頼できる、礼儀正しい、皮肉っぽい」（ibid., p.17）といった点に関する意味を伝達することを指す。その主眼は、修辞学の用語を用いて既存の語

用論のカテゴリーや原理に新しい理論的意味を与えること（Liu and Zhu 2011: 3404）にあったと言え、修辞学の枠組み全体の再評価を行ったわけではない[1]。

これに対して Verschueren（1999）は、論証（argumentation）の修辞学が「語用論の1つの形」（ibid., p. 46）であると述べている。同書は「修辞的構造（rhetorical structure）」や「修辞的効果（rhetorical effect）」という用語を広く用いて、語用論的現象の記述を行っている。これらの用語を定義せず漠然と用いている（Illie 2001: 329）という点はたしかに Verschueren（1999）の弱みではあるが、修辞学の独自性を認め、それ自体を語用論のアプローチとして認める Verschueren の方向性は興味深い[2]。

第1章で述べたように、レトリックとは、広い意味では、受信者に何らかの影響を与え、その影響力を介して現実を変化させるような言語使用である。修辞学の学術的な意味での固有性は、受信者の思考や行動に影響を与え、現実に変化を引き起こす言語使用とは何かを探求することにある。論証の研究はその一例である。修辞学の観点からみれば「言語形式の選択とはレトリックの選択」（Hopper 2007: 240）であり、「些細にみえる言語使用のなかにはつねに、そして必然的に語用論的な意味が満ちている」（ibid., p.249）。語用論としての修辞学は、認知、文化、社会にもとづいた、影響力と変化を生み出す言語使用の総合的研究であると言える。この着眼点は、他の語用論のアプローチとは異なる。修辞学は古くからつづく伝統的な研究分野であるが、現在の文脈からみると、修辞学それ自体が、新しい語用論のアプローチとしての意義をもつものだと言える。

14.3.3　文彩再考

修辞学を語用論につなぐには、2つの方法が考えられる。第1の方法は、以上で論じたような、修辞学の理論全体を語用論のなかに位置づけるというアプローチである。そのためには修辞学という分野全体が適切に理解され、認知される必要がある。ただ、本書で概説してきた修辞学のアプローチは、現在のところ言語学の分野で十分に認知されているとは言えず、修辞学者と言語学者のあいだで「修辞学」や「レトリック」という用語が指すものにミスマッチがあることが多い（Liu and Zhu 2011: 3405–3406）。そのようなミ

スマッチにもとづく批判として、Sperber and Wilson（2012［1990］）は、修辞学は「80 世代の教師が 80 世代の生徒に同じ内容を説き聞かせて」(ibid., p. 84) きて、古代から「根本的には何も進展していない」(ibid.) と述べている。このような理解のミスマッチは、語用論のなかで修辞学が適切に評価されてこなかった原因の 1 つだと思われる。

　第 2 の方法は、文彩を語用論の研究対象として位置づけ、その修辞的効果を分析することで修辞学全体につなげるというアプローチである。興味深いことに、修辞学を厳しく批判する論者も、修辞学が対象としてきた「文彩がもたらす効果の豊かさと重要性」（Sperber and Wilson 2012［1990］: 85）は認めている。特に隠喩（メタファー）は、修辞学のトピックのなかで別格の地位をもつ。1.2.3 節でも触れたように、Lakoff and Johnson（1980）にはじまる概念メタファー理論の影響力によって、隠喩は言語学、心理学などでも重要であると認識されており、Kövecses（2010）や Littlemore（2019）などのモノグラフや、Gibbs（2008）などのハンドブック、*Metaphor and Symbol*（Taylor & Francis）、*Metaphor and the Social World*（John Benjamins）、『メタファー研究』（ひつじ書房）などの論文誌で、活発に研究されている。認知言語学以後の隠喩研究は、単なる言葉の綾という捉え方を超えて、言語を支える思考と概念体系の基盤として捉えられ、さらにコミュニケーションのなかでの隠喩の使用とその機能の研究（Cameron 2011, Charteris-Black 2018, Pérez Sobrino et al. 2021）に発展した。コミュニケーション研究へと展開された隠喩の語用論的研究のアプローチは、本章で論じた、修辞的効果に注目して文彩を修辞学全体につなげるアプローチに近い。そして、この隠喩研究の発展の道筋は、他の文彩にも開かれている。必要なのは、個別の文彩が語用論の対象としていかに重要で、学術的興味を引くものであるかが理解され、認知されることである。これは、修辞学全体の理解を普及するよりも容易であると思う。

　語用論の研究テーマとなるような、修辞学が追求してきた独自の言語現象は文彩である。修辞学の研究範囲を文彩だけに限定する必要はないが、修辞学の文彩研究は、言語科学として追求する価値のあるテーマの膨大な蓄積であると言える。第 10 章から第 13 章の文彩の各論は、その例である。

14.4　本章のまとめ

　言語科学としての修辞学の研究プログラムは、語用論のアプローチの1つであると言える。特に、文彩は、語用論の研究対象として重要である。文彩は、起点概念を介して目標概念を表現することで、状況や認識を変化させる修辞的効果をもつ。受信者に影響を与えるレトリックの3つの方法であるエトス、パトス、ロゴスの観点から文彩の修辞的効果を考察することで、文体論の1つのトピックとしてだけではなく、文彩が修辞学の研究プログラム（特に発想論）に結びつく。文彩の修辞的効果はコンテクストがあってはじめて具体的な意味をもつので、語用論にもつながる。本書では類似性、対照性、近接性、同形性の文彩を取りあげたが、多種多様な文彩は、言語科学としてのレトリックの研究テーマの宝庫である。

....

1 — Leech（1983）の枠組みは、Grice（1975）の「協調の原則（Cooperative Principle）」をレトリックの原則の1つとして位置づけ、他にポライトネスの原則やアイロニーの原則などを付け加える形でGriceの枠組みを拡張した理論であると言える。Griceの枠組みを応用、拡張して、語用論にレトリックの現象を取り込む試みとしてはDascal and Gross（1999）、Larrazabal and Korta（2002）、Nemesi（2013）などが挙げられる。レトリックの発信者と受信者は、かならずしも協調的ではない（Liu and Zhu 2011, 山本 2019）という点で、Griceの想定とは異なる。これらのアプローチは、既存の語用論の枠組み（特にGriceのアプローチ）の限界を、修辞学の概念を用いて克服する試みとして評価できる。

2 — 修辞学を語用論的な枠組みに取り入れた研究の例としてはさらに、Charteris-Black（2018）による、談話分析と修辞学を用いた政治演説の批判的分析のアプローチがある。Charters-Blackは「語用論」という用語は用いていないが、理論的には、社会語用論の領域に修辞学を持ち込む試みであると言える。

修辞技法のリスト

本書で取りあげた文彩は以下の通り（訳語のアルファベット順）。用例には本書での言及箇所を付けた。Lanham（1991）、野内（2005）、佐藤・佐々木・松尾（2006）、中村（2007）、Wales（2014）、瀬戸・宮畑・小倉（2022）等のレトリック、文体論の辞典には、さらに多くの文彩の定義と用例が示されている。

堆積法（accumulation）本質的には同じことを別の言葉で連続して述べる表現。「勉強するから、何をしたいか分かる。勉強しないから、何をしたいか分からない。」（11.2.1 節）

諷喩（allegory）スピーチやパッセージの全体を通して展開された隠喩。「海の砂浜は歩きにくい。歩きにくいけれどもうしろをふりかえれば、自分の足あとが一つ一つ残っている。そんな人生を母さんはえらびました。」（10.3.2 節）

頭韻（alliteration）最初の子音が同じ 2 つ以上の語。「余裕のよっちゃん」（13.3.3 節）

暗示引用（allusion）よく知られているとみなされた対象を暗に踏まえた表現。「僕らは病気を診るんじゃない、人を診るんです。」（14.2.1 節）

前辞反復（anadiplosis）ある文の最後の語を次の文の始まりで繰り返す表現。「うちの　なかには　テーブル　ひとつ　テーブルの　うえには　はち　ひとつ　はちの　なかには　みず　いっぱい　みずの　なかには　さかなが　いっぴき」（9.3.1 節）

首句反復（anaphora）連続する語句や節の始まりで同一語を反復する表現。「うまいすしを、腹一杯。うまいすしで、心も一杯。さあ、すしで、笑おう。」（13.1 節）

倒置法（anastrophe）通常の語順を倒置する表現。「巨獣には一とかけらの

精神もないという明察だけが、有効な飼い方を教える。この点で一歩でも譲れば食われてしまうであろう、と。」(8.3.2 節)

異義反復（antanaclasis）ある語を異なる意味でくり返す表現。「骨は折れましたが気持ちは折れていません。」(9.3.1 節)

対照法（antithesis）語句を対照することで、効果的に概念を対照する表現。「見た目は子供、頭脳は大人　その名は、名探偵コナン！」(9.3.2 節)

漸降法（anticlimax）強い事柄から弱い事柄へという順序で配列する表現。「皆さん全員にトヨタでの仕事をプレゼントします。ただ、まだ人事部から OK はもらっていないですが、たぶん大丈夫だと思います…。」(3.3.2 節)

黙説法（aposiopesis）あえて言わないことによって言った以上のことをほのめかす表現。「もしかしたら、お母さん…！」(4.3.2 節)

頓呼法（apostrophe）そこにはいない人や擬人化された事物に語りかける表現。「うるせえよ！こっちは好きでやってんだよ！どこのどいつに四の五の言われる筋合いはねえんだよ、だよなあ！」(2.3 節)

古語法（archaism）古語をあえて選択して用いる表現。「わたしは乗り込んだ、巨大な体軀に牝牛のごとき眼を備え、うねうねと蛇行する道を行く S 系統の乗合バスに。」(8.2.2 節)

地口答（asteimus）洒落を用いてふざけて問いに答える形式。「[なぜ時限を時減というの？] 毎日、時間が減ずるから時減というわけだ」(13.2.1 節)

濫喩（catachresis）適切な用語が利用できないためそれが必要となるような比喩。「古本屋から洋服が出て来る。鳥打帽が寄席の前に立っている。」(12.2.1 節)

交差配列法（chiasmus）AB、BA のように、語句を反対の順序でくり返す表現。「機知とは三段論法を欠いた思想であり、彼らの所謂「思想」とは思想を欠いた三段論法である。」(11.1.2 節)

漸層法（climax）弱い事柄から強い事柄へという順序で配列する表現。「美味しいです！すごいです！旨味のかたまりです」(3.2.1 節)

擬物法（depersonification）人間を物に見立てる表現。「男はガムと一緒！味

がしなくなったら、また新しいガムを食べればいい！」（10.3.2 節）

偽悪語法（dysphemism）通常予想される礼儀正しい表現の代わりに、不快な語句をあえて用いること。「『Fランは負け組』そんなイメージを持つ人も多くいることでしょう。」（12.3.2 節）

省略法（ellipsis）文脈から容易に理解される語句をわざと省く表現。「環奈も使ってます。」（3.1.2 節）

現前化（enargia）視覚的に力強く、生き生きとした、眼前彷彿とさせるような描写。「ごうん！という音がしたかと思うと、もうおとうさんのこぶしが、にいちゃんの頭からはねかえってくるところでした。」（4.2 節）

脚韻（end rhyme）語頭音が異なり母音から語末までの音列が同じであるという対応をもつ 2 つの単位。「セブンイレブンいい気分」（13.3.3 節）

列挙法（enumeration）細部を並べ上げることによってある事柄を強調する表現。「春、夏、秋、冬、朝、昼、夕、夜、月にも、雪にも、風にも、霧にも、霜にも、雨にも、時雨にも、ただこの路をぶらぶら歩て」（8.3.2 節）

結句反復（epistrophe）連続する語句や節の終わりで同一語を反復する表現。「すぐおいしい、すごくおいしい」（9.3.1 節）

語源論法（etymological argument）ある語の起源に遡って、その起源を意味解釈や定義に用いること。「［なぜネズミというの？］暗いところで寝ないで、じっと見ているからだよ」（13.2.2 節）

婉曲語法（euphemism）不快なものや、不道徳なもの、社会的にタブーとされているものを喚起するような語句の代わりに、より不快感の少ない礼儀正しい表現を用いること。「まあ、近頃世間で噂のあるような素性の人に相違ないという説と、いやそんな馬鹿なことが有るものかという説と、こう二つに議論が別れたところさ」（12.2.2 節）

転置法（hyperbaton）通常の語順を変更する表現。「その日人類は思い出した　ヤツらに支配されていた恐怖を……　鳥籠の中に囚われていた屈辱を……」（9.3.3 節）

誇張法（hyperbole）ある事柄を強調したり感情の昂揚を示したりする大げさな表現。「たてよこ十マイルもありそうなものすごくでっかい巨大な

ベッドがあるからなんだ。」(9.2.4 節)

実体化表現（hypostatization）非物体的な存在をあたかも実体があるかのように捉える表現。「彼女は心動かされた。」(10.1.1 節)

反語（irony）コンテクストから要求される、話者が意図していると思われる意味に矛盾する語句の使用。「あれっハッピーターン？ これ最高ですよ。大工にはハッピーターン。」(9.2.3 節)

同型節反復（isocolon）構造上の類似性だけでなく、長さの上でも類似性がある平行法。「そこには、理論のかわりに感傷がある。事実のかわりに雰囲気がある。正確さのかわりに誇張がある。」(9.3.2 節)

緩叙法（litotes）言わんとすることの印象を強調するためにあえて使用される控えめな表現。「すばらしい知性に恵まれているとは言い切れないひとりの青年が、近くにいた紳士としばらく会話を交わし」(8.2.2 節)

マラプロピズム（Malapropism）滑稽に聞こえる語形の逸脱。「[幼児が『テレビ』と言おうとして] テベリ」(9.3 節)

転喩（metalepsis）原因と結果の換喩。「僕の頬が濡れてたのは雨だけのせいじゃありません。」(12.1 節)

隠喩（metaphor）類似性にもとづいて指示対象が属する概念領域を別の概念領域に引き継ぐ表現。「日本を今一度せんたくいたし申候事ニいたすべくとの神願ニて候。」(10.3.1 節)

音字換置（metathesis）語の文字や音を入れ替える表現。「[『おーいお茶濃い茶』と言おうとして] ユーイお茶」(9.3 節)

換喩（metonymy）実際に表そうと意図されるものの代わりに、その性質や特徴を表す語句を代用する表現。「赤子が冬場にモコモコを着てベビーカーで移動しているのを見るのが大好き」(12.1.1 節)

オノマトペ（onomatopoeia）感覚イメージを写し取る表現。「[ドローンの操作] んで何かうわーんって何か飛ぶんすけど、すぐカーテンにばばばって当たって、ばらばらばらって落ちたりとかして」(7.2.1 節)

対義結合（oxymoron）機知や魅力を生むような矛盾する表現の並置。「君は真夜中にかかる虹のように　昼間に輝く星のように　夏に降り注ぐ雪のように　それはそれは新しかった」(9.2.3 節)

類義区別（paradiastole）似通ったものを比較してその差異を強調する表現。
「<u>1人でも成立するのが恋　2人必要なのが愛</u>」（11.2.2 節）

逆説（paradox）矛盾した言い方であるように見えて、真実の一端を含んでいるような言説。「芸術とは真実を理解するための偽りである。」（9.2.3 節）

平行法（parallelism）同じ構造パターンの反復。「<u>想い</u>をぶつけ<u>ても</u>。<u>荷物</u>はぶつけ<u>ない</u>。」（11.1 節）

挿入法（parenthesis）ある言語単位が通常の文の流れを妨げる位置に差し込まれる表現。「小さいお子さんなんかは、お父さんかお母さんと一緒に作るといいかもしれません。ヤケドしないように気をつけながらお湯を入れて……と。<u>すげえ、これだけ？</u>それでは5分待ってみましょう〜」（8.2.1 節）

類音法（paronomasia）音が似ているが意味が異なる語を用いる表現。「おて<u>てのしわ</u>と<u>しわ</u>を合わせて<u>しあわせ</u>、南ー無ー」（13.1 節）

冗語法（pleonasm）同じ内容を並立する表現。「<u>昼の十二時</u>の<u>正午頃</u>、わたしはコントレスカルプとシャンペレとを<u>結んでつなぐ</u>S系統の路線の<u>公共乗合自動車バス</u>に<u>乗り込んで乗車した。</u>」（8.2.2 節）

屈折反復（polyptoton）同一の語幹から派生した語、または同一語の異なる屈折形を繰り返す表現。「<u>来</u>むと言ふも　<u>来</u>ぬ時あるを　<u>来</u>じと言ふを　<u>来</u>むとは待たじ　<u>来</u>じと言ふものを」（9.3.1 節）

反復法（repetition）音韻、語句、文法構造などを繰り返す表現。「ものの<u>はじまり</u>が一ならば、国の<u>はじまり</u>が大和の国、島の<u>はじまり</u>が淡路島、泥棒の<u>はじまり</u>が石川の五右衛門なら、スケベエの<u>はじまり</u>がこのおじさん！っての。」（13.3.3 節）

修辞的疑問文（rhetorical question）見かけは質問だが、尋ねていることについての情報を得ること以外を目的としている疑問文。「おねえちゃんは、『すてき、すてき』の連発です。<u>もうちょっとちがったいいかたはできませんか。</u>」（1.1.2 節）

押韻（rhyme）韻文における音声的なエコー。「<u>久方</u>の　<u>ひかり</u>のとけき　<u>春の日</u>に　しつ心なく<u>花</u>のちるらむ」（9.3.1 節）

スキーム（scheme）通常の語句の配列パターンから逸脱した表現。「海をこえよう。言葉をこえよう。昨日をこえよう。空を飛ぼう。」(9.1 節)

直喩(ちょくゆ)（simile）異なる概念領域の指示対象をもつ語句を含む比較構文。「雫さんも聖司も、その石みたいなものだ。まだ磨いてない 自然のままの石……。私はそのままでもとても好きだがね。」(10.2.2 節)

懸延法(けんえんほう)（suspension）結末を先送りにして受信者の期待感を高める表現。「『加工なしでも、すっぴん綺麗すぎ～』ってたくさん『いいね』が欲しくて。でも、ほんとは、盛ってます。毛穴が気になるところに黒のもっちり泡を。」(13.2.3 節)

兼用法(けんようほう)（syllepsis）ある語を同じ発話のなかで2つの意味で用いること。「『ママ。僕、大人になったら研究者になりたいな。』『そんなの無理よ。どちらかにしなさい。』」(14.2.1 節)

提喩(ていゆ)（synecdoche）類を表す表現で種を意味する、あるいは逆に、種を表す表現で類を意味する表現。「患者の前で泣いたことがないわたしは、目の奥から、熱いものが溢れてくるのがわかった。」(12.1 節)

トロープ（trope）意味の逸脱を生み出す、通常の意味やコロケーションから外れた表現。「すべてのひとの心に翼はある。」(9.1 節)

くびき語法(ごほう)（zeugma）2つの名詞が1つの述語に支配されているが、そこに意味の差異があるもの。「ズボンよりブドウをプレスするのが好きな女性もいる。」(13.1 節)

駄洒落(だじゃれ)　ナンセンスな洒落。「私のチャーミングな私服姿に見とれちゃって、至福の瞬間てわけ？」(13.3.1 節)

むだ口(ぐち)　相手のことばじりを取って、それを洒落にして茶化したり、自分の言おうとすることばをまともに言わず、途中から洒落にしておどける表現。「冗談はよし子さん」(13.3.3 節)

もじり　ある既存の表現と類似の音あるいは同一の音を有する別の表現を作ること。「魔法びんにつめたスコッチウィスキーを、すこっちずつやりながら、ボートが見えてくるのを待っていた。」(13.3.2 節)

トランスクリプト記号

本書第 7 章で使用した記法は以下の通り。会話分析の標準的な記号法（Jefferson 2004）をベースに、若干の変更が加えられた串田・平本・林（2017: v-vi）の「トランスクリプト記号一覧」を用いた。

[	この記号をつけた複数行の発話が重なり始めた位置。
]	この記号をつけた複数行の発話の重なりが解消された位置。
=	前後の発話が切れ目なく続いている。または、行末にこの記号がある行から行頭にこの記号がある行へと間髪を入れずに続いている。
(数字)	沈黙の秒数。
(.)	ごく短い沈黙。およそ 0.1 秒程度。
文字 ::	直前の音が延びている。「:」の数が多いほど長く延びている。
文字 －	直前の語や発話が中断されている。
文字 .	尻下がりの抑揚。
文字 ?	尻上がりの抑揚。
文字 ,	まだ発話が続くように聞こえる抑揚。
文字	強く発音されている。
°文字°	弱く発音されている。
hh	息を吐く音。h の数が多いほど長い。笑いの場合もある。
文 (h) 字 (h)	笑いながら発話している。
< 文字 >	ゆっくりと発話されている。
> 文字 <	速く発話されている。
((文字))	データについてのさまざまな説明。

コーパス

BCCWJ	『現代日本語書き言葉均衡コーパス』国立国語研究所
CEJC	『日本語日常会話コーパス』国立国語研究所
enTenTen21	*The English Web Corpus*, Sketch Engine
J-FIG	『日本語レトリックコーパス』KOTORICA

参考文献

Al-Momani, Kawakib Radwan. (2014) Strategies of Persuasion in Letters of Complaint in Academic Context: the Case of Jordanian University Students' Complaints. *Discourse Studies* 16(6): 705–728.
尼ヶ崎彬 (1988)『日本のレトリック―演技する言葉』筑摩書房
Amossy, Ruth. (2000) *L'argumentation dans le Discours: Discours Politique, Littérature D'idées, Fiction*. Paris: Nathan.
Aristotle. (1926) *The Art of Rhetoric*. John Henry Freese (ed.) Cambridge: Harvard University Press.
アリストテレス (1968)「アレクサンドロスに贈る弁論術」『弁論術・アレクサンドロスに贈る弁論術―アリストテレス全集16』斎藤忍随・岩田靖夫訳. 岩波書店
アリストテレス (1992)『弁論術』戸塚七郎訳. 岩波書店
アリストテレス (1997)「詩学」『詩学・詩論』pp.7–222. 松本仁助・岡道男訳. 岩波書店.
Bain, Alexander. (1890) *English Composition and Rhetoric Part 1: Intellectual Elements of Style*. Enlarged edition. New York: D. Appleton and Company.
Barcelona, Antonio. (2003) Metonymy in Cognitive Linguistics: an Analysis and a Few Modest Proposals In Hubert Cuyckens, Thomas Berg, René Dirven, and Klaus-Uwe Panther (eds.) *Motivation in Language: Studies in Honor of günter Radden*, pp.223–255. Amsterdam: John Benjamins.
Barthes, Roland. (1970) *L'ancienne Rhétorique*. Paris: Seuil.
Barton, David. (2007) *Literacy: An Introduction to the Ecology of Written Language*. 2nd edition. Oxford: Blackwell.
Baumlin, James S. (2001) Ethos. In Thomas O. Sloane (ed.) *Encyclopedia of Rhetoric*, pp.263–277. Oxford: Oxford University Press.
バンヴェニスト, エミール (1983 [1958])「ことばにおける主体性について」『一般言語学の諸問題』242–252. 高塚洋太郎訳. みすず書房.
Bitzer, Lloyd F. (1968) The Rhetorical Situation. *Philosophy & Rhetoric* 1(1): 1–14.
Blair, Hugh. (1854) *Lectures on Rhetoric and Belles Lettres*. Philadelphia: Hayes & Zell.
Boeynaems, Amber, Christian Burgers, Elly A Konijn, and Gerard J Steen. (2017) The Effects of Metaphorical Framing on Political Persuasion: a Systematic Literature Review. *Metaphor and Symbol* 32(2): 118–134.
Borah, Porismita. (2011) Conceptual Issues in Framing Theory: a Systematic Examination of a Decade's Literature. *Journal of Communication* 61(2): 246–263.
Brockriede, Wayne, and Douglas Ehninger. (1960) Toulmin on Argument: an Interpretation and Application. *Quarterly Journal of Speech* 46(1): 44–53.

Burgers, Christian, Elly A Konijn, and Gerard J Steen. (2016) Figurative Framing: Shaping Public Discourse Through Metaphor, Hyperbole, and Irony. *Communication Theory* 26(4): 410–430.

Burke, Kenneth. (1945) *A Grammar of Motives*. New York: Prentice-Hall.

Burke, Kenneth. (1969) *A Rhetoric of Motives*. Berkeley: University of California Press.

Burke, Michael. (2014a) Stylistics: From Classical Rhetoric to Cognitive Neuroscience. Michael Burke (ed.) *The Routledge Handbook of Stylistics*, pp.1–7. London: Routledge.

Burke, Michael (ed.) (2014b) *The Routledge Handbook of Stylistics*, London: Routledge.

Cameron, Lynne. (2011) *Metaphor and Reconciliation: the Discourse Dynamics of Empathy in Post-Conflict Conversations*. London: Routledge.

Cameron, Lynne, and Robert Maslen (eds.) (2010) *Metaphor Analysis: Research Practice in Applied Linguistics, Social Sciences and the Humanities*. Sheffield: Equinox.

Carter, Ronald. (2016) *Language and Creativity: the Art of Common Talk*. 2nd edition. London: Routledge.

Chafe, Wallace. (1998) Language and the Flow of Thought. In William Michael Tomasello (ed.) *The New Psychology of Language: Cognitive and Functional Approaches to Language Structure*, pp.93–111. London: Lawrence Erlbaum Associates.

Charteris-Black, Jonathan. (2018) *Analysing Political Speeches: Rhetoric, Discourse and Metaphor*. 2nd edition. London: Palgrave.

Cicero, Marcus Tullius. (1942) *De Oratore*. Haris Rackham and W. H. Sutton (eds.) Cambridge: Harvard University Press.

Cicero, Marcus Tullius. (1949a) De Inventione. In *De Inventione; de Optimo Genere Oratorum; Topica*, pp.1–346. The Loeb Classical Library. Cambridge: Harvard University Press.

Cicero, Marcus Tullius. (1949b) Topica. In *De Inventione; de Optimo Genere Oratorum; Topica*, pp.375–459. The Loeb Classical Library. Cambridge: Harvard University Press.

Cicero, Marcus Tullius, and Harry Caplan. (1954) *Rhetorica Ad Herennium*. The Loeb Classical Library. Cambridge: Harvard University Press.

Cockcroft, Robert, and Susan M. Cockcroft. (2014) *Persuading People: An Introduction to Rhetoric*. 3rd edition. Basingstoke: Palgrave Macmillan.

Connors, Robert J. (1979) The Differences Between Speech and Writing: Ethos, Pathos, and Logos. *College Composition and Communication* 30(3): 285–290.

Corbett, Edward P. J., and Robert J. Connors. (1999) *Classical Rhetoric for the Modern Student*. 4th edition. Oxford: Oxford University Press.

Crain, Stephan, and Paul Pietroski (2001) Nature, Nurture and Universal Grammar. *Linguistics and Philosophy* 24: 139–186.

Cuenca, Maria Josep. (2015) Beyond Compare: Similes in Interaction. *Review of Cognitive Linguistics* 13(1): 140–166.

Culpeper, Jonathan. (2021) Sociopragmatics: Roots and Definition. In Michael Haugh, Dániel Z. Kádár, and Marina Terkourafi (eds.) *The Cambridge Handbook of Sociopragmatics*, pp.15–29. Cambridge University Press.

Cummins, Chris. (2019) *Pragmatics*. Edinburgh: Edinburgh University Press.

Dancygier, Barbara, and Eve Sweetser. (2014) *Figurative Language*. Cambridge: Cambridge University Press.

Dascal, Marcelo, and Alan G Gross. (1999) The Marriage of Pragmatics and Rhetoric. *Philosophy & Rhetoric* 32(2): 107–130.

Deignan, Alice, Jeannette Littlemore, and Elena Semino. (2013) *Figurative Language, Genre and Register*. Cambridge: Cambridge University Press.

Demjén, Zsófia, and Claire Hardaker. (2017) Metaphor, Impoliteness, and Offence in Online Communication. In Elena Semino and Zsófia Demjén (eds.) *The Routledge Handbook of Metaphor and Language*, pp.371–386. London: Routledge.

Dirven, René. (2003) Metonymy and Metaphor: Different Strategies of Conceptualization. In Ralf P. Rings, Rene Dirven, and Ralf Pörings (eds.) *Metaphor and Metonymy in Comparison and Contrast*, pp.75–111. Berlin: Walter de Gruyter.

Dolven, Jeffrey. (2012) Style. In Roland Arthur Greene et al. (eds.) *The Princeton Encyclopedia of Poetry and Poetics*, pp.1369–1370. 4th edition. Princeton: Princeton University Press.

Emanuel, Barbara, Camila Rodrigues, and Marcos Martins. (2015) Rhetoric of Interaction: Analysis of Pathos. In Aaron Marcus (ed.) *Design, User Experience, and Usability: Design Discourse*, pp.417–427. New York: Springer.

Enos, Richard Leo. (2001) Arrangement: Tradditional Arrangement. In Thomas O. Sloan (ed.) *Encyclopedia of Rhetoric*, pp.40–44. Oxford: Oxford University Press.

Entman, Robert M. (1993) Framing: Towards Clarification of a Fractured Paradigm. *Journal of Communication* 43(4): 51–58.

Fahnestock, Jeanne. (1999) *Rhetorical Figures in Science*. Oxford: Oxford University Press.

Fahnestock, Jeanne. (2001) Modern Arrangement. In Thomas O. Sloane (ed.) *Encyclopedia of Rhetoric*, pp. 44–50. Oxford: Oxford University Press.

Fahnestock, Jeanne. (2011) *Rhetorical Style: the Uses of Language in Persuasion*. Oxford: Oxford University Press.

Fauconnier, Gilles, and Mark Turner. (2002) *The Way We Think: Conceptual Blending and the Mind's Hidden Complexities*. New York: Basic Books.

Foss, Sonja K., Karen A. Foss, and Robert Trapp. (2002) *Contemporary Perspectives on Rhetoric*. 3rd edition. Long Grove: Waveland Press.

Foss, Sonja K, and Cindy L Griffin. (2016 [1995]) Beyond Persuasion: A Proposal for an Invitational Rhetoric. In Mark J. Porrovecchio and Celeste Michelle Condit (eds.) *Contemporary Rhetorical Theory: A Reader*, pp.77–89. New York: Guilford Press.

ジュネット，ジェラール（1987 [1972]）「限定された修辞学」『フィギュール III』pp.41–103. 花輪光監修. 書肆風の薔薇

Gentner, Dedre. (1983) Structure-Mapping: A Theoretical Framework for Analogy. *Cognitive Science* 7(2): 155–170.

Gibbs, Raymond W. (2008) *The Cambridge Handbook of Metaphor and Thought*. Cambridge: Cambridge University Press.

Green, Lawrence D. (2001) Pathos. In Thomas O. Sloane (ed.) *Encyclopedia of Rhetoric*, pp.554–569. Oxford: Oxford University Press.

Green, Nancy L. (2023) The Use of Antithesis and Other Contrastive Relations in Argumentation. *Argument & Computation* 14(1): 1–16.

Grice, H. Paul. (1975) Logic and Conversation. In Peter Cole and Jerry L. Morgan (eds.) *Syntax and Semantics Volume 3: Speech Acts*, pp.41–58. New York: Academic Press.

ギロー, ピエール (1959 [1957])『文体論―ことばのスタイル』佐藤信夫訳. 白水社

ギロー, ピエール (1979 [1976])『言葉遊び』中村栄子訳. 白水社

Hamilton, Craig. (2014) Stylistics as Rhetoric. In Peter Stockwell and Sara Whiteley (eds.) *The Cambridge Handbook of Stylistics*, pp.63–76. Cambridge: Cambridge University Press.

原口尚彰 (2005)「ロゴス・パトス・エートス―使途言行録中の演説の修辞学的研究」『テオロギア・ディアコニア―ルーテル学院大学・日本ルーテル神学校紀要』38: 1–29. ルーテル学院大学

Hariman, Robert. (1992) Decorum, Power, and the Courtly Style. *Quarterly Journal of Speech* 78(2): 149–172.

Hariman, Robert. (2001) Decorum. In Thomas O. Sloane (ed.) *Encyclopedia of Rhetoric*, pp.199–209. Oxford: Oxford University Press.

Harris, Randy. (2013) Figural Logic in Gregor Mendel's 'Experiments on Plant Hybrids'. *Philosophy & Rhetoric* 46(4): 570–602.

Harris, Randy Allen, and Chrysanne Di Marco. (2017) Rhetorical Figures, Arguments, Computation. *Argument & Computation* 8(3): 211–231.

Harris, Randy Allen, Chrysanne Di Marco, Sebastian Ruan, and Cliff O'Reilly. (2018) An Annotation Scheme for Rhetorical Figures. *Argument & Computation* 9(2): 155–175.

Harris, Randy Allen, and Jeanne Fahnestock. (2023) Rhetoric, Linguistics, and the Study of Persuasion. In Jeanne Fahnestock and Randy Allen Harris (eds.) *The Routledge Handbook of Language and Persuasion*, pp. 1–24. London: Routledge.

Hart, Roderick P., Suzanne M. Daughton, and Rebecca LaVally. (2018) *Modern Rhetorical Criticism*. 4th edition. London: Routledge.

波多野完治 (1973)『現代レトリック』大日本図書

Hauser, Gerard A. (2002) *Introduction to Rhetorical Theory*. 2nd edition. Long Grove: Waveland Press.

Heinrichs, Jay. (2017) *Thank You for Arguing: What Cicero, Shakespeare and the Simpsons Can Teach Us about the Art of Persuasion*. 3rd edition. New York: Three River Press.

ハインリックス, ジェイ (2018 [2017])『THE RHETORIC ―人生の武器としての伝える技術』ポプラ社

Higgins, Colin, and Robyn Walker. (2012) Ethos, Logos, Pathos: Strategies of Persuasion in Social/Environmental Reports. *Accounting Forum* 36(3): 194–208.

Hill, Charles A, and Marguerite Helmers. (2004) *Defining Visual Rhetorics*. London: Lawrence Erlbaum Associates.

Hirakawa, Yuki. (2020) *Rhetoric at Work: A Discursive Approach to the Rhetorical Notion of Allegory*. Doctoral Thesis. Graduate School of Foreign Studies, Kobe City University of Foreign Studies.

Hohmann, Hanns. (2001) Stasis. In Thomas O. Sloane (ed.) *Encyclopedia of Rhetoric*, pp.741–745.

Oxford: Oxford University Press.
Holyoak, Keith J, and Paul Thagard. (1989) Analogical Mapping by Constraint Satisfaction. *Cognitive Science* 13(3): 295–355.
Hopper, Paul J. (2007) Linguistics and Micro-Rhetoric: a Twenty-First Century Encounter. *Journal of English Linguistics* 35(3): 236–252.
Hopper, Paul J., and Elizabeth Closs Traugott. (2003) *Grammaticalization*. 2nd edition. Cambridge: Cambridge University Press.
Hovland, Carl I, and Walter Weiss. (1951) The Influence of Source Credibility on Communication Effectiveness. *The Public Opinion Quarterly* 15(4): 635–650.
Huang, Yan. (2017) Introduction: What Is Pragmatics? In Yan Huang (ed.) *The Oxford Handbook of Pragmatics*, pp.1–18. Oxford: Oxford University Press.
池田拓朗（1992）『英語文体論』研究社
池上嘉彦（1982）『ことばの詩学』岩波書店
Ilie, Cornelia. (2001) Book Review: Understanding Pragmatics: Jef Verschueren, London: Arnold. *Journal of Pragmatics* 33(2): 323–331.
Ilie, Cornelia. (2018) Pragmatics vs Rhetoric: Political Discourse at the Pragamtics-Rhetoric Interface. In Cornelia Ilie and Neal R. Norrick (eds.) *Pragmatics and Its Interfaces*, pp.85–119. Amsterdam: John Benjamins.
Ilie, Cornelia. (2023) Strategic Questioning. In Jeanne Fahnestock and Randy Allen Harris (eds.) *The Routledge Handbook of Language and Persuasion*, pp. 165–189. London: Routledge.
伊藤薫（2020）『修辞と文脈―レトリック理解のメカニズム』京都大学学術出版会
Jakobson, Roman. (1960) Closing Statement: Linguistics and Poetics. In Thomas A. Sebeok (ed.) *Style in Language*, pp.350–377. Cambridge: The MIT Press.
Jefferson, Gail. (2004) Glossary of Transcript Symbols. In Gene H. Lerner (ed.) *Conversation Analysis: Studies from the First Generation*, pp.13–31. Amsterdam: John Benjamins.
Jing-Schmidt, Zhuo. (2021) Metonymy: Mental Simplism and Our Best and Worst Instincts. *Cognitive Linguistic Studies* 8(1): 133–51.
Jolliffe, David A. (1996) Genre. In Theresa Enos (ed.) *Encyclopedia of Rhetoric and Composition: Communication from Ancient Times to the Information Age*, pp.279–284. New York: Routledge.
Kennedy, George Alexander. (1994) *A New History of Classical Rhetoric*. Princeton: Princeton University Press.
菊地礼（2022）『現代日本語における直喩の構文論的研究』博士論文．中央大学大学院文学研究科
金田一真澄（2011）『身近なレトリックの世界を探る―ことばからこころへ』慶應義塾大学出版会
甲田直美（2024）『物語の言語学―語りに潜むことばの不思議』ひつじ書房
小泉保（1997）『ジョークとレトリックの語用論』大修館書店
Komatsubara, Tetsuta. (2023a) Ethos, Pathos, and Logos in Culture: an Analysis and Visualization of the Rhetorical Structure of Narrative in Japanese. In Weixiao Wei and James Schnell (eds.) *The Routledge Handbook of Descriptive Rhetorical Studies and World Languages*, pp.440–461. London: Routledge.

Komatsubara, Tetsuta. (2023b) Framing Risk Metaphorically: Changes in Metaphors of COVID-19 over Time in Japanese. In Annelie Ädel and Jan-Ola Östman (eds.) *Risk Discourse and Responsibility*, pp.63–85. Amsterdam: John Benjamins.

Komatsubara, Tetsuta. (2024) Framing and Metaphor in Media Discourse: Multi-Layered Metaphorical Framings of the COVID-19 Pandemic in Newspaper Articles. In Chris Shei and James Schnell (eds.) *The Routledge Handbook of Language and Mind Engineering*, pp.274–292. London: Routledge.

小松原哲太（2015）「言葉遊びであることへのメタ言語的言及」『語用論研究』17: 33–41．日本語用論学会

小松原哲太（2016）『レトリックと意味の創造性―言葉の逸脱と認知言語学』京都大学学術出版会

小松原哲太（2018）「修辞的効果をもたらすカテゴリー化―日本語における類の提喩の機能的多様性」『認知言語学研究』3: 23–39．日本認知言語学会

小松原哲太（2019）「レトリックの認知構文論―効果的なくびき語法の成立基盤」森雄一・西村義樹・長谷川明日編『認知言語学を紡ぐ』pp.25–45．くろしお出版

小松原哲太（2021）「身体部位詞の換喩の修辞的効果―身体イメージのレトリック」田中廣明・秦かおり・吉田悦子・山口征孝編『動的語用論の構築へ向けて第3巻』pp.118–138．開拓社

小松原哲太（2023a）「エトス・パトス・ロゴスが織りなす談話のレトリックの構造分析と可視化」『国際文化学研究』59: 1–34．神戸大学大学院国際文化学研究科

小松原哲太（2023b）「日常言語のなかの換喩」『国際文化学研究』60: 1–28．神戸大学大学院国際文化学研究科

小松原哲太（2023c）「比喩の構文としての直喩―英語における同等性と類似性の文法」『認知言語学論考』17: 117–153．ひつじ書房

小松原哲太（2024）「対照法によるレトリックの相乗効果―単純な構文構造を用いて複雑な表現効果を生み出す」『言語科学論集』30．京都大学大学院人間・環境学研究科

小松原哲太（2025）「人間を表す換喩にこもる負の評価―レトリックからみたインポライトネス」『認知言語学論考』18: 1–25．ひつじ書房

近藤洋逸・好並英司（1979）『論理学入門』岩波書店

Kövecses, Zoltán. (2010) *Metaphor: A Practical Introduction*. 2nd edition. Oxford: Oxford University Press.

香西秀信（1985）「Stasis 理論と主題の限定」『人文科教育研究』12: 1–11．人文科教育学会

香西秀信（1993）「逆説のレトリック」『日本語と日本文学』19: 21–29．筑波大学国語国文学会

香西秀信（1996）『議論の技を学ぶ論法集』明治図書出版（『議論入門―負けないための5つの技術』として2016年筑摩書房より文庫化）

香西秀信（2000）『議論術速成法―新しいトピカ』筑摩書房

串田秀・平本毅・林誠（2017）『会話分析入門』勁草書房

Labov, William. (1972) *Language in the Inner City: Studies in the Black English Vernacular*. Philadelphia: University of Pennsylvania Press.

Labov, William, and Joshua Waletzky. (1967) Narrative Analysis: Oral Versions of Personal

Experience. In June Helm (ed.) *Essays on the Verbal and Visual Arts*, pp.12–44. Seattle: University of Washington Press.

Lakoff, George. (1987a) *Women, Fire and Dangerous Things: What Categories Reveal about the Mind*. Chicago: University of Chicago Press.

Lakoff, George. (1987b) Image Metaphors. *Metaphor and Symbolic Activity* 2(2): 143–147.

Lakoff, George, and Mark Johnson. (1980) *Metaphors We Live by*. Chicago: University of Chicago Press.

Lambrecht, Knud. (1996) *Information Structure and Sentence Form: Topic, Focus, and the Mental Representations of Discourse Referents*. Cambridge: Cambridge University Press.

Langacker, Ronald W. (1976) Semantic Representations and the Linguistic Relativity Hypothesis. *Foundations of Language* 14: 307–357.

Langacker, Ronald W. (1987) *Foundations of Cognitive Grammar: Volume I Theoretical Prerequisites*. Stanford: Stanford University Press.

Langacker, Ronald W. (1993) Reference-Point Constructions. *Cognitive Linguistics* 4(1): 1–38.

Langacker, Ronald W. (2008) *Cognitive Grammar: A Basic Introduction*. New York: Oxford University Press.

Lanham, Richard A. (1991) *A Handlist of Rhetorical Terms*. 2nd edition. Berkeley: University of California Press.

Larrazabal, Jesus M, and Kepa Korta. (2002) Pragmatics and Rhetoric for Discourse Analysis: Some Conceptual Remarks. In Michael B Wrigley (ed.) *Dialogue, Language, Rationality: A Festschrift for Marcelo Dascal*, pp.233–248. Campinas: State University of Campinas.

ラウスベルグ，ハインリッヒ（2001［1963］）『文学修辞学―文学作品のレトリック分析』萬澤正美訳．東京都立大学出版会

Leech, Geoffrey N. (1969) *A Linguistic Guide to English Poetry*. London: Longman.

Leech, Geoffrey N. (1983) *Principles of Pragmatics*. London: Longman.

Leech, Geoffrey N., and Michael H. Short. (1981) *Style in Fiction: a Linguistic Introduction to English Fictional Prose*. London: Longman.

Leech, Geoffrey N., and Michael H. Short. (2007［1981］) *Style in Fiction: a Linguistic Introduction to English Fictional Prose*. 2nd edition. New York: Routledge.

Leech, Geoffrey N., and Jan Lars Svartvik. (2002) *A Communicative Grammar of English*. 3rd edition. London: Longman.

Leith, Sam. (2011) *You Talkin' to Me?: Rhetoric from Aristotle to Obama*. London: Profile Books.

リース，サム（2014［2011］）『レトリックの話　話のレトリック―アリストテレス修辞学から大統領スピーチまで』松下祥子訳．論創社

Littlemore, Jeannette. (2015) *Metonymy: Hidden Shortcuts in Language, Thought and Communication*. Cambridge: Cambridge University Press.

Littlemore, Jeannette. (2019) *Metaphors in the Mind: Sources of Variation in Embodied Metaphor*. Cambridge: Cambridge University Press.

Liu, Yameng, and Chunshen Zhu. (2011) Rhetoric as the Antistrophos of Pragmatics: Toward a 'Competition of Cooperation' in the Study of Language Use. *Journal of Pragmatics* 43(14): 3403–3415.

Lyons, John D. (1989) *Exemplum: The Rhetoric of Example in Early Modern France and Italy*. Princeton: Princeton University Press.

Lyons, John D. (2001) Exemplum. In Thomas O. Sloane (ed.) *Encyclopedia of Rhetoric*, pp.277–279. Oxford: Oxford University Press.

Mann, William C, and Sandra A Thompson. (1987) Antithesis: a Study in Clause Combining and Discourse Structure. *ISI Report Series: ISI/RS-87-171*. University of Southern California, Information Sciences Institute.

Mann, William C, and Sandra A Thompson. (1988) Rhetorical Structure Theory: Toward a Functional Theory of Text Organization. *Text* 8(3): 243–281.

メイナード,泉子・K.（2000）『情意の言語学―「場交渉論」と日本語表現のパトス』くろしお出版

Mayoral, José Antonio. (2001) Antithesis. In Thomas O. Sloane (ed.) *Encyclopedia of Rhetoric*, pp.27–28. Oxford: Oxford University Press.

McCroskey, James C. (2006) *An Introduction to Rhetorical Communication: A Western Rhetorical Perspective*. 9th edition. Boston: Pearson Education.

Meyer, Michel. (2017) *What Is Rhetoric?* Oxford: Oxford University Press.

Michell, John, Rachel Grenon, Earl Fontainelle, Adina Arvatu, and Andrew Aberdein. (2016) *Trivium: The Classical Liberal Arts of Grammar, Logic, & Rhetoric*. London: Bloomsbury.

Miller, Carolyn R. (1984) Genre as Social Action. *Quarterly Journal of Speech* 70(2): 151–167.

Minnick, Wayne C. (1968) *The Art of Persuasion*. 2nd edition. Boston: Houghton Mifflin Company.

宮脇かおり（2024）「レトリックが作るコミュニティ」藤巻光浩・宮崎新編『グローバル社会のコミュニケーション学入門』pp.107–127．改訂版．ひつじ書房

籾山洋介（2020）『実例で学ぶ認知意味論』研究社

籾山洋介（2021）『日本語の多義語研究―認知言語学の視点から』大修館書店

籾山洋介（2022）「ことば遊びとレトリック―日本語の『むだ口』を中心に」『認知言語学研究』7: 24–51．日本認知言語学会

Monroe, Alan Houston. (1962) *Principles and Types of Speech*. 5th edition. Northbrook: Scott Foresman.

森岡正博（2008）『草食系男子の恋愛学』メディアファクトリー

森雄一（2009）「悪文のレトリック」『表現研究』90: 9–15．表現学会

森雄一（2012）『レトリック』ひつじ書房

Mshvenieradze, Tamar. (2013) Logos Ethos and Pathos in Political Discourse. *Theory & Practice in Language Studies* 3(11): 1939–1945.

鍋島弘治朗（2011）『日本語のメタファー』くろしお出版

中村明（1991）『日本語レトリックの体系』岩波書店

中村明（1993）「日本語レトリックの表現と効果」植松秀雄編『掘り出された術・レトリック』pp.45–82．木鐸社

中村明（2007）『日本語の文体・レトリック辞典』東京堂出版

中山俊秀・大谷直輝（2020）『認知言語学と談話機能言語学の有機的接点―用法基盤モデルに基づく新展開』ひつじ書房

Nash, Walter. (1989) *Rhetoric the Wit of Persuasion*. London: Blackwell.
Nate, Richard. (2001a) Catachresis. In Thomas O. Sloane (ed.) *Encyclopedia of Rhetoric*, pp.88–89. Oxford: Oxford University Press.
Nate, Richard. (2001b) Metonymy. In Thomas O. Sloane (ed.) *Encyclopedia of Rhetoric*, pp.496–498. Oxford: Oxford University Press.
夏目漱石（1957［1907］）「文芸の哲学的基礎」『漱石全集第二十巻』pp.24–82．岩波書店
Nemesi, Attila L. (2013) Implicature Phenomena in Classical Rhetoric. *Journal of Pragmatics* 50 (1): 129–151.
Nerlich, Brigitte, and David D. Clarke. (1999) Synecdoche as a Cognitive and Communicative Strategy. In Andreas Blank and Peter Koch (eds.) *Historical Semantics and Cognition*, pp.197–213. Berlin: Mouton de Gruyter.
西村稔（1998）「レトリックの遺産としての社交術」植松秀雄編『埋もれていた術・レトリック』pp.175–205．木鐸社
野内良三（2000）『レトリックと認識』日本放送出版協会
野内良三（2002）『レトリック入門―修辞と論証』世界思想社
野内良三（2005）『日本語修辞辞典』国書刊行会
野内良三（2007）『レトリックのすすめ』大修館書店
Ogden, Charles Kay, and Ivor Armstrong Richards. (1923) *The Meaning of Meaning: A Study of the Influence of Language Upon Thought and of the Science of Symbolism*. New York: Harcourt, Brace & World.
大森文子（2004）「レトリックの語用論」大堀壽夫編『認知コミュニケーション論』pp.137–160．大修館書店
大村光弘（2020）「驚きを合図するメトニミー表現について」『静言論叢』3: 87–111．静岡大学言語学研究会
Panther, Klaus-Uwe. (2022) *Introduction to Cognitive Pragmatics*. Amsterdam: John Benjamins.
Peacham, Henry. (1577) *The Garden of Eloquence*. Scolar Press.
ペレルマン，カイム（1980［1977］）『説得の論理学―新しいレトリック』三輪正訳．理想社
Perelman, Chaïm, and Lucie Olbrechts-Tyteca. (1969) *The New Rhetoric: A Treatise on Argumentation*. Notre Dame: University of Notre Dame Press.
Pérez Sobrino, Paula, Jeannette Littlemore, and Samantha Ford. (2021) *Unpacking Creativity: the Power of Figurative Communication in Advertising*. Cambridge: Cambridge University Press.
Phelan, James. (1996) *Narrative as Rhetoric: Technique, Audiences, Ethics, Ideology*. Columbus: Ohio State University Press.
Powell, Jonathan. (2007) Introduction: Rhetoric and Rationality. In Jonathan Powell, Michael Gagarin, Christos Kremmydas, Jakob Wisse, Lynn Fotheringham, Peter Mack, and Malcolm Heath (eds.) *Logos: Rational Argument in Classical Rhetoric*, pp.1–8. Oxford: Oxford University Press.
Queneau, Raymond. (1943) *Style Exercises*. Paris: Gallimard.
クノー，レイモン（1996［1943］）『文体練習』朝比奈弘治訳．朝日出版社
Quinn, Arthur. (2010［1982］) *Figures of Speech: 60 Ways to Turn a Phrase*. New York: Routledge.
Quinn, Arthur, and Lyon Rathbun. (1996) Antithesis. In Theresa Enos (ed.) *Encyclopedia of*

Rhetoric and Composition: Communication from Ancient Times to the Information Age, pp.13–14. New York: Routledge.

Quintilian, M. F. (2001) *The Orator's Education: Volume 4*. Donald Andrew Russell (ed.) Cambridge: Harvard University Press.

クインティリアヌス, マルクス・ファビウス (2005a)『弁論家の教育 1』森谷宇一他訳. 京都大学学術出版会.

クインティリアヌス, マルクス・ファビウス (2005b)『弁論家の教育 2』森谷宇一他訳. 京都大学学術出版会

クインティリアヌス, マルクス・ファビウス (2016)『弁論家の教育 4』森谷宇一他訳. 京都大学学術出版会

Radden, Günter, and Zoltán Kövecses. (1999) Towards a Theory of Metonymy. In Klaus-Uwe Panther and Günter Radden (eds.) *Metonymy in Language and Thought*, pp.17–60. Amsterdam: John Benjamins.

Razuvayevskaya, Olesya, and Simone Teufel. (2017) Finding Enthymemes in Real-World Texts: A Feasibility Study. *Argument & Computation* 8(2): 113–129.

ルブール, オリヴィエ (2000 [1990])『レトリック』佐野泰雄訳. 白水社

Richards, Ivor A. (1936) *The Philosophy of Rhetoric*. Oxford: Oxford University Press.

Sally, David. (2002) 'What an Ugly Baby!': Risk Dominance, Sympathy, and the Coordination of Meaning. *Rationality and Society* 14(1): 78–108.

佐藤信夫 (1978)『レトリック感覚』講談社

佐藤信夫 (1981)『レトリック認識』講談社

佐藤信夫 (1987)『レトリックの消息』講談社

佐藤信夫・佐々木健一・松尾大 (2006)『レトリック事典』大修館書店

澤田淳 (2020)「語用論とは何か」加藤重広・澤田淳編『はじめての語用論―基礎から応用まで』pp.1–23. 研究社

Semino, Elena. (2021) 'Not Soldiers but Fire-Fighters': Metaphors and Covid-19. *Health Communication* 36(1): 50–58.

Semino, Elena, Zsófia Demjén, and Jane Demmen. (2018) An Integrated Approach to Metaphor and Framing in Cognition, Discourse, and Practice, with an Application to Metaphors for Cancer. *Applied Linguistics* 39(5): 625–645.

瀬戸賢一 (1988)『レトリックの知―意味のアルケオロジーを求めて』新曜社

瀬戸賢一 (1997)『認識のレトリック』海鳴社

瀬戸賢一 (2024)『レトリック探究』ひつじ書房

瀬戸賢一・宮畑一範・小倉雅明 (2022)『「例解」現代レトリック事典』大修館書店

Simpson, Paul. (2004) *Stylistics: A Resource Book for Students*. London: Routledge.

Sipiora, Phillip. (2002) Introduction: The Ancient Concept of Kairos. In Phillip Sipiora and James S. Baumlin (eds.) *Rhetoric and Kairos: Essays in History, Theory, and Praxis*, pp.1–22. State University of New York Press.

Sollaci, Luciana B., and Pereira, Mauricio G. (2004) The Introduction, Methods, Results, and Discussion (IMRAD) Structure: A Fifty-year Survey. *Journal of the Medical Library Association* 92(3): 364.

Sperber, Dan, and Deirdre Wilson.（1995）*Relevance: Communication and Cognition*. 2nd edition. Oxford: Blackwell.
Sperber, Dan, and Deirdre Wilson.（2012［1990］）Rhetoric and Relevance. In Deirdre Wilson and Dan Sperber（eds.）*Meaning and Relevance*, pp.84–96. Cambridge: Cambridge University Press.
St.Amant, Kirk.（2019）Ethos Prototypes: the Intersection of Rhetoric, Cognition, and Communicating Health Policy Internationally. *World Medical & Health Policy* 11(4): 464–473.
菅野盾樹（2003）『新修辞学―反「哲学的」考察』世織書房
鈴木宏昭（2020）『類似と思考』改訂版．筑摩書房
鈴木健（2007）「コミュニケーション論からのアプローチ」菅野盾樹編『レトリック論を学ぶ人のために』pp.112–138．世界思想社
鈴木棠三（1959）『ことば遊び辞典』東京堂出版
Sweetser, Eve.（1990）*From Etymology to Pragmatics: Metaphorical and Cultural Aspects of Semantic Structure*. Cambridge: Cambridge University Press.
滝浦真人（2005）「ことば遊び」中島平三編『言語の事典』pp.396–415．朝倉書店
田丸歩実（2023）『英語におけるメタファー表現の明示性と修辞性―認知言語学・語用論のアプローチ』博士論文．京都大学大学院人間・環境学研究科
多門靖容（2007）「対人関係のメタファー」岡本真一郎編『ことばのコミュニケーション―対人関係のレトリック』pp.16–28．ナカニシヤ出版
谷口一美（2003）『認知意味論の新展開―メタファーとメトニミー』研究社
谷川俊太郎他（1990）『ことば遊び』河出書房新社
Taylor, John R.（2003）*Linguistic Categorization*. 3rd edition. Oxford: Oxford University Press.
Thibodeau, Paul H, and Lera Boroditsky.（2011）Metaphors We Think with: the Role of Metaphor in Reasoning. *PloS One* 6(2): e16782.
Ting, Su-Hie.（2018）Ethos, Logos and Pathos in University Students' Informal Requests. *GEMA Online Journal of Language Studies* 18(1): 234–251.
鳶野記子（2014）「漱石の修辞技巧―『虞美人草』における提喩の機能」『歴史文化社会論講座紀要』11: 1–19．京都大学大学院人間・環境学研究科歴史文化社会論講座
Too, Yun Lee.（2001）Epideictic Genre. In Thomas O. Sloane（ed.）*Encyclopedia of Rhetoric*, pp.251–257. Oxford: Oxford University Press.
Toulmin, Stephen Edelston.（2003［1958］）*The Uses of Argument*. Updated edition. Cambridge: Cambridge University Press.
土屋智行（2020）『言語と慣習性―ことわざ・慣用表現とその拡張用法の実態』ひつじ書房
Turner, Mark.（1996）*The Literary Mind: The Origins of Thought and Language*. Oxford: Oxford University Press.
Verdonk, Peter.（2002）*Stylistics*. Oxford: Oxford University Press.
Verdonk, Peter.（2006）Style. In Keith Brown（ed.）*Encyclopedia of Language & Linguistics*, pp.196–210. 2nd edition. Amsterdam: Elsevier.
Verschueren, Jef.（1999）*Understanding Pragmatics*. London: Arnold.
Wales, Katie.（2014）*A Dictionary of Stylistics*. 3rd edition. New York: Routledge.

Walton, Douglas N. (2001) Enthymemes, Common Knowledge, and Plausible Inference. *Philosophy & Rhetoric* 34(2): 93–112.
Watson, Walter. (2001) Invention. In Thomas O. Sloane (ed.) *Encyclopedia of Rhetoric*, pp.389–404. Oxford: Oxford University Press.
Webb, Ruth Helen, and Philip Weller. (2012) Enargeia. In Roland Arthur Greene et al. (eds.) *The Princeton Encyclopedia of Poetry and Poetics*, p.409. 4th edition. Princeton: Princeton University Press.
Wells, Susan. (2001) Logos. In Thomas O. Sloane (ed.) *Encyclopedia of Rhetoric*, pp.389–404. Oxford: Oxford University Press.
White, Eric Charles. (1987) *Kaironomia: On the Will-to-Invent*. Ithaca: Cornell University Press.
Wilson, John Fletcher, and Carroll C. Arnold. (1983) *Public Speaking as a Liberal Art*. 5th edition. Boston: Allyn; Bacon.
Wispé, Lauren. (1986) The Distinction between Sympathy and Empathy: To Call forth a Concept, a Word is Needed. *Journal of Personality and Social Psychology* 50(2): 314–321.
山内陽生（2023）「映画中の会話からみるアイロニーの話し手とターゲットの関係性」卒業論文．神戸大学国際人間科学部
山本英一（2019）『ウソと欺瞞のレトリック―ポスト・トゥルース時代の語用論』関西大学出版部
山中桂一（1994［1983］）「かたちの修辞学」池上嘉彦・山中桂一・唐須教光『文化記号論ことばのコードと文化のコード』pp. 74–125．講談社
山梨正明（2009）『認知構文論 ―文法のゲシュタルト性』大修館書店
山梨正明（2012）「認知言語学からみた文体論の展望 ―認知文体論のアプローチ」『文体論研究』58: 121–152．日本文体論学会
山梨正明（2015）『修辞的表現論 ―認知と言葉の技巧』開拓社
山梨正明（2023）『小説の描写と技巧 ―言葉への認知的アプローチ』ひつじ書房
柳澤浩哉（2006）「レトリックと説得行動」町博光編『言語行動と社会・文化』pp.146–159．スリーエーネットワーク
柳澤浩哉・中村敦雄・香西秀信（2004）『レトリック探究法』朝倉書店
Yu, Ning. (1996) Imagery. In Theresa Enos (ed.) *Encyclopedia of Rhetoric and Composition: Communication from Ancient Times to the Information Age*, p.343. New York: Routledge.
Žmavc, Janja. (2018a) Construction of the Speaker's Persuasive Image in Public Discourse. In Jana Pelclová and Wei-lun Lu (eds.) *Persuasion in Public Discourse: Cognitive and Functional Perspectives*, pp.43–61. Amsterdam: John Benjamins.
Žmavc, Janja. (2018b) Rhetorical Ethos: An Attempt at Linguistic Pragmatic Perspective on Classical Rhetoric. *Studia Historica Slovenica* 18(2): 343–370.

索引

あ

アリストテレス（Aristotle） 7, 9, 23, 47, 155
暗示引用 224
異義兼用 229
異義反復 142, **204**, 206–209, 221
一体感 11, 33, 39, **43**, 44
逸脱 **132–134**, 138, 203, 215, 219, **220**
イディオム 140, 155, 225
イデオロギー 34
意味関係 175
イメージ 52–54, 161, 190
イメジャリー 161, 162, 164
因果関係 69, 74, 75, 91, 92
インポライトネス 199
隠喩 56, 110, 135, **149–152**, 169, 179, 213, 221, 223, 225, 233
エトス 23, 24, 26–28, **33**, 72, 83, 113, 181, 222–224, 227
エトスのプロトタイプ 34–36, 47
演繹的な論証 71
婉曲語法 194, 195
押韻 140
オノマトペ 110, 111, 188

か

カイロス 81, 96, 97
会話分析 105
格言 73, 168
感情 **49–51**, 61, 62, 161–164, 194, 197
　　──移入 57
　　──的反応 50, 52, 61, 208
緩叙法 137
換喩 61, 111, 135, 178, **185–187**, 221, 223, 224, 226
偽悪語法 198, 199
記憶論 15
キケロ（M. T. Cicero） 9, 81
擬人法 56, 226
起点 219, 220
　　──極 170, 179, 221
　　──形式 206, 221
　　──要素 186, 188, 197, 221
　　──領域 150, 154, 163, 164, 221
帰納的な論証 76
擬物化 198
擬物法 162
脚韻 140
逆説 136, 181
共感 52, 57, 74
共通性の原理 43
共有基盤 71
教養 6, 11
際立ち 191
近接性 135, 188, 221
クインティリアヌス（M. F. Quintilianus） 9, 14, 47, 133, 147
屈折反復 141
くびき語法 218
警句 126, 168
結句反復 141
懸延法 212, 213
言語学 121, 122, 126, 230

現前化　53, 110, 111, 129, 163
兼用法　205
広告　4, 50, 55, 128, 140
交差配列法　141, 171, 172
コクニィ　124
語形変異　139
語源論法　211, 212
古語法　124
語順　127
誇張法　137
言葉遊び　180, 211, **213**, 214, 218, 227
語用論　122, 231-233

さ

ジェスチャー　110
視覚的記号　54
視覚のレトリック　16
地口答　209-211, 225
時系列　92, 111
実体化表現　162
実利的　9
詩的機能　209, 214, 229
詩的ロゴス　209, 211, 212
社会方言　124
洒落　180, 203-205
ジャンル　99, 100, 130
修辞学　1, 121, 122, 126, 219, **229-233**
修辞構造理論　183
修辞的疑問文　1-5, 112
修辞的効果　222, 229, 233
首句反復　140
受信者　21, 30, 34, 39, 64, 66, 100, 116, 133, 220, 222
──分析　21
主張　70
冗語法　123

省略　72, 146, 190
省略法　145
事例　75, 76
新修辞学　11, 12
身体経験　62, 154
審美的　10
信用　33, 35, 37, 39
崇高体　119
スキーム　134, 138, 167
図像的言語　55
スタシス　67
ステレオタイプ　196, 197, 228
スポンサー効果　36, 37, 40
説得推論　71, 110
説得力　65, 182
漸降法　95, 216
前辞反復　141
漸層法　95, 113
前提エトス　34-36, 40, 47
相互行為言語学　126
争点　67, 69
挿入法　145
俗悪体　120, 124

た

対義結合　136
対義語　172-174, 177
対照性　136, 144, 167, 172-174, 178, 221
対照接続表現　171
対照法　55, 144, **167-169**, 170, 173, 176, 177, 221, 223, 228
堆積法　175, 176, 181
多義語　204
多義性　180
駄洒落　142, 214, 215, 227

単純体　119
談話エトス　34, 37, 47
談話コミュニティ　99, 100
地域方言　124
中庸体　119
頂点構造　95
直示　128
直喩　135, **150-152**, 159, 179, 228
定義　67, 90, 157, 211
ディコーラム　115, 125
程度性　137
提喩　125, 135, **187**, 194, 195, 224, 228
データ　70
テンス　126
転置法　144
転喩　187, 215, 224
頭韻　140
トゥールミン・モデル　70, 80
同音異義　204
同形性　206, 215, 221
同型節反復　143
倒置法　127, 144
トポス　68, 69, 89, 156
トロープ　134, 149, 179
頓呼法　27, 128

な

内省的思考　90
ナラティブ　30, 99, 103, 104, 113
認知言語学　13, 122, 126, 130, **233**

は

バーク（K. D. Burke）　11, 43
配列　81, **82**, 89, 90, 99
———論　15, 81, 82, 212
発信者　23, 33, 34, 35, 39, 133, 220

発想　17, **18**, 82
———論　14, 17, 18
発表論　16
パトス　23, 24, 26-28, 40, 49, **50**, 74, 84, 112, 161, 216, 217, 225-227
早口言葉　140
反語　136, 138
反復法　139
批評　10
比喩　13
諷喩　150, 151, 152
ブレア（H. Blair）　10
フレーミング　155-157, 158, 190
文彩　**131-133**, **219-222**, 229, 230, 233
文体　47, **116-119**, 121, 131, 203
———価値　118, 130-133, 191
———の異形　118
———標識　118, 120, 121
———論　15, 115, 121, 130
文法　6, 125
文法論　121
平行法　143, 170-172, 178, 226
ベル・レトル　10
ペレルマン（C. Perelman）　12
ポライトネス　194

ま

マラプロピズム　139
三科　6
むだ口　216, 217
黙説法　146
目標　219, 220
———極　170, 179, 221
———形式　206, 221
———要素　186, 188, 193, 196, 221
———領域　150, 152, 160, 221

もじり　215, 216, 226
問題解決　90, 101

や

ユーモア　40, 204, 215, 225, 226
用語法　122

ら

濫喩　192, 199
理性　65
リチャーズ（I. A. Richards）　11
類音法　142, 204
類義区別　177
類義語　177
類似性　69, 78, 135, 149, 152, 154, 155, 179, 221
類種関係　69, 75, 76, 78, 79
類推　74, 78, 158-160, 211, 227

レイコフ（G. Lakoff）　13
例証　71, 75-77, 110
レジスター　119, 125, 130, 132, 139
列挙　127
レトリック　1, 3
　——の課題　20, 24, 26, 84, 221
　——の条件　18, 19, 38, 69, 83, 84, 99, 109, 115, 116
　——の対象　21, 84
　——の方法　22, 24, 84
　演示の——　100, 102-104
　審議の——　100
　法廷の——　100, 101
ロゴス　23, 24, 26, 27, 29, 65, 66, 84, 112, 156, 182, 209, 227
論拠　70, 72
論証　12, 69, 70
論理　6, 70

【著者紹介】

小松原哲太（こまつばら　てつた）

〈略歴〉1986年、兵庫県神戸市生まれ。京都大学大学院人間・環境学研究科博士課程修了。博士（人間・環境学）。立命館大学言語教育センター外国語嘱託講師、神戸大学大学院国際文化学研究科講師を経て、現在、同准教授。

〈主な著書〉『レトリックと意味の創造性―言葉の逸脱と認知言語学』（京都大学学術出版会、2016年）、『言語の認知とコミュニケーション―意味論・語用論、認知言語学、社会言語学』（開拓社、2018年、共著）、The Routledge Handbook of Descriptive Rhetorical Studies and World Languages（Routledge、2023年、共著）ほか。

概説レトリック―表現効果の言語科学

Introduction to Rhetoric: A Linguistic Perspective
Komatsubara Tetsuta

発行	2025年3月25日　初版1刷
定価	2500円＋税
著者	©小松原哲太
発行者	松本功
装幀	村上真里奈
印刷・製本所	亜細亜印刷株式会社
発行所	株式会社 ひつじ書房
	〒112-0011　東京都文京区千石2-1-2 大和ビル2F
	Tel.03-5319-4916　Fax 03-5319-4917
	郵便振替 00120-8-142852
	toiawase@hituzi.co.jp　https://www.hituzi.co.jp/

ISBN978-4-8234-1297-4

造本には充分注意しておりますが、落丁・乱丁などがございましたら、小社かお買上げ書店にておとりかえいたします。
ご意見、ご感想など、小社までお寄せ下されば幸いです。

―― 刊行物のご案内 ――

小説の描写と技巧　言葉への認知的アプローチ
山梨正明著　定価3400円＋税

レトリックの世界1　レトリック探究
瀬戸賢一著　定価3200円＋税

新しい認知言語学　言語の理想化からの脱却を目指して
渋谷良方・吉川正人・横森大輔編　定価5500円＋税